U0030882

明公啟示錄

隱修門談驅魔
與靈界真相

范明公——著

目錄

大悲法門

本書簡介

聖山師祖——姓名不詳，當年文成公主入藏的貼身大護法之一，完成文成公主進藏使命的主要執行者。非佛非道，天賦異稟。後於聖山修行得道，始傳聖山法脈。

聖山——位於青藏高原的岡底斯山脈的主峰「岡仁波齊峰」，隱藏著靈界的重大祕密，蘊藏著扭轉世界格局的終極能量。

金字塔——位於非洲大陸撒哈拉沙漠、尼羅河旁，是獵戶星座進入地球的能量通道。

地球上人類世界的興衰生滅，取決於獵戶星座中兩股對立勢力的博弈過程。埃及的金字塔和青藏高原上的岡仁波齊峰，分別是這兩股力量在地球上的能量代表。

靈界秩序的一批守護者之所以出現在人間，是因為獵戶星座的黑暗勢力侵入並操縱了人類精英，意圖把正在進化中的人類加速引向滅亡、引向黑暗……而「尼碧汝 Nibiru」這顆宇宙深處金色的執法星的到來，將決定這場正與邪較量的最終結局，也決定著人類命運的走向。

阻止獵戶座黑暗勢力的異空間入侵，不僅是靈界守護者的責任，還涉及到地球上每個人靈體的進化與存亡。

本書是一部由一系列中篇故事構成的長篇修真揭祕系列故事。這些故事，既有微觀的對一山一河、一仙一魔的感化與降服；又有宏觀的國家與國家、朝代與朝代、星座與星座之間的興衰存亡的靈界因果的描述。既揭示了修行界斬妖除魔的真實手段與修煉境界，又向世人

敲響警鐘，並發出嚴重的末日警告。

　　這些故事時間跨度極大，涉及的事件及人物也非常龐雜。從中華文明的起源，到西方文明的靈界主導；從秦始皇所布的風水大局，到清太祖藉狐兵起事進而統一中原；從埃及的金字塔、尼羅河及撒哈拉大沙漠的形成到巴比倫、耶路撒冷直至聖山岡仁波齊峰的異空間對應；從唐初文成公主進藏的祕密使命及真正目的，到希特勒發動的二戰……

　　總之，本書既是現代版的《封神演義》，又是中國版的《魔戒》。而我又說，它更像是《達文西密碼》，在字裏行間，無不在呼喚著那批「有緣人」快快甦醒！別忘了自己的使命！

隱修門談驅魔

靈界大轉折期

　　要對大家說的東西很多，包括：仙、妖、魔的種類，它們入世的目的，以及它們要達到的目的和手段；要教大家如何識破與防範，如何保護自己的慧命；要告訴大家現在在地球上已經到了陰陽轉折巨變的關鍵點了。而中華民族要在這巨變中起到關鍵作用！

　　為什麼中華民族承擔著拯救人類的大使命？

　　我還想給大家講為什麼四大文明古國只有中國的文明不斷？為什麼佛教一直沒有成為世界性宗教？為什麼耶教（我們把信上帝耶和華的幾個教統稱為耶教）能席捲全球，全球三分之二的人信奉？為什麼中華民族是全球最後一塊光明之地了？2012 世界末日的真相是什麼？為什麼外星生物頻現？麥田圈是怎麼回事？為什麼基督教一直講基督即將再次復活，而基督的復活又是世界末日的來臨？為什麼他們宣稱收割的季節就要到了？要收割什麼？汶川大地震的靈界真相……

　　要揭露的真相很多都是靈界的大祕密，現在的修行已經不再是個人的問題，每個修行人的氣場都影響著大的陰陽與正邪勢力的平衡。神與魔的巔峰對決馬上就要開始，每個修行人發出的意念都會對結局有著重大影響。

天道真相

我是一位「驅魔師」，專門從事「斬妖除魔」的工作，也叫「靈界特警」，清理擾亂人間的各種妖魔鬼怪。三十年來驅魔無數，知道了很多不為人知的靈界真相。我所揭示的真相完全不同於任何宗教的教義及經典所述，也絕不是我的感悟和推理所得，而是在驅魔實踐中親眼所見的真相。

我不信奉任何宗教，不代表任何教派。教派是人為劃分的，在靈界根本沒有教派之分，只有順天道與逆天道之別，逆天道者即為魔。宇宙萬物的運行有其基本的規律和各自的軌道，萬物都必須遵守，否則必遭天誅！天道中對人與神的關係的最基本原則是；「神歸神道，人歸人道，各行其道，亂道天誅」。

「神歸神道」，神即靈界眾生，靈界眾生就要按照靈界的規律在靈界自修，不得以任何形式顯現人間，否則就是擾亂人間。「人歸人道」，既然生而為人就努力把人做好，不要去想靈界的事，不要整天想著成仙成佛上天堂。「各行其道，亂道天誅」，靈界眾生應在靈界自修，人間眾生把人做好，這就是順天道。否則就是逆天道而行，那麼上天必讓你經受磨難甚至誅殺之！

這就是我向大家揭示的第一個也是最基本的天道的真相。

在我多年斬妖除魔的過程中，碰到了很多這類情形的靈界眾生，有的要在人間治病積功德，有的是來報恩的等等，最後都被誅滅了。因為他們違反了最基本的天規。他們不應該來人間顯現，這叫惑亂人間，天必誅之。

我也看到很多修行的人，時時刻刻想著成仙成佛，勤奮的打坐練功。可是呢越練運勢越不好，本來希望修行能保佑今世平安，反而魔障重重禍事不斷，只能自我安慰這是在消業。我告訴你吧，那些不明真相的修行人，因為你們違反了天道才有這樣的結果！這是一個很簡單的道理，既然生而為人是不是首先應該先把人做好？忠、孝、禮、智、信我們都做到了嗎？如何能做一個好人這一命題就夠我們一生探討和追求了，還求什麼成仙成佛呀？

　　這個真相還有很深的含義，以後會逐漸深入的來探討的。我會隨機的講一些斬妖除魔的例子與大家共享，逐步的揭示其他的靈界真相。

　　有些修行常識的人都知道，我們的肉身只是一副皮囊而已，幾十年後塵歸塵土歸土，而我們的靈魂將繼續輪迴延續。肉身與靈魂對修行人來講一定是靈魂比肉身更重要。靈魂又叫慧命、神識、真身、心、性等，這又是修行的主體。慧命對我們至關重要，當然應該最值得我們來保護和愛惜。可大把的人不知真相，不知如何保護自己的慧命，輕易地把自己的靈魂奉獻出去甚至出賣出去，使自己陷入萬劫不復的境地。太可悲了！

　　所以把真相揭露出來，讓大家自己來判斷。至少讓大家知道什麼行為是在出賣自己的靈魂，出賣了靈魂的危害和後果是什麼。

　　大家都認同做人做事應該順乎自然、順應天道吧？人雖然渺小，但我們既是宇宙的一部分又是宇宙中一個獨立的個體。宇宙包羅萬象，大到星系星雲、恆星行星，小到人、螞蟻、微生物等，不論大小各自有其固定的運行路線和軌跡。只有萬物遵循各自的軌道來運行才能保證整個宇宙的秩序，這就叫順應天道。如果不各行其道，而是憑自己的意願來運行，整個宇宙一定會陷入混亂無序的狀態。那將會引起激烈的衝突、碰撞甚至毀滅，這就是逆天而行。

此生既然為人，就一定有生而為人的道理，這在大輪迴中早就已經安排好了。下一生投生何處也是早就安排好的，下一生如何並不完全取決於今生。今生的幾十年在自我的大輪迴中太微不足道，很難左右大輪迴的軌跡。影響輪迴的因素太複雜，人的智慧理解不了的，今生我們能做的只能是把這一生的人做好，積極的面對人生，這就是順應天道。死後的事不要去想，也不要想著去左右。

孔子的學生問孔子，人死後是什麼樣子，孔子說「未知生焉知死」，怎麼生的、如何活好還沒搞明白，為什麼要去管死後的事呢？

為什麼我一再強調不要總想著左右死後的事呢？就怕你們靈體被別有用心的人或妖魔所利用，讓靈魂脫離自身的輪迴軌道，那是非常可怕的事情。

妖魔怎麼樣能使你的靈魂脫離既定的運行軌道為他所用呢？

兩種方式可以實現：一是藉由他強大法力的控制，強行把人的靈魂控制住，不讓你投胎參與正常的輪迴，為他所用；二是迷惑你，使你自身主動產生強大的意願，自願的把你自己的身、心交給他，皈依他。這樣妖魔就能合理合法的占用你的身體及靈魂，甚至吃掉你的靈體以增強其魔力。各位，你覺得可怕嗎？你覺得這種事情離你很遙遠嗎？我告訴你，這種事就發生在你的身邊，每一個人的身邊！現在妖魔的勢力太大了，已經滲透到我們每個人的身邊了，一定要保護好我們自己的身體及慧命，這是我給大家的發自肺腑的忠告。

我給大家具體介紹一下妖魔施法的兩種形式：

一、煉邪術，拘來剛死未投胎的陰靈為其所用。

這些該投胎的陰靈不得投胎，又被邪術師用殘酷的手段折磨以加強其怨氣，怨氣越大能量就越大。修行界裏很多人都是煉這個的，比如養小鬼、煉陰兵等。

這種邪術師我碰到不少。有一個香港很有名的大師，講經說法很有一套，又有神通，經常到大陸被高官或做大生意的人請來做法。

有一次在北京碰上了，席間大師滿口佛善之言，儼然一位大居士。當時我就當同行論道也沒往別處想。可到了晚上回到賓館半夜時分，我太太突然全身冰冷突發高燒，噩夢驚醒！我立馬警覺，這是惡靈進攻的跡象啊。馬上一查，卻見無數陰兵怨鬼蜂擁而至。

頓覺屋內陰寒刺骨，令人毛骨悚然。這群怨鬼瘋狂往我們身上撲，想上我的身體哪那麼容易！可我太太卻已經撐不住了，臉現鬼相眼圈發黑，張牙舞爪要向我撲來！對我來講當然見怪不怪了，這場面見得多了，馬上祭起大法，一道火牆堵住陰兵，把惡鬼從太太身上逼退。沒有馬上行誅殺大法，而是先破了邪術師的魔力。

邪術師的魔力一破，眾怨鬼突然清醒，告訴我他們都是被邪術師用邪法從墳地、火葬場等地拘來的，然後用殘酷的手段折磨他們！他們無法投生，不能輪迴，天天被邪法折磨！他們恨！

我告訴他們邪術師的邪法已破，邪術師已經控制不了你們，你們已經自由，可以投胎輪迴了。可他們說，現在還不能馬上投胎，他們心裏的怨氣太大，無法投胎。他們必須要把仇報了，把心裏的怨氣消了才能重入輪迴。

謝過我之後，這群怨鬼叫著邪術師的名字狂風般奔他而去！那種巨大的恨意與怨氣太可怕了，令人不寒而慄！第二天聽說邪術師突然改變行程趕一大早的飛機回香港了。唉，惡人終有惡報，不是不報時候未到！

各位，可知道我為什麼苦口婆心的勸導大家要遠離那些親鬼神的人嗎？現在煉邪術的人太多了！他們要煉邪法必須要大量的靈體，他們可以去墓地、火葬場，而最直接的就是從身邊的人下手。身邊誰家

死人了他們馬上知道，到靈堂走一趟就能把剛離世的靈體拘來了。可怕嗎？

當然我不是說所有的修行人都是煉邪術的。我也是修煉的人呀，但我沒煉邪術呀。可你只是個普通人又沒開天眼，你如何知道哪個是真正的得道高人？哪個是煉邪術的呢？哪個修行人不都是滿口仁義道德的，既然無力分別，那就乾脆一律避開算了。

二、附體。狐、黃、長、柳、鬼等低等仙，以附體的方式留在人間以達到其目的。

這種形式在北方以出馬仙的形式為多，以在人間修功德的名義抓弟馬，找到弟馬必須給他們立堂子，否則就磨你，讓你全家不得安寧，立了堂子就能暫時好些，弟馬從此也就能給人看事看病了，好像這樣就皆大歡喜，弟馬成了半仙，受鄉里鄰居的尊重，仙家也可以天天受香火在人間看病積功累德修行圓滿了。

這類附體仙家按其目的不同可分為三類：第一類仙，我們稱之為「魔」仙。

這類仙最可惡，附人身的目的很明確，就是要吸食弟馬的精氣神。他們不求弟馬立堂子，不在乎所謂的香火，只想以最快的速度吸空弟馬的精、氣、神，功力強的還會在弟馬死後控制其靈體，使其成為自己的魔兵。然後再去附一個弟馬，如法炮製，直至成魔。

妖魔就是這樣來的，他們會在短短的幾百年間就能擁有強大的魔力！這種功力是其他仙家在靈界修煉幾千年都達不到的。這就是靈界修煉最快的捷徑了，同時也是最惡毒的。

被它們附體過的弟馬最慘，精氣神被掏空了，要嘛死了、要嘛躺在精神病院等死。當然這是上天不能允許的，在妖魔即將成形的時候，自然界就會有相應的強烈的反應——電閃雷鳴，天雷轟頂！宇宙的至

剛至陽之氣會化成雷電的形式擊向這個妖魔，擊散妖魔聚集起來的魔力。

這就是修行界傳說中的五百年道行就會有天雷轟頂的劫難的來歷。當然不是所有的仙家修行五百年都會受雷劈，是指對這類惡仙而言。這是天地間陰陽二氣相互感應的結果。當然有的惡仙是能躲過天雷轟頂的劫難的。

第二類仙，我們稱之為「修行仙」。

這類仙也是為了走修行捷徑，以附體的方式來到人間，依托於弟馬，透過在人間治病救人的方式積功累德，達到快速提升其修煉層次的目的。

修行界有種說法，在人間修行十年抵得上在靈界修行百年的功力。這類仙家一般不會害人。但是這種修煉是不會功德圓滿的，對修煉的仙家和弟馬來講都不是什麼好事。

對仙家而言，修行並無捷徑可言，拔苗助長是沒有好結果的。另外，它們誤解了人間修行的修煉方式，在人間修行不是藉由附體在弟馬身上再為別人消災治病來進行的。這樣做的結果不會給自己積累功德，反而由於介入了別人的因果而有損自身的道行。

為什麼呢？由於這些仙只是具備一些小神通，看不透其中的因果，所以他們看事或治病時對時錯，有時幫別人把災消了，卻把業背在了自己身上。這樣隨著時間的增長業越背越多，自己的道行是越來越弱。

所以大多數的附體仙，在剛出馬的頭三年看事治病成功的概率相對較高，以後就越來越差了。最後大多選擇離開弟馬回靈界，只留下了弟馬一副虛弱的軀殼在人間。

本來仙家就應該在靈界按部就班的修煉，不應該來人間顯現的，這叫擾亂人間，犯了天規，哪能有好結果呢？連弟馬都要受牽連，非病即災。你說這是不是兩傷的結局呢？還有一部分仙家不想離開人間香火，找到弟馬後人，代代糾纏，搞得一家是幾代不得安寧。這種仙家就是要被誅滅的。

　　附體的仙家以這種類型的居多。這類仙家喜歡吹噓標榜自己，會把自己說成是王母娘娘、九天仙女、太上老君、哪吒、泰山娃娃、李世民⋯⋯甚至說自己是玉皇大帝、彌勒佛、觀音菩薩等。我點出來的這些所謂的上方仙我都遇到過。有一次，我到了一家說是上方仙「王母娘娘」的堂子，「王母娘娘」上身以後，我天眼一照，一隻狐狸坐在那裏，還挺威嚴的呢。還有一個說是楊家將中的佘老太君，一看原來是一隻老蛇仙幻化的。哎，這麼多年修行的老仙了還重虛名呢。我可以告訴大家，凡是附體的都是動物仙、植物仙或者鬼那個層次的，根本沒有什麼上方仙。弟馬們別被他們忽悠了。

　　第三類仙，我們叫報恩仙。

　　自家的哪代祖先在機緣巧合的情況下救了某個動物仙的命。這個動物仙有了一定道行以後感恩圖報找到恩人的後代報恩。只要這個報恩仙不在人間顯像、不附體，只在恩人危急時暗中相助。那就不算犯天規。上天還會助這個報恩仙及它的恩人。這是仙、人兩利的最好結果了。

　　我寫這些都要反覆斟酌，有太多的東西我不能直接說，一說即錯。靈界有太多的祕密，那是真正的祕密，能說與否這個度很難把握。有些東西不說清楚大家理解不了更會產生誤解，但是說了不該說的東西我會遭天譴。

　　我告訴大家的都是靈界不為人知的祕密，不僅涉及到了個人的修

行，更涉及到了現實世界的轉變，而你又是其中的一分子。因為現在的修行已經不再是個人的問題，每一個修行人的氣場都影響著大的陰陽與正邪勢力的平衡。神與魔的巔峰對決馬上就要開始，而每個修行人發出的意念都會對結局有著重大影響。

　　本來寫這本書就猶豫了很長時間，不知該不該把這些祕密和真相說出來。問我靈界的師父卻一直不回應我是應該還是不應該。所以就只能寫一點，看看反應。如果有報應了，那我就趕快停下不寫了。所以希望大家能理解，我寫這本書別無所求，只想多救幾個修行人的慧命，使更多的人發出正念，助這個世界能向好的方向轉變。

驅魔大法

這幾天很多網友跟我說，他們已經被仙魔所附，每天都在痛苦的煎熬中度過。問我有什麼辦法能盡快徹底的解決？最好請我親自出面處理。當然，我能親自處理的話是最好的辦法，肯定會快速徹底的解決掉，而且不會留後患。但是這種可能性不大。第一，我精力有限。第二，在寫這本書前我就給自己定下了規矩，不與網友通電話、不與網友見面，只在網上交流。這樣做是為了避嫌。

那麼中了邪魔的網友怎麼辦？現在就介紹給大家方法。

對治邪魔的方法

第一、去心魔

中了邪魔的朋友們，正在痛苦中煎熬著，有的還神志不清的在精神病院無助的躺著。你們現在最大的心願就是恢復成健康的普通人。要知道，你被邪魔附身那是有原因的，一是有所求心，二是有懼心。

所謂有所求心就是你本來就喜歡鬼鬼神神的事，可能還幻想著求鬼神保平安、升官、發財什麼的呢。當然，鬼鬼神神也喜歡你了，他們不附你附誰呀？「鬼鬼神神」包括什麼呢？比如：整天談佛論道、喜歡上廟燒香、念經、念咒、打坐修定、練氣功、玩筆仙、請碟仙、算命、看風水、在家燒香供佛堂、供仙位等等與鬼神有關的都算。

有的網友看了這段肯定要拍案大罵了，「你真是大逆不道！居然把談佛論道、念經念咒、打坐供佛都說成了是著魔之道！小心下地獄！」。網友你先別急，聽我把話說完。

我雖然不是佛家弟子，也未入道門，但我絕無否定抵觸佛道之意。佛道都是出世間大法，本源都是至清至正的。可流傳到現在，恕我直言：「魔子魔孫坐廟堂，講經說法惑眾忙，凡人不識真面目，獻出真元慧命亡。」

　　當年佛在世時，波旬魔王當面挑釁，「等到了末法時期我的子孫都要穿上袈裟，把你的弟子都變成魔」，佛祖也只能低頭流淚。

　　「真傳一句話，假傳萬卷書！」那一句話才是佛說，萬卷書都是魔言！你念的經、咒到底是佛說還是魔言？念魔言必著魔。所以呢，在你沒認清佛與魔之前，我勸你什麼都不要信，遠離鬼鬼神神。

　　因為你已經招上魔，已是一個病人了，對魔的抵抗力很差，要遠離一切鬼鬼神神，一定要做到無求心。

　　所謂的懼心就是身多空竅，神虛膽怯。身多空竅，即先天的靈異體質，基本上都是女子，很容易被各類邪魔附體。即使遠離那些容易聚邪的場所，也會不斷的被邪靈侵擾。但是一般這樣的人身邊都會有陽氣極盛的人相伴，可能是父親、兄弟、老公。這不用刻意去找，而是宇宙陰陽相應的結果，這叫相生。

　　神虛膽怯者並非先天靈異體質，靈體不強健，性格偏內向，膽小怕事，這樣體質的人也容易著上魔，因為她好欺負。你以為動物仙、鬼的力量有多強嗎？他們也是欺負善良的人，看見惡人他們也躲得遠遠的，你越怕就越欺負你。

　　你如果能克服恐懼心，壯起膽量跟他們對抗！他們也怕，也會逃跑，再去找好欺負的去欺負。

　　還有一點要特別注意，一定要去除愧疚心。

　　認為「他們為什麼不去折磨別人只折磨我呢？一定是我前世欠了

他們的債，我受苦是應該的，我要想辦法還了他們的債，還要超度他們到好的地方。」一旦有這種想法你就上當了，它們會心安理得地折磨你，就趕不走它們。它們會利用一些神通伎倆讓你感覺前生欠它，一定不要相信它們。即使真的欠了業債，上天也絕不會用這種方式來討債。

你一定要樹起正氣，堅決排斥它們！想辦法驅除它們。你可以設想一下，當你被土匪綁架了，土匪搶走你的錢財，折磨你的時候，你能想是我上輩子欠了土匪的，我不能抗爭、不能逃跑、也不能報官抓他們。你不會這樣想吧？道理是一樣的。

去心魔，是驅除體內邪魔的基礎，只有做到發自內心的排斥它們，發誓要驅除它們，外力才幫得上。

第二、發心光

我們要對治邪魔，首先要瞭解它們的本質，要知道它們喜歡什麼，怕什麼。能附人的邪魔不外乎兩種來歷：一種是心召而來，是你自己求來的，多為仙類；一種是地氣感應而生，就是陰氣、煞氣重的地方，自然化生出的邪魔，以鬼類為主。

那麼這些附人的邪魔它們喜歡什麼樣的人呢？狹隘、自私、易怒、陰邪、內向、自大、理智差、邏輯思維差、自控能力弱的人，我們稱之為陰性人。

它們不喜歡什麼樣的人呢？陽光、寬容、祥和、樂觀、無私、俠義、無畏、有理智、邏輯思維強、自控能力強的人，我們稱之為陽性人。

仙、鬼的本質是什麼呢？其實跟人一樣，它們也有靈魂、有身體。其靈魂和人本質是一樣的，身體與人不同，人是肉身，它們是一種類似於氣體的身體。有身體就會有感覺，它們也知道舒服和痛苦，也有害怕與恐懼。它們的智力和理性比人差多了。它們沒有分析能力，不

會講究策略，有一些鬼通和小神通比人強，憑感性來支配自己的東西。

人與魔的鬥爭為什麼總是人被動？不是人的能力比他們小，而是因為不瞭解它們，瞭解後就能制服他們。因為人不僅有遠超它們的智力還擁有克制它們的力量！每個人都有，只是以前我們不知道而已。

現在我可以告訴大家它們怕什麼？它們最怕宇宙間至剛至正的陽剛之氣！這種陽剛之氣一出，輕則邪魔如烈焰焚身、重則即刻灰飛烟滅！

不是有很多網友想知道我是用什麼方法斬妖除魔的嗎？就請注意了！

首先，要相信我們每個人都有陽剛之氣，這是人生而有之。它不僅是我們的身體之本，更是我們的靈體之源，是我們輪迴運轉生生不息的動力之源！其陽剛之能量無窮無盡。我不知用什麼詞來稱呼它，暫時就叫他「真元」吧。

這「真元」的能量你只要發揮出來一點點兒，附你體內的邪魔就會逃之夭夭了。

我來告訴你如何發揮真元的能量。

首先，我們已經知道真元的本質了，它是宇宙間至陽至正、純剛無邪的本源。真元在時時發揮著它的能量，只是我們不注意而已。

我們發的善念從哪來？同情心從哪來？路見不平拔刀相助時的衝動和勇氣哪來？柔弱的母親為了保護孩子敢於跟老虎拼命的勇氣哪來？歷史上那些為了國家、民族而捨生忘死的肝膽義氣從哪來……有時我們對自己做過的事都覺得不可思議，我有這麼大的勇氣嗎？這是我嗎？自己都會被自己感動了。

其實這些都是真元發揮能量的一種顯現，人人具備時時與我們同

在。我再告訴大家一個重要真相：當你善念迸發、正氣凜然的時候，你的身心在那一瞬間會發出強烈的光芒！這是鬼神邪魔最怕的。這就是我說的陽剛之氣迸發，這就是斬妖除魔的利劍！

如果你能善念頻發、陽剛之氣頻現，則必將群魔降伏，鬼神遠遁。哪個妖魔敢來附你之身？避之猶恐不及呢，這也就是我說的「發心光」。

真元的能量我們將如何運用呢？如何才能心光頻發呢？或者如何能做到讓心光收發自如呢？這就需要修煉了。

修煉真元初級階段的步驟。

第一步、形合

形合即身體、形體與「真元」相合。要努力使自己成為陽光型的人，即「陽光、寬容、祥和、樂觀、無私、俠義、無畏、有理智、邏輯思維強、自控能力強」的人，我們稱之為陽性人。如果你陰暗、狹隘、自私……那就是與邪魔相合，永遠都不可能與「真元」相合。這是基礎。

第二步、心合

心合即人心與天心合。天心即「真元」之本心。只有人心與天心相合，才能發出陽剛之氣、「真元」之光芒。本心如何與天心合呢？這就要努力做到發五心：一孝心、二愛心、三忠心、四平等心、五無畏心。

孝心——孝心一出則感天動地；愛心——無私、大我、大愛無疆；忠心——忠於事、忠於人、盡職盡責；平等心——萬物平等，本體如一、無分尊卑；無畏心——憑浩然正氣敢戰天鬥地！大勇也。

能把這「五心」時時反省時時觀照即是真修行。這「五心」觀照一次就發一次「心光」，時時觀照就時時發光。如果能在現實生活中身體力行則光芒更盛！慢慢的你就是一個正大光明之人。這時，你身上的妖魔早就遠遁了。哪怕你到過的地方妖魔都不敢停留。這個光是真實的，是真正有能量的！絕不是理論或我們的想像。

各位，明白了嗎？是不是很簡單？可能有人會說，這也太簡單了，這還用修嗎？這不就是做人的道理嗎？是的，你說得對，這就是做人的道理。做好人就是大修行！你看著簡單，試問世上有幾人能做到？能做得圓滿？我告訴各位：這就是傳說中真正的「心地法門」。

各位，不要以為我在給大家講理論，不要以為我這是在某本書上抄下來發給大家的。這是我斬妖除魔二十年來的實踐得來的。最初我也覺得神祕，這斬妖除魔的力量哪裏來的呢？一直在尋其根源。終於被我發現了。太可笑了，原來就在自己身上，原來人人都有！

第三步、結善人

你在修煉「發心光」的同時，要注意觀察身邊是否有那種正氣凜然、陽剛之氣盛的人。如果有那真是你的運氣。你一定要想盡辦法接近他，最好能住在一起。這種正氣之人，身上時時散發著「心光」，你身上的妖魔是受不了這種光的，一定會逃之夭夭。

你再有意識的觀察他的為人處事，在「五心」上多下功夫，你自己的心地光明了，心光也就越來越盛。這時你走到哪裏都不怕再著上妖魔。

在這裏就給大家講個實例。

臺灣有個朋友有一次來大陸看望我。閑聊中他說到認識一個人是練法術的，最近得了很重的病，在家養病。這個人練的所謂法術就是我們說的「邪術」。

聽說是跟一次鬥法有關。是臺灣一家公司與大陸上海的一家公司做生意，開始合作的很愉快，後來由於利益上的關係發生了嚴重衝突，打官司上了法庭，結果臺灣這家公司輸了。

　　臺灣這家老闆很氣憤，花錢找到了這位邪術師，想讓他用邪術做法害死上海這家公司的老闆。這個邪術師做法前花了很多功夫來瞭解上海公司老闆的底細、背景，主要是看他是不是有修行背景。如果有就要注意了，練邪術的有些錢也不好掙，搞不好鬥法失敗連自己的命都得搭上去。

　　仔細一查這人沒有任何修行背景，甚至他的家族都沒人修行，都是唯物主義者。這下邪術師可樂啦，錢拿的可太輕鬆了，用邪術對付個普通人實在太容易了。算好了日子，半夜，邪術師開始作法，派出了陰兵，結果不到半個小時，邪術師開始有反應了。先是煩躁，後面逐漸的控制不住自己，發了瘋了。當晚是被大家綁回家的，差點丟了一條命。到現在邪術師都不知道是怎麼回事，一直懷疑上海老闆身邊有高人護著。

　　我當時聽了也覺得奇怪，也沒想通。我這人脾氣是這樣的，有關修行方面的事有不明白的，就一定要搞明白。因為咱們是幹這一行的，術業有專攻嘛。後來我終於聯繫上了上海這位老闆，在一個周日到他家裏去做客。

　　去他家前這位老闆介紹了他家裏的情況，他們一家三口和他老父親住在一起。當然，他知道我的一點背景，去他家的路上一再的叮囑我：千萬別跟他老父親提鬼神方面的事。他老父親是個徹底的唯物主義者，不允許他談論這方面的話題，也不允許他結交這方面的朋友。能跟我結交對他來講已經是破例了。

　　我們到了他家，進屋第一感覺就是乾淨、整潔、明亮，不豪華很

簡潔舒服。坐了一會，他老父親回來了，是一位快八十歲的乾瘦老頭，腰板直，雖然瘦卻有一種很威嚴的感覺，老人家面相極正，目光炯炯，一股正氣溢於言表。坐下來談話，句句至理名言，真正擲地有聲。老人家原來是上海某大學的教導主任，現退休在家。一生以曾國藩為榜樣，《曾國藩家訓》那是天天必讀之書，不僅自己讀還身體力行的照著做，並嚴厲要求子孫也這樣做下去。

我終於明白了，原來這位老父親才是他兒子真正的護法神呀。這位老人家以儒家正道修身修心，「心光」時時迸發，不僅保護自己不受邪魔侵擾還能保護自己的子孫避開了致命的邪術。

這才是真正的大修行啊！不信鬼神而鬼欽，不懂驅魔而魔遠遁。

第四步、居善地

所謂妖魔的形成不外乎三種形式：

一是「人心滯」而邪靈生。就是我前面講的，由於人自身的行為及心理的作用而感召來的邪魔。

二是「地氣滯」而妖煞生。

地分陰陽，「陽地」又稱陽生地，是那種日照充足、上能通風下有流水、視野開闊、植物茂盛之地。陽地乃生發之地，蘊藏並散發著生生不息的能量。「陰地」又稱陰煞地，有暮地與煞地之分。暮地是指那種風不通水不流、光線不足，暮氣沉沉之地。這種地方易化生邪靈。

實際上道理很簡單，就像一潭水，如水中無雜質、清水長流，則生機勃勃。如水中雜質多，又是死水一灘的話，很快就會濕生出很多蚊蟲。煞地一般是與陽生地相伴。這是宇宙間陰陽制衡的道理使然。

陽生地的陽氣越足，與其相克的煞地的凶煞之氣就越強。由於煞

地的感召，與之對應的靈界就會化生出「厲鬼」或「凶神惡煞」。這種「惡煞」就不是一般的法術或道行能克制得了的了。但是大家不用害怕，像這種煞地非常少。我們平時碰到的基本上都是暮地。

三是「天道滯」而天魔生。本書就暫不討論這部分。

現在探討的是「身上已經附上了邪靈的人如何來對治」的問題。被邪靈折磨的人，首先要查看自己的內心或行為，如果有問題就按我上面教的方法去做。

同時，好好觀察一下你的居住地，是否是那種暮地或煞地。這個判斷起來實際上很簡單：先感覺居住房子的周圍環境，看看自己居住的社區大樓周圍是否開闊、通風、陽光是否充足？自己再閉上眼睛靜靜的感覺一會兒，舒不舒服？指的是你居住地周圍的大環境，而不是居住的房子。

如果這些都沒問題，再找周圍的老住戶、原居民瞭解一下，自己居住的社區大樓在蓋樓之前這塊地是幹什麼用的？如果不是亂墳崗、火葬場、或監獄、殺人的刑場等，那就說明你居住的地方沒有問題。我說的這些你自己都能做的，很簡單的。

如果居住地有問題，那我建議你換個環境，儘量住在那種陽生之地。有不少被邪靈附體的人，換個環境自然就好了。當然，並不是說凡是居住在暮地的人都會招上邪靈，這也講究和誰相應的問題。

我有個朋友三年前買了一間二手房，挺便宜的價格，真是滿心歡喜。大概居住了半年左右。有一次我們幾個朋友在飯店吃晚飯。席間，服務員有點小過失，這要在平常根本不是什麼事，笑一笑就過去了。可這位朋友就瞪起了眼睛，勃然大怒！服務員小姐一再道歉，這位朋友就是不依不饒！我們都覺得很詫異。因為我這朋友平時不是這種性格，好像徹底變了一個人。我覺得有點不對勁，仔細看了一下朋友的

面色，隱隱感覺出一種煞氣，可他身上並沒有邪靈附體呀，難道是家裏出了問題？

第二天跟朋友約好，我匆匆趕到他家。沒進家門，我們先在周圍看了一圈。他家坐落在一座山附近。靜靜的觀察了一會這座小山，真是上好的一塊陽生之地，生機勃勃、鬱鬱蔥蔥。繞山而行，一路觀察，要接近他家社區時，經過一塊地方，我突覺一陣煞氣襲來，周身一寒，就覺眼前血光一現！我立馬拉上朋友就走，好在他的汽車就在附近。坐在車裏，靜下來天眼一觀，就見一條「血龍」上下翻騰！身形不大卻煞氣十足，好傢伙，原來禍根在這裏呀！

然後，陽剛之氣化成一道利劍……

事後我還是勸我的朋友搬離這裏，「血龍」雖然被誅，可煞氣猶在。這種煞氣已經與這朋友相應，還是遠離這是非之地才好。這就是一塊煞地，「血龍」只是應此地而化生的煞氣而已。等過了多少年以後又會在這裏聚煞成形的。

後來一打聽，原來這個地方以前就是這一帶殺人的刑場。

第五步、候善緣

前面四段就是自身防魔、驅魔的基礎。「去心魔」和「發心光」是內應之法，「結善人」和「居善地」是外應之法。我們這裏針對的都是已被邪靈附體的朋友。希望這類朋友必須意識到自己是個病人，在古代這種病就叫「中邪」。要做好一切思想準備，做好長期抗爭的心理準備很重要，「病來如山倒，病去如抽絲」。一定要堅決的做到「去心魔」，時刻看管著自己的心，只要一想鬼鬼神神的事，就立馬制止住，堅決的不去想！能做到這點對某些人來講並不容易，有些人天生喜歡玄學、靈異、修煉，一段時間不接觸就非常難受，就像上癮了一樣。但是你要知道，別人再研究也沒招上邪靈啊，人家有免疫力呀。

而你接觸就能招上因為你沒有免疫力嘛。

之所以反覆的不斷的提醒大家「去心魔」的重要性，是因為「去心魔」是最最基礎的，心魔不去其他的一切都白費，那就一直被邪靈糾纏吧。只有你自己能做到堅決的抵制心魔，再刻苦的修煉「發心光」，內外才能相應，你才能永遠不受邪靈侵擾。這是根治邪靈的最佳方法。

關於後兩項「結善人」和「居善地」那是屬外應之法，能做到更好，做不到也無所謂，不要強求。現在這個世道像我說的那種正氣凜然、百邪不侵的人那是鳳毛麟角，上哪裏找？有緣能碰上是多大的運氣。「居善地」也是一樣，如發現自己的住地有問題，能換最好，不能換也沒什麼。

你只要做到了「去心魔」，實實修煉「發心光」，剩下的事情就是等待吧。等什麼？就是接下來的重點「候善緣」。

我教大家修「五心」──「孝心、愛心、忠心、平等心、無畏心」的目的大家應該已經非常明確了。那就是，一能「發心光」，自身「真元」正氣之光頻發，克制一切邪靈。二能「與天心相應」。

「天心」是什麼心呢？慈悲心、救度心、平等心、無私心、奉獻心、救苦救難時的霹靂心……你看看，我們一直修的「五心」是不是就是根據「天心」來的？常修「五心」就能達到「人心」與「天心」相應的效果。

「心」與「心」的這種能量的傳遞憑的是一種感應。這種感應的速度不能用時間和距離來衡量，無論相隔多少宇宙空間它都是一發即達。所以大家不要以為「天」離我們很遠，以為我的心力這麼弱，要到何年「天心」才能感應到啊？

其實只要善念一動，「天心」即有感應，善念小動「天心」小應，

善念頻發則「天心」大應。「天心」應的結果又會怎樣呢？「天心」應則感「地氣」動，「地氣」一動則有「物」化生！

這就是宇宙中「天人感應」與「天人合一」的真相！

「人心」動則「天心」必有所感，「天心」有所感則必有所應，天之氣與地氣通，「天心」一有所應就感得「地氣」必有所動，「地氣」一動則相應範圍的空間的陰陽二氣重新組合，則必有「物」相應化生而出。

這個「物」可能是任何形態，可能化生成能量體的形式在你周圍，而你自己不一定知道；可能是受「地氣」感召而來的世間的人或動物；也可能表現為你的頭腦中突然而來的靈感……總之是相應而來，是來給你解決問題的！

所以大家明白「候善緣」的意思了吧？我再解釋一下：只要你做到「去心魔」並實實修煉「五心」，其他的你不用去求、也不用去管，該做什麼做什麼。在你練「五心」的過程中，你的「人心」自與「天心」相應，這過程中你不用去求什麼，「天心」自然都知道，以後的事你也不用管，讓它自然而然的發生。

等過一段你自己就痊癒，邪靈遠遁，但你自己不一定知道真正的原因。也可能由於你不斷的修「五心」，天應地動之後化生一個陽剛的能量場（就是俗稱的護法）把你及你家保護起來了，邪靈就不敢接近你了。也可能感召或者化生成了邪靈的克制之物在你的身邊，邪靈也不能接近你了……

這是千真萬確能發生的，這方面我有很多案例。關鍵是一定在現實生活中修「五心」！

看到這裏，有悟性的人應該能看出很多東西，可能有的人就會理解我前面講的內容。其實，所有的修行都是追求「天人感應」與「天

人合一」的境界，世上修行的法門萬萬千，實際上道理就那麼一個，沒有那麼複雜。

大道至簡，大道就在我們身邊，一點都不神祕，只是我們視而不見。有些人可能認為我不建議大家念經、念佛、念咒、打坐、上香等，是貶低誹謗別的法門。其實，釋迦牟尼佛祖早就不建議大家這樣做了，可現在的修行人有幾個人聽呢？

「若以色見我，以音聲求我，是人行邪道，不能見如來」。這些話說的多好啊！你天天坐在那裏念阿彌陀佛、念觀世音菩薩，希望阿彌陀佛、觀音菩薩與你相應，但是你又棄父母於不顧，父不盡父道、夫不盡夫道，無心打理工作，不盡社會責任，就是一心理佛、不問世事……你想想觀音菩薩能與你相應嗎？你喊破喉嚨也沒用啊。如果你真信觀音菩薩，真心想和觀音菩薩感應的話，我勸你先靜下心來好好想想觀音菩薩的心是怎樣的？然後你在世間就照著觀音菩薩的心去認認真真的做。我敢保證用不了三年，你一定能真真切切的感知到觀音菩薩。那時，你在別人眼裏就是個現世的觀世音了。

念咒也是一樣，身、口、意與本尊相合不如心與本尊相合，心不與本尊相合你天天打坐都沒用。「一切有為法，如夢幻泡影，如露亦如電，應作如是觀」。佛祖為什麼說這個謁呢？他就是在告訴我們，所有為了修煉的有形修行方式都是「夢幻泡影」，都不是真實的。

實際上佛祖又什麼都告訴我們了，「拈花微笑，直指人心」——把自己這個做人的心修好就全在裏面了。心不外求，法不外取。而道儒的祖師也諄諄教導我們「養吾自身浩然之正氣」，一句話全都給概括了！古人真是高啊。涉及靈界越深入就越佩服古代這些聖人！

千言萬語還是匯總成一句白話：「做好人就是大修行」！

第六步、待普度

現在靈界亂象紛呈、不守天道的狀況也是有原因的。幾百年來中華大地天運不濟、地氣不疏、人心大滯。這是漢唐盛世之後天道運行陰陽轉換的必然規律。地氣不疏使中華大地暮氣沉沉，陽剛不振，妖孽輩出，只有在中華民族的根本真正受到威脅的時候才會有濟世之人應運而出，力挽狂瀾。

應運而出的濟世之人，雖能救急卻改變不了大運。在那天道轉陰之時，我中華民族雖屢受外侵卻能保住根本而不動搖，實乃我中華正神在靈界默默護佑之功！

如今，中華大地終於等來了陰盡陽升之時。天運已至，靈界曙光已現，天機已動、地氣已應。人心亦將受天罡陽氣之感召，人間正氣必將漸成主流。到那時，天、地、人相應相感，陽剛正氣普照中華大地，則所有邪靈、鬼怪、妖魔等一概伏誅。到那時一切附體仙、鬼、妖魔都將烟消雲滅。

這個時候已經不遠了，請大家耐心等待吧。

同時家供仙堂的弟馬們，請把這個信息轉達給你家的仙，告訴它們靈界即將開始大清理了，即將開始清理在人間的一切仙、鬼、神等，對他們來講大劫難就要來了，讓它們趕快回山不能再到人間來了。實際上這個信息一些道行較深的仙家已經感知到了，只是它們能感知到劫難要來了，卻不知何時來？為什麼會來？因為他們看不透靈界深處正在發生的事。

至此，「驅魔大法」正式介紹完畢。這是一套完全不用花錢的、絕對沒有任何副作用的自癒之法。實際上大家也都知道，現在民間有很多法術、仙堂等都有驅魔驅邪的能力。我為什麼不建議大家去找他們來解決問題呢？主要是現在這世道人亂神也亂，碰到了那些煉邪術

的或者心術不正的人或者仙，破財事小，萬一身心受損，又被人所制那危害性就遠大於被邪靈附體了。

我之所以言辭偏頗，甚至有時還以偏概全的來痛勸大家遠離鬼神之事，就是深知「江湖險惡，人心更險惡」，這種例子看得太多了，希望大家小心為上。

如果你有緣能碰到佛、道兩門中有修有證的大德；或者民間正直的法術傳人或正直的出馬仙堂。那真是你的福分，我也真心的祝福你。可是這樣的機緣很少。所以呢，求人不如自救。你只要按照我這套方法誠心地去做，若能心地光明、善念頻發，快則幾天慢則百日，身上所附邪靈必將逃遁。以後若能做到不事鬼神，時時修「五心」，則此生身心安泰不成問題。

寫此文的目的是給尚無大機緣入某正法修煉，又渴望修行的大眾警告的。所謂內行看門道，外行看熱鬧，我所看到的現在中國修行界的現狀實在堪憂，一方面宗教界正法不興、妖魔橫行！多少弟子無數的「高僧大德」高坐廟堂講經說法，自己竟是妖邪附體；另一方面又有太多的善良大眾，為求行善解脫之法四處拜師學法，卻又毫無分辨能力而誤入魔道，被邪靈附體利用，成了魔子魔孫。為了避免這種情況再發生，我才提出警告：在自己沒有辨別能力的前提下不要盲目拜師、盲修瞎練。記住：寧可千世不悟，不可一世著魔！

我重申一下，在世間而言我所修法門無名無派，屬世外隱修法門的一支，但我對世間宗教的各門各派無任何否定或詆毀之意。我所表達的是宇宙中陰、陽，正、邪的對立存在於方方面面，當然也存在於各宗教門派中。在修某門派的法時能否認清正邪？所謂「一佛立則必有一魔出；而一魔出也必有一佛來對治」。這也是宇宙最基本的規律。

如何分辨師與法的正邪呢？就是我前面所講的心法，法門萬萬千

但萬變不離其宗，世上一切的人與法的正邪之分就在於「心」。「五心」是一切正人與正法的根本。

我為何推崇儒家法門，並不是說只有儒家法門是唯一的正法。而是因為儒家法門講究從做人做起，自律修身，常養自身浩然正氣；不尚玄幻，不拜鬼神──這些都暗合天道，這也是修煉任何正法的基礎。

實際上這就是真正的修行大法，是從世事中磨煉以達到修身正己之目的，身正、心正則浩然正氣充盈，有此為基礎，在機緣成熟時一經點化則立馬超凡入聖。其果位何止僅僅位列仙班呢？解脫輪迴跳出三界也就在此時！

即使此生未逢機緣，沒有受到大德點化，也能盡享人天福報。修儒家法門可從師可自學，其經典系統完備，非常適合在大眾中普傳；修儒家法門可完全不用擔心被邪靈入侵而著魔。

天道最公而自佑其善根，我們可以從世上的表相來看，自孔子以來兩千多年其子孫繁衍不絕並受歷朝歷代的尊崇，這種福報在人類歷史上是罕見的。即使在現在，孔子也被推崇為影響世界人類最大的百位名人的首位。自己民族的祖宗聖人、人天導師，在被自己的子孫唾棄否定的同時，卻被其他民族最為推崇，我們自己做何感想？

看現在中國現狀唯錢是圖、唯利是圖、精神空虛、道德倫喪──連最基本的人都做不好，還妄談什麼修仙修佛呢？所以我建議有向道之心的大眾別一天就想著成仙成佛，還是應該把目光回望自己，從自身修起，自律修身正己。

仰望星空的同時，別忘了我們腳踩著大地，這大地才是我們的根基，這根基就是做人之本，修身、齊家、治國、平天下、成仙做祖、超脫輪迴、融入法界，這才是一個人修行的正路。

接下來我想再跟大家探討一下對佛教的看法。

這裏我有必要再強調一下：關於念咒語的問題，咒語有正邪，即有的咒語溝通的是宇宙中正面的神或能量，有的咒語溝通的是魔或負面的能量。所以在沒有明師指點的情況下建議大家別亂念咒語，防止修行不成反而引魔患上身，這又何必呢？這樣的例子並不少。但是我並沒有說所有的咒語都是不好的，都不能念，請大家別誤解，否則我的罪過不是大了？

還有一點我也要強調一下：就是我對佛、道的態度。可能有的人認為我只推崇儒家法門而輕視佛、道。其實這是很大的誤解。我只是認為儒家法門最適合普度，人人都可無師自學的，而且做人與修心本就是任何正法修行的根本。而佛、道法門的修行是講機緣的。而現在宗教界亂象紛呈、明師難遇，在修行中又容易使大家由玄幻入門貪戀神通，反而忘了做人修心的修行根本。這是現在修行者易犯的最大問題。

還是那句話：在靈界的高層，沒有門派的分別，最高層的理與境界是相融而合的。一個修行人如果心裏還執著於門派有別而相互攻擊，那只能說明他還沒悟到高層的理，還沒達到一定的境界。當然我指的是正法法門，不包含邪法。正、邪對立是不可能同理的。

我在這裏再一次聲明：書中所講的道理及所描述的境界與經歷都是自己的一人一家之言。沒有得到哪位高僧大德的印證。請各位讀者帶著理性與自己的分析來看待本書。我再一次強調一下此文的目的：鑑於現在世上正法不興，妖孽橫行的時期，給那些發善心想修行的人警示，揭露修行界中的陷阱；透過揭示靈界的一些真相，儘量使大家認清修行的根本，使更多的人能發善心揚正氣，為即將到來的神魔大戰盡自己一份正義的力量。

至於大家最關心的那幾個問題，實際上在前面的文章裏已經給提

示了。有些東西只可意會不能言傳，修行要講悟性啊！我再大概解釋一下，但有個條件，關於這幾個問題的我的答覆大家一定當成神話小說來看，別當真，也別提問題，提了我也不回答。我回答不了，因為我說的這些境界無法被證實。只能等到三年後來驗證結果。如果我說錯了你們再提出來罵我；如果我說的驗證了，你們就按我說的發善心揚正氣從人做起好好修行。那就是我的功德，就是對我最大的獎賞。

關於世界末日

「世界末日」這個話題可以說是近幾年最熱門的了。世界末日能否真的發生？以什麼形式發生？所有的人一直在追問。而實際上這個話題還用探討嗎？對現在地球上的人類和絕大多數的生物而言，隨時都有可能是世界末日呀。而這種摧毀人類的力量就是操縱在人類自己手中。

不是有專家統計過嗎？就現在世界上有核國家擁有的核武器如果同時爆炸的話，地球表面的生物將被毀滅三十次！各國的生化武器如果啟用，那如果基因武器被啟用，更不敢想像！我這裏要說的是，世界末日的危機不是來自於外界，不是氣候變暖，不是彗星撞地球，不是太陽黑子，更不是尼碧汝的影響，而是來自於人類本身。

現在世界各國爭奪資源的鬥爭已經白熱化，新崛起的國家重新劃分勢力範圍的趨勢銳不可擋。大國之間的矛盾一旦激化，甚至某國的核彈控制系統出現失控，誤發一枚核彈頭，都會立即引發核戰爭，世界末日就到來了。世界末日離我們遙遠嗎？還要等到 2012 年的年底嗎？

我上面所說的是地球人都知道的事實。而我下面要講的是：為什麼人類突然之間就被推到了毀滅的邊緣？這一切是怎麼發生的？這些與靈界有關係嗎？這種危險的狀態能被改變嗎？我想這些問題都是大

家最關心的。

世界末日

本是獵戶一亂星，化做天魔來娑婆；
宗教一統惑人心，欲將人間變修羅；
修羅貪愚誓皈依，獻出命寶待天魔；
天魔滅世名審判，收割命寶滅修羅。

汶川地震

天心一動地必應，中華大地有真龍；
蓮花溝底震天吼，龍門山上祖龍飛；
神龍奮起克天魔，拯救人類出水火；
此是中華振興日，引領世界歸天啟。

2012

陰陽生克自有律，天魔滅世道豈容？
中華神龍來救世，誓與天魔戰中東；
魔勝中華變修羅，到時滅世人盡魔；
龍勝歐美地大動，重開天啟獲新生。

修羅魔道的特點

為什麼此時天魔入世神龍也出世？因為地球上的人類民智已開，而人類現在正處在向前進化發展的最關鍵的轉折點上。宇宙中一直存在著正、邪兩道，又一直處在此消彼長不斷鬥爭的狀態。人類此時必須做出選擇，是走天啟正道還是走修羅魔道？無論正道魔道都體現在兩個方面：一是科技；二是宗教。

科技方面

修羅魔道科技發展的特點是以天魔的一己之私為最高利益原則。操縱奴役其他生命種類為其所用，不顧自然的和諧和規則瘋狂的消耗利用自然資源為其所用；修羅道科技所到之處動植物等生物滅絕，礦產資源被迅速淘空。天魔擅於利用人類的弱點，用激發人潛在的貪、嗔、癡等手段，誘惑驅使人類為其所用，並利用地球現有資源以發展科技為名為其製造航行星際的設備。我告訴大家，現在地球上以西方國家為主導的科技就是典型的修羅科技。

為什麼叫修羅科技？大家試想一下按此道路繼續發展，人會變成什麼樣子？

首先，人有了神通，當然不是清靜心修煉出來的真正神通，而是製造出來的神通。我們有「天眼通」——電視、各種視頻，可以把遠在千里之外的人或物看的清清楚楚；我們有「天耳通」——手機、無線通話設備；我們有「神足通」——汽車、飛機、宇宙飛船；我們有「神變通」——生物化學、基因工程的發展會製出各種怪物。

各位，人類是不是神通廣大？但人類的這些神通都是天魔所賜呀。人類哪一項重大科技發明不是來自於靈感？而這靈感來自於何處？這兩百年來這類靈感太多了吧？

　　本來，人類生於地球長於地球，我們仰望星空，卻實實在在的踏在大地之上。我們的食衣住行都離不開大地，應該珍惜並愛護我們的大地母親才對呀。星空只能用來仰望甚至都不應該去嚮往，那裏充滿了陌生和恐懼，那是無邊漆黑的領域。但奇怪呀，地球上那些政府「精英」們、那些「偉大」靈感不斷的科學家們怎麼都不約而同的把目光盯向了茫茫的宇宙星空？並不惜投巨資建航天飛船？他們到底要去哪裏？這種湧動在心底的動力到底來自於哪裏？

　　其實，他們是在仰望天魔的故鄉，心裏常常湧動著的是天魔對修羅的召喚。

　　其次，在人的身體方面：現代人越來越遠離自然，把自己囚禁在鋼筋水泥之中。由於不勞動、不運動，人的四肢會漸漸萎縮，漸漸變短；長期坐著工作，肚子漸漸變大；今後以用腦為主，腦殼漸漸變大；長期盯著電腦工作，眼睛漸漸變大、突出。

　　由於大量的養分及血液供腦，又由於長期得不到充足的日曬和勞作，日夜顛倒、作息時間錯亂，會導致人的身體整體失調，使軀幹變小；由於大量化學製品進入食品、飲料，人類長期吃毒喝毒，導致皮膚灰白變色……我們不難想像今後的人類是什麼樣子？頭大、眼大而突、四肢短小、個子矮、灰白色皮膚、裝備超酷、航天技術超高——媽呀！這不是外星人嗎！這下大家知道外星人怎麼來的了。別急，再這樣發展下去不遠的將來我們的子孫也那麼酷！

　　怎麼這幾年外星人總來呀？來幹什麼呀？當然是來現場指導地球小弟了。地球就要融入魔界大家庭了，修羅科技發展的有點慢呀。

修羅的特點是什麼？修羅一方面神通廣大，一方面心性極差，貪、嗔、癡心極重又極度自私。大家看看現在地球上的人具備這些特點嗎？那麼隨著科技的發展下一步人類的家園地球會怎樣了呢？生物滅絕、資源耗盡、滿目瘡痍，剩下的修羅只有放棄家園再去其他星球掠奪。

這就是發展修羅科技的結果！

宗教方面

修羅魔道在宗教方面的特點：必須僅以天魔為尊，要求信徒放棄自我；必須發誓全身心皈依、徹底奉獻；並用各種手段強迫人來信，誰不信就消滅誰！

看到這裏有人可能會笑了，這天魔是不是有病啊？這不是典型的自大狂、自戀狂嗎！大家別笑，我告訴大家，天魔是非常聰明智慧的，它的能力和智慧甚至不比佛低。它為什麼這麼做呢？它到底要什麼呢？這裏我再給大家揭示一個宇宙中的大真相。

宇宙星空包羅萬象，大到日月星辰，小到草木蟻菌。那麼巨大的恆星和微小的螞蟻之間有可比性嗎？迷者看到的是差距，而悟者看到的就是相同的本質。它們本質是相同的，不論大小都有相同的「核」，這個「核」我們勉強稱之為「命寶」吧，因為它是生命中最寶貴的東西。

六祖惠能稱它為「自性」。它的特性是「不生不滅，不增不減，不垢不淨」，它超然獨立於宇宙之中有著自己的運行軌跡的，我們稱之為輪迴，同時它又擁有巨大的能量。我們知道一個原子核分裂過後產生的能量是非常巨大的，而命寶的能量不知要大它多少倍。命寶對我們來說是最寶貴的，同時也是天魔最喜歡、最需要的，命寶對天魔來講就像核燃料一樣當然越多越好，強大的魔力就靠這來支撐。

可問題是這命寶無法被外力掠奪，也不能用外力改變其運行軌

跡，其只受自己的願力所支配。如何改變自己的輪迴軌跡呢？在你舊的生命結束，新的生命未形成時，發出強烈的願力，那麼自己的運行軌跡就被改變了，所有的超凡入聖、解脫輪迴全在於此。而你被魔利用成為魔的核原料，也是在這個階段實現的。那時你只要強烈的發願皈依○○○或○○○，就會實現。

當然，當真的實現後，絕大多數的情形是這樣的：當你滿心歡喜的如願到了你發願來的理想世界時，你才發現自己一直信奉的大神竟原來是個巨大的魔王，正張著血盆大口等著你。

那時你想起《金剛經》的教導「若以色見我，以音聲求我，是人行邪道，不得見如來」，又想起了《六祖壇經》上的告誡「自心歸依自性，是皈依真佛」；「自悟自修自性功德，是其歸依」……你想到了很多。這時你才知道原來天魔也能變成○○○或○○○的樣子來騙我呀！天魔也能偽裝成那麼善呀？我修行應該本著本心不應該外求啊。

但是一切都晚了，你已經成了天魔的核原料了，你已經不再是你自己了。而這一切也只有在你自願的前提下才能實現的。

好了，現在你知道為什麼魔那麼喜歡人？因為人智慧剛開，能發願力，可又看不到真相、尚在迷中，又傻又單純，好騙！

現在你也知道修行為什麼要本著「我命由我不由天」，「佛在靈山莫遠求，靈山只在汝心頭，人人都有靈山塔，好向靈山塔下修」的道理了吧？

當地球人都皈依了天魔之時，也就是天魔滅世收穫命寶大功告成之時。揭露真相是為了讓大家認清正法，有悟性的人能從上面的話中悟出修行的真諦。

我說現在的世界就快變成修羅世界了，大家有同感嗎？

天啟文明

什麼是天啟科技？循天規、明天理，與自然共同進化、和諧共存的科技就是受天道啟發的正道科技。天啟科技最典型的成果就是四川的「都江堰」，那才真正是人與自然和諧共存的偉大工程！那是人類科技文明今後的發展方向。

什麼是天啟正道？無個人或個神的盲目崇拜，以證者為師，破除一切迷信，從自身、自心、自性起修，內破諸相，外破諸魔，自主掌控自身的輪迴與解脫，是為天啟正道。

2008/5/12（陰曆四月初八），印度洋板塊突然向亞洲板塊擠壓，青藏高原迅速隆起東移，龍門山斷裂帶蓮花溝底一聲巨響，汶川地震，舉國哀傷；中華兒女眾志成城，愛心迸發，這是中華民族的根性，危難之際無私無畏、大愛無疆！

從靈界的角度我們看到的卻是另一番景象！天機動、地氣應，陽剛之氣勃然而發，一條巨龍沖天而起，金光閃爍、威震寰宇！我與「大悲眼」范先生共同見證了這壯觀的一刻！守護千年，它終於出世了！

激動的同時心中免不了陣陣悲痛。這樣的橫空出世代價未免太大了。難道真龍出世也要經歷大地母親分娩的陣痛與流血？唉，天道深微，我一個小小的修行者確實看不透啊。

我想這發生在靈界的奇景，必然被不少修行人所見或所感應。大家即使沒有感應到它，也肯定會感受到它的威力與神奇。大家想一下，中國一直在世界上抬不起頭來，從什麼時候開始我們有了揚眉吐氣的感覺了？是不是08年底美國爆發金融危機開始？現在又是歐洲經濟危機。這些危機的發生都突然而至，到現在都沒找到真正原因。金融海嘯席捲全球，只有中國屹立不倒反而越來越強。這幸福來的有點突然吧？我們還沒準備好呢。好像中國突然間在世界上變的重要了，請大

家拭目以待，今後還會有更多更大的奇蹟發生。

我要告訴大家的是，神龍出世是中華民族即將崛起的象徵。中華民族天時已到地氣已應。隨著蓮花溝的那聲巨響，中華大地陽氣勃發，山河易位、掃盡沉淪，已成了一塊巨大的陽生之地。那真是處處龍脈處處新，從此中華多才俊！

中華的崛起，將不僅僅是經濟與軍事的崛起，更表現在宗教、文化等精神領域。儒、釋、道等傳統教門中必將才俊輩出、各領風騷、大放異彩。就我所知現在得千手觀音傳承的佛門「大悲眼」尊者、道門的「不動」真人等均已出山。從此後，中華才俊必靈感不斷，一定會給中華帶來新氣象，繼而在各個領域引領世界邁向「天啟文明」。

這就是為什麼很多人都感到自己在冥冥之中有種使命感的真正原因，因為你真的有使命。所以我曾感慨，在這個時代生而為人又生在中國，真是莫大的榮幸。我們這幾代人將見證人類歷史最輝煌的時刻！

在這個時代，我們每一個人都有可能得到神龍的護佑與靈感加持，只要你的心能與龍心相應。

神龍乃天地間陽剛之氣化生，乃宇宙正道之代表。其性至陽、至剛、至大、至正。只要你能自律修心、止惡揚善、善養浩然正氣，你就與龍心相應了，相應必有所感、感而遂通、則有所成。

不要被眼前的現狀遮住了眼睛，只知一味的抱怨；不要眼見的是黑暗心也跟著變成黑暗；在這黎明前的時刻雖沒見到光明，但我們應該為光明的到來做好一切準備。

我是一個修行者，比大家站的稍高一點。我有幸提前看到了天邊曙光乍現，我知道陽光即將普照，跑下來告訴還在黑暗中徬徨的同胞，請不要失去信心，做好準備，光明即將來到！

這就是我一個隱修法門的小小傳承者要告訴大家的靈界真相。我甘冒大不韙說出這些，是希望中華同胞心存光明、莫入魔道；齊發善念、宏揚正氣；一齊助我中華神龍驅天魔、一戰成功！發大神威轉修羅世界為人間天堂！

　　以上所言，無從印證。大家就當神話故事來聽吧，或者說是我美好的幻想也無不可。也可當成是瘋言瘋語。總之，別太當真。誰識真假？何謂對錯？有緣人內心自知！

白象

　　現在提到的幾段「經歷」，大家最好權當故事來看，別太拘泥於所謂的真假，即使告訴你這些都是真實的也沒用的，因為絕大多數人理解不了。「內行看門道，外行看熱鬧」，即使是「內行」也有修煉的境界與層次之別。所以就當故事來看。

　　雲南某地以前是一片原始森林，十年前也開始發展旅遊業，但一直不是很出名。雲南我也去過幾個地方，昆明、石林、滇池、大理的蒼山洱海、麗江、香格里拉等。有時是受到感召帶著任務去的，有時就是想去旅遊散心，而大多數以旅遊散心為目的的旅遊活動，等到了之後會發現，原來又是為了完成任務而來。

　　有時一切都是有意的按照自己的安排在做，可經過了很多巧合做完以後回頭再一看，還是在「老天」設的局裏。

　　下面要講的這個故事就是又一次把旅遊變成了工作，讓我比較鬱悶的一次。

　　雲南這個地方，是有一次我在飛機上的航空雜誌裏看到的。雜誌裏詳細的介紹這裏的風土人情，還保存著很原始的少數民族部落的原貌，而且開發旅遊的時間也不長，最近幾年才開始，應該是現在中國未受太多人為污染的地方之一。那是我第一次知道有這麼個地方。

　　看到照片上鬱鬱葱葱的原始森林，原始部落的竹樓在樹林間交相輝映，當地的人們臉上帶著純樸的氣息，憨憨的在微笑著……看著這些畫面我不禁有種怦然心動的感覺。

默默地想著，這麼個幽靜、古樸的地方真是令人神往，如果能放棄世間一切俗務，又不帶靈界的任務，靜靜的在這裏住個十天半月，好好的感受感受真正的大自然最清新的原始森林的氣息，那該多好啊。當時，我默默地記下了這個地名，以後一定要找時間完成這個心願。

終於這個願望得以實現了。把俗事都安排好，給自己留出大概十天左右的時間，滿心歡喜開始做出發前的準備。

一般出外旅遊或者到遠處去完成任務，我都不會跟旅行團走的。因為有幾次跟著旅行團出去玩，卻發現了妖魔的踪跡，剛要往下追查，旅行團出發了，你必須得跟著走。沒辦法，只能是旅遊結束了再乘飛機回到原地細細追查，完成任務才能真正離開。

就這樣反覆折騰好幾次，就不再跟旅遊團走，改自己開車自駕遊。每次出發前，我都會拍拍我的「戰馬」，說聲「老夥計，又要出征了」。說起我的這部車那真是令我又欣慰又感慨呀。

七、八年前開始，我開始受命進軍青藏高原，就是西藏境內。本來早就有感應，不斷地催促我進西藏、進西藏！我就是裝聾作啞，一拖再拖，能往後就往後。大家一定奇怪，為什麼呀？肯定會想，你就是做這工作的，給你任務你就去完成不就得了？拖什麼呢？各位，說心裏話，我是怕呀！

能不怕嗎？那是什麼地方呀，那可是西藏啊！那是世界屋脊──青藏高原呀！我將面臨海拔 4000 米到 5200 米、高原缺氧、無人區、山高路險、大河湍急、高原氣候就像小孩的臉說變就變，時而大雨雷電，時而冰雪交加……而且我只能單車前往。對我一個土生土長的內地人來講，西藏的一切是那麼的遙遠、神祕，甚至可怕！

這樣大概拖了兩年，這期間，我一直沒間斷的研究西藏，幾乎看了所有關於西藏的書、旅遊攻略、分析地圖、包括無人區野外生存……

唉，越研究越怕呀。

最後不能再拖了，再拖就會影響大局，只好硬著頭皮出發，但是為了自身安全，我必須做好充分的物質準備。其中最重要的就是車，沒有一部好的越野車，我單車闖青藏高原那基本上就是自殺。買什麼樣的越野車呢？這也費了我不少腦筋。最後決定支持國貨，買一部北京吉普吧。切諾基的越野性能應該是沒話說的，又是一部很成熟的車型。一咬牙、一跺腳，就它了，買。

買回來第二天就開著新的切諾基出發了。當時真有一種「風蕭蕭兮易水寒，壯士一去兮不復還」的悲涼感覺，一切全是未知數啊。從成都出發，過雅安下了高速公路，開始進山。進入藏區的第一道屏障——高聳入雲的「二郎山」。

可是沒想到，一座二郎山就給我擋住了，惡戰了近一個月才破關通過，開始正式進入藏區。唉，哪知後來，這部切諾基差點要了我的命！

那是第二次去西藏，當時走的川藏路從成都到拉薩，途經林芝境內雅魯藏布江大拐彎處的「通麥天險」，這「通麥天險」也叫「通麥墳場」，是川藏路上最危險的路段。

這裏的地質構造極其不穩定，加上降水豐沛，所以山河易容是經常發生的事情。特別是很多地方，右邊隨時有落石，或者坍塌下來的山崖，左邊懸崖之下就是洶湧的帕隆藏布江。

路面很多時候窄的僅容一輛小車經過，而貨車有可能會有半個輪子就懸在外面，而你又會感覺到路面隨時塌陷到洶湧的急流中一般。我開著的這輛切諾基就是在一處急轉彎處突然打滑，這處地面剛被水沖過一片爛泥，路面還是向著江面傾斜的。這一打滑就感覺車身已經伸出懸崖外面，就要往江裏掉。我趕緊一打方向，急踩一腳油門，轟

的一聲沖了上來。真是嚇出了一身冷汗呀！我差一點命喪激流啊。

第二次遇險是在珠穆朗瑪峰的大本營。

我開著切諾基攀上了珠穆朗瑪峰下海拔 5200 米高處的絨布寺，當晚住在珠峰大本營的帳篷裏，準備第二天早上要返回拉孜縣。走到車前，發現地上一片油漬。一檢查發現原來油管漏油了！車只要一發動汽油就向外噴。我的媽呀，這是什麼情形呀，在這地方出問題？離這最近的修理廠在山下幾十里外的定日縣，怎麼辦？

沒辦法呀，硬著頭皮往下開吧，好在車上還有兩桶備用汽油，就這樣一路噴油再一路加油的往下趕。心裏這個緊張啊，就怕有一個火星濺到露出的油裏，我和車就完了。快到山下時徹底沒油了，搭了一輛車下到山下加油站打了一桶油上來，才勉強地開到了修理廠。

才跑了兩次西藏，這部新車就得大修，也真是難為了這部切諾基。西藏的山太高，路也太爛了。可我也不敢再開這輛切諾基進西藏了。萬一由於車況不好，把我丟在阿里的無人區那可就慘了。我曾在無人區見過一輛拋錨的越野車，裏面有兩個人在等同伴，因為車壞了，先讓一個人搭車回最近的縣城換零件，然後再搭車回來。這兩個人已經在無人區等了三天四夜，那真是叫天天不應叫地地不靈。

我可不想初戰未捷身先死呀，看來要想繼續修行大業，就必須要有一部好的越野車。就這樣我買了現在的這部車，這是一部豐田越野車。換了這部車後，我可真是如虎添翼呀。

那段時間，我的行程基本上都是從拉薩出發，向西要行駛一千多公里進入阿里地區和藏北的無人區。中間要翻大山、跨大河、過草地。那時，從拉薩出發到日喀則的路還算可以，日喀則到拉孜縣的路就比較難走了，而拉孜縣開始就進入喜馬拉雅山脈和岡底斯山脈之間的谷底，基本上就等於沒路了。

所謂的路就是車走多了壓出來的，那叫搓板路，全是一楞一楞的。每天翻山越嶺，在搓板路上行駛，有時前面突然出現一條大河沖斷了路基橫在眼前，就得下車仔細觀察，看有沒有新的車輪印，憑經驗看好哪裏比較淺又不會陷車。看好後上車，打上低速擋，鼓足勇氣往前衝！

　　有時連續一個月都是這樣過來的。每每這時，就會深深的體會到什麼是戰天鬥地、什麼叫與大自然抗爭！常常會恐懼，但是我必須要戰勝自己的恐懼。那段期間，我與我這愛車也建立起了深厚的「戰鬥友誼」，我叫它「戰馬」。每次出發，我的「戰馬」都會把我安全的帶回來。

　　這回又要「騎」上我的「戰馬」出發了，不過呢這回沒有任務，是去旅遊的，我感覺很輕鬆。一大早從成都出發，走成雅高速公路到雅安，再從雅安上 108 國道，穿過涼山彝族自治州到攀枝花，路過攀枝花進入雲南境內。第二天晚上到達目的地。

　　到了當地夜幕已深，看遠處家家竹樓外掛著的一串串燈籠煞是好看。這裏雖是山區，可周圍的山並不很高。山上朦朧可見的樹影映襯著月光，幽靜、寧靜，沒有一絲的現代工業和城市的味道。純純的一片山野氣息。

　　按照地址找到了已經聯繫好的那戶人家。這家一個大院，兩座竹樓，很有民族特色。主人是地道的少數民族，世世代代生活在這裏。人很熱情，普通話講得不是很流利，但基本的交流應該沒有問題。主人安排給我一間竹樓上很舒適的房間，唯一不方便的是洗手間在室外，除此之外一切都很好。這裏就是我想要的環境啊，安詳、寧靜、自然。誰能想到這裏竟會隱藏著殺機！

　　開了一整天的車，我是又累又餓呀。主人準備飯菜時，我問了他

兩遍姓什麼，他說了可我都沒聽懂，也實在不好意思再問，我就姑且叫他「老莊」吧，好像是這個發音。

老莊家裏四口人，他和老伴還有兩個女兒。兩個女兒都在縣城上班，平時就他們老兩口在家。他老伴也不說話，就在旁邊忙活著，聽到我們在說她，也只是笑笑。我想她的普通話可能更說不好吧？但是能看出來這是很淳樸的老兩口。也可能是我真的餓了，這頓飯吃得很香。吃過了飯和老莊再聊一會兒，我就回房間睡覺去了，這一覺睡得很深沉，大山裏真是氧氣非常的充足，再加上那深深的寧靜，這些都是在城市裏享受不到的。

第二天一大早，被外面嘰嘰喳喳的鳥叫聲吵醒，這一覺睡得太爽了。這個景區不是很大，所謂的幾處風景名勝基本上都是純自然的，原始森林、山景、溪流、草地等，一天的時間都沒用上就觀賞完了。本來我就不是為著這裏的景觀來的，我就是想好好享受一下這裏的幽靜與古樸的氣息，就是要讓自己好好的休息一下。應該說找對地方了。

晚上回來，和老莊老兩口一起吃飯聊天。經過這一天的接觸和老莊已經算熟了，說話也很投機。不到九點我就回到房間去享受那很爽的睡眠，雖然不到九點鐘，可山裏已經很黑了。睡了不知多長時間，我被尿憋醒了，朦朦朧朧的看了一眼手機，大概十一點半左右。才睡了兩個小時。

當時睡意正濃，真是不情願起來，而洗手間又在竹樓外面。穿好衣服，出了竹樓，一出竹樓被山裏夜晚的涼風一吹，激靈一下就清醒了。上完洗手間，已經沒有睏意，看到院內的桌子上還擺著我們晚飯後喝茶的茶壺和茶杯，我坐在藤椅上自己喝著茶。老莊兩口已經睡了，院內更顯安靜。在這半夜時分，我一個人靜靜地坐在大山的竹樓下，仰頭看著漫天的繁星，圓圓的月亮靜靜的掛在天上，我好像融入在這

寧靜的宇宙中了。

　　我靜靜的陶醉著、享受著……突然，感覺到在我的左側群山中一道紅光沖天而起！一現即隱。等我回頭望去，還是那一片幽幽的山巒，靜靜地好像什麼都沒有發生過。但是，我看到了，我感應到了，不會看錯，一定有問題！只是剛才出現得太突然，消失得太快了。

　　我調整了方向，把臉正對著左側山巒的方向，用心念感應著。可是奇怪呀，一般妖魔所在之處大都與地氣相合，聚氣成形。邪心常在，妖氣常隨，只要有很大的邪氣聚而成形，離我不遠的話我應該能感應到的呀，怎麼沒有感覺呢？恍惚間，又見一道紅光升起，一閃即逝。

　　這回看清了，煞氣，極重的煞氣！這種祥和的地方怎麼能有這麼重的「煞氣」呢？不應該呀。

　　根據我的經驗，出現「煞氣」一般都是由「煞地」引發，「煞地」會感召或化生出相應的「凶神惡煞」之物，像剛才這麼重的煞氣，得對應很大的一塊「煞地」呀。從剛才發出的「煞氣」來看，這個「凶神惡煞」之物早已成形，而且不是一般的精怪可比，應該已經聚煞成妖了。

　　可是如果真的有這麼大的妖物在這附近，那麼這一帶會經常有殺戮、血腥之事相對應啊，不會這麼祥和、平靜啊。難道這寧靜背後真的隱藏著殺機？

　　我明天要做的第一件事就是到「煞氣」出現的山中，把那塊「煞地」找出來。再把那「聚煞成形」的妖物找出來，幫當地人除了這個禍害。本來我認為，這對我來講是很簡單的一件事。找到妖魔，處理完了，我該休息休息，該睡覺睡覺。哪知道，我整整用了整個假期的時間才處理完。而這件事的結果令我到現在想起來心裏都覺得難受……

第二天我一大早就起來了，看到老莊兩口已經在做早飯。吃過早飯我問老莊今天能不能陪我出去走一走？老莊欣然的答應了。

出了門，我向著那一片山巒一指，向老莊說：「老莊，我想到那片山中走一走。那裏都有一些什麼風景沒有啊？」

老莊看著我手指的方向好像暗暗吃了一驚，有點疑惑地看著我說：「那邊也沒什麼風景啊，只有一個湖，還沒有開發呢，叫野象湖。」

我說：「哦，原來這樣，那你就辛苦一下陪我去看看好嗎？」

老莊遲疑著，最後還是點了點頭，說道：「好吧，我就陪你走一趟，但是到了野象湖我們就得返回來不能再往裏走了，再往裏走就是原始森林的深處，有危險。」

我們邊走邊聊，老莊又告訴我：「他們這個地方很早以前就是大片的原始森林，而且是野象的聚居地，有成群的野象生活在這裏。可是現在森林被大量的破壞，野象基本上也被人全部捕殺了，再也見不到野象的踪跡。」

走著走著進了山裏，越往裏走樹木越茂盛，一片鬱鬱葱葱。翻過了二座山丘，站在山頂高處，看到前方山谷中間有一片碧綠的水光。老莊指著那裏告訴我：「那就是野象湖，就是當年野象最多的地方。」

我就站在山頭仔細觀察著周圍的地形地貌，如果真有那麼大的一塊「煞地」的話，那是很明顯就能看出來的。煞地發出煞氣，煞氣強烈的話周圍的草、樹木是承受不了的，煞地及其周圍的那一片草、樹就會像被火燒過一樣，多是發黃發紅的枯葉。煞氣再重的話，那整塊山體都會寸草不生，山石也會顯得嶙峋而猙獰。

但是現在看著這一片湖光山色，滿眼的綠色盎然，那塊煞地是絕不可能藏在其中的。我望向遠處的山巒，猶豫著……難道還在這座山

彎的後面？湖的前面是一道高高的山崗，山崗上分布著幾個村落，村落裏人家不多，每個村落大概二、三十個竹樓零星的聚在一起。還是那種祥和、寧靜的感覺。

我跟老莊說：「能不能陪我到前面的那座山崗上看一看？」

沒想到老莊驚恐的使勁擺手，大聲的喊著：「不去！別去了！我們快回去吧！那沒什麼好看的，一點風景都沒有！」

我看到老莊這驚恐的樣子，心裏默默地在想：「好一個妖魔，連老莊這樣的普通人都受到這麼大的影響，可見其禍害人間的日子不短了。既然我到了這裏說什麼都要除了這個禍害。」

我對老莊講：「老莊，看把你嚇成這個樣子，有什麼可怕的呀？不就是陪我到對面山頭走一圈嘛。這樣吧，你要真不想去那我也不勉強你，我自己去看一下就回來，你就在這裏等我，怎麼樣？」

老莊一聽這話，馬上就有如釋重負的感覺，好像全身一下子放鬆了下來。老莊指著前面的山崗對我說：「前面那座山，當地人叫它象山，要想到象山上必須經過野象湖，過了野象湖有兩條路可以通向山頂。一條是從湖對面的村子裏穿過去，直通山頂，是條近路；一條是過了野象湖以後向右走有條路也能直通山頂，這條路要遠些。但是你一定要走右邊的那條路，不要從村子裏過。」

我奇怪的問道：「怎麼有近路不走要走遠路？」

老莊不耐煩的揮著手：「你先別問了，就照我說的去做吧，也是為了你好，回家以後我再告訴你原因。」說著老莊找了個樹就坐了下來。

我向著他指的方向走去，走不多遠就聽老莊還在喊著「千萬別走中間那條路啊」。我走下了山谷，來到了野象湖旁，其實野象湖挺美

的，湖面不是很大，一潭湖水碧波蕩漾，只是湖邊沒有修葺，有些雜草伴生在樹木之間，反而有種未經雕飾的原始美。

抬頭向象山上望去，中間那條路經過的山腰處有一個村落，能有三十多個竹樓聚在一起，周圍樹木繁茂，肯定不是煞地所在。而右邊的一條小路掩映在樹林之間，看不出途經方向。還是先到山頂再說吧，找到煞地才是目的，我就沿著右邊的小路向山頂走去。

象山遠看雖然不高，可對我這慣居大城市的人來講還是顯得有些吃力。我氣端吁吁的攀到了山頂，還好象山是這片山中海拔相對較高的了，一眼望去周圍的山巒大致都可看到。

我仔細的看著，感應著。沒感覺，只有那風吹樹木、蟬鳴鳥叫的山谷回音，一切正常、一片寧靜。真是太奇怪了，那道煞氣就是這個方向發出來的呀。這種事情以前還沒遇到過，看來事情沒有那麼簡單呀。我只好下山和老莊會和，一起回到了家裏。

這一天的翻山越嶺折騰下來，全身痠痛，最鬱悶的是折騰了一天無功而返。到了家裏，居然快到晚飯時間了。吃過晚飯，倒上了茶水，我和老莊兩口坐在桌邊聊了起來，問到了白天象山上的事情。

老兩口神情凝重，面帶悲傷。他老伴更是悲傷不已，掩面走回屋裏。院子裏只有我和老莊靜靜地坐在這紅燈掩映的竹樓下，山風吹拂著樹木發出沙沙的響聲。我們都沒有說話。這時我倒覺得自己很殘忍，老莊要講的一定是對他來講很痛苦的往事，一定是他不願意回憶的往事，我就好像再把他的傷口重新揭開一樣。

看著老莊半天默默地不出聲，我幾次都想對他說：「不願意回憶往事就算了吧，別講了。」可是我都忍住沒說出口。

我隱隱的感覺到老莊要講的事情一定跟那道煞氣有關。我今天踏遍了周圍的山崗都沒找到那塊煞地，那麼從老莊的講述中說不定能發

現線索呢。所以我也狠心的盯著老莊，硬下心來等著他開口。

老莊默默的喝著茶，眉頭深深的皺著，好像在回憶、構思，又像不知從何說起一樣。半天，他長長的嘆了一口氣，娓娓的向我道出了那些深埋在心底的往事……

這要從很早以前說起了，那時象山周圍是一大片原始森林，人們居住在這一帶的十幾個村落裏，分屬幾個不同的民族。成群的野象聚居在野象湖附近，數目很多。當時這裏的人們過著「日出而作，日落而息」的勤儉淳樸的生活，野象雖然形體巨大卻性情溫和，從來不進攻人類。人與象在各自的領地活動，互不干擾和睦相處。

聽著老莊講著當時的情景，在我的腦海裏浮現出了一幅優美的畫面：人們平時辛勤的勞動著，過著自給自足的生活，生活簡樸卻開心快樂；野象在湖邊的原始森林中悠閑自在，盡情的玩耍……野象與人、成片的耕地與茂密的森林、碧綠的湖水倒映著山巒……

老莊繼續講述著，後來這種和諧被打破了，是人首先向野象發起了進攻。那時來了一批外地人，找到村裏的人，要和村裏人一起進山捕象，以很高的價格收購象牙和象皮，但當時就被老族長嚴詞拒絕。

可村裏的一些年輕人卻經受不住金錢的誘惑，暗暗地和這些外地人勾結起來偷偷進山捕象。很快他們就發了財，村裏的其他人看到他們發財也眼紅，紛紛加入捕象的行列。此時老族長年事已高，已經管不了人們的這種瘋狂的行為。

這十幾個村落在很短的時間內富裕起來。野象成了搖錢樹、聚寶盆，大家都不事農作，耕地都荒蕪了。人們都進山捕象去，誰心狠用的招毒，誰就能捕到更多的象，誰發財就越快。

野象群沒有反抗只是向深山裏逃，可是人們不斷的追擊、獵殺，終於最後一頭野象被獵殺了，野象湖的野象經過多年的捕殺徹底消失。

野象消失了，可人們已經不屑於以前的「日出而作，日落而息」的農耕生活，人心已經由於多年的獵殺捕象而變得殘忍暴躁。

他們以殺戮為樂、以強者為尊。逐漸的在象山周圍生活的人們形成幾大派別。各自選出最強壯、暴虐的人來做頭人。經常因為一點小事而大打出手，不時發生群毆械鬥。而這種暴虐的性格好像隨著基因一代代的傳下來，這些部族每代人中都會出現那種強壯、暴虐的頭人，帶著大家與別的部族拼命，各派別之間逐漸形成一種世仇。隨著一百年前一個跛腳道人的到來，使這種仇殺進入了白熱化的狀態。

那一年的冬天，象山附近出現了一個跛腳的道人，穿著破爛的道袍，拄著一支木拐。人們不知他從哪裏來，也不知他來幹什麼，反正這個道人來了就沒再離開過。有人說他是個「妖道」，與人鬥法失敗逃到象山來躲避。這個說法大家比較認可，因為有人看他用過法術，很神奇的。大家都覺得這個道人很神祕，對他充滿好奇，可沒人想接近他，都離他遠遠的。

就這樣又過了幾年。那年的夏天一次雨勢大作、電閃雷鳴、幾聲驚天炸雷過後，有人看到這個道士倒在「唐加村」前的山路上，看樣子已經奄奄一息。這個唐加村就是野象湖上象山山腰的那個村子。

當時唐加村的族長看這道人可憐，就把他接到家裏，一番調理之後這道人居然活過來了，後來道人就住在這位族長的家裏。

據後來的人講，這個跛腳道士把自己一身的法術傳給了族長的小兒子。這小兒子長大後，道長也去世了，小兒子的法術也修煉有成了。他經常用法術給族人做些驅邪治病的事。

過了不久，有一次幾個部族之間又發生了大規模的械鬥，這次械鬥斷斷續續持續了幾個月。幾方都傷亡慘重。更可悲的是，有一次唐加村的老族長親自帶人衝鋒陷陣，被打成了重傷，抬回家時只剩一口

氣了，多方搶救無效，死了。這小兒子接替了族長的位置，悲憤交集，發重誓要為父報仇雪恨。

他就開始施展法術，過後沒多久其他部族內就不斷的有人得怪病死去，看症狀好像被人下了「蠱」，臨死時非常痛苦淒慘。這樣死的人越來越多，大家只好花重金到外地請那些奇人異士來破解。可是萬般方法用遍都沒破解得了，請來的這些人反而遭了殃。大家沒有別的辦法了，只能以命相搏，就這樣又引發了多次大規模的械鬥。

這種大規模衝突在民國期間達到白熱化的狀態，甚至把周圍幾十里內的村落和部族都牽扯了進來。仇恨、殺戮、血腥……解放以後，這種狀態在當地政府強行壓制下才有所好轉。雖然大規模的械鬥現象少了很多，可這種世世代代的仇恨卻已經深深的種在每家人的心裡，只要一有導火線瞬間就會爆發衝突，當地政府也無能為力化解這種世仇家恨。

唐加村族長的法術以家傳的方式代代傳了下來，大家對他們是又恨又怕。雖然很多年都沒聽說誰被施咒害死，可大家的恐懼消除不了，平時連唐加村都沒人敢去，怕萬一被下了蠱那就痛不欲生。所以老莊不讓我走經過唐加村那條路。

老莊本來是有一個兒子的，19歲那一年有次進山路過象山，正趕上了兩個村落因為爭地的事情發生衝突，他的兒子被誤打死了。老倆口天天以淚洗面，雖然打人者被判了重刑，可死者不能復生啊，那麼年輕的生命就這樣消逝了。老莊講到這裡再也講不下去，掩面痛哭了起來。

說完，老莊陷入深深的沉痛中。我默默地喝著茶水，思考著，這個地方表面寧靜、祥和，而背後卻殺機不斷，一定跟那道頻頻出現的煞氣有關。由於昨天看了當地的地形沒有發現有明顯的煞地，說明這

道煞氣不是由地氣引發的，難道是人心由於殺戮太重引發了煞氣？但是也不像啊，由很多殺戮心重的人引發的煞氣應該是成片的，應該隨時彌漫於這一帶，我一到這裏就應該感應到啊。而這個煞氣是一道沖天而起，應該是一個點發出來的，難道是唐加村？難道跟唐加村的族長修煉的法術有關？看來我必須一訪唐加村了。

我安慰了老莊一番，當晚的談話就這樣結束了，我們各自回房睡覺。可是我心裏有事睡不著啊，半夜時分又披上衣服，自己坐在竹樓外面，靜靜地觀察著象山的方向，等待著煞氣的出現。可是等了接近兩個小時，只有山風吹拂、靜靜的山巒，煞氣並沒有出現。我只有回到竹樓，暗下決心，明天直接去唐加村看看，「不入虎穴焉得虎子」呀。

第二天吃過早飯，我跟老莊打了一聲招呼，告訴他我今天要出去轉一轉，可能要晚飯時才能回來。老莊心不在焉的答應著，看他眼睛紅腫、精神萎靡不振的樣子，肯定昨晚傷心了一夜。想到我無情的揭開了老倆口的傷疤，給他們造成了深深的痛苦，心裏真是過意不去呀。

我背上輕便的的旅行包出發，穿過了野象湖，沿著中間那條山路向唐加村走去。接近中午的時候到了唐加村，走進村裏觀察了一下，這個村子占地面積不小，三十幾個竹樓分布在象山的山腰。

有的竹樓聚在一起，有的孤零零立在樹叢中間。村民們有的忙碌著，有的很悠閒無所事事的樣子。我一個陌生人在這裏很是顯眼，他們都好奇的看著我。在村子裏轉了幾圈，也沒看出什麼異常。

只是感到村民好像都很警覺，我想找個人來問一問族長的家在哪裏，可是找了幾個人來問都不得要領。不是看見我向他們走來就遠遠地跑開了，就是充滿敵意的看著我，向我說一些根本聽不懂的當地語言。我又轉了幾圈，也同樣沒什麼收穫。

也是呀，我一個陌生的外地人在這偏遠的村子裏瞎轉悠，確實讓

人懷疑。就是問到族長家又能怎麼樣呢？我能直接找到族長來跟他鬥法嗎？當然不會那樣了。真是無從下手啊。可也不能再轉悠下去，只好算了再另想辦法。

我又走到象山的山頂，在這周圍仔細的觀察著，看看會不會有什麼收穫，結果還是一無所獲。這時才覺得饑腸轆轆，胡亂吃了兩個自帶的麵包，悻悻的按原路返回了老莊家裏。

真是鬱悶呀，這一天就這樣過去還是一點頭緒都沒有。也不能就這樣放棄呀，既然問題有可能出在唐加村族長那裏，就一定要想辦法接近他。辦法都是人想出來的嘛。

回來以後我就一邊想著這個問題，一邊跟老莊聊著天，話題一直都圍繞著唐加村族長家裏的情況在聊。據老莊介紹，族長家裏有一個大女兒和一個小兒子，大女兒早已嫁人住在婆家很少回唐加村。而他的小兒子是這族長中年得子，疼愛的不得了。這個小兒子也很爭氣，上學時學習成績一直挺好，後來考上了師範院校，現在已經畢業了就在縣裏的高中教書……

能不能從他的小兒子這裏入手呢？畢竟他是現代派的年輕人，應該能好溝通一些吧。反正現在也沒有別的辦法了，只能去試一試了，明天進縣城去找他。

第二天上午，告別了老莊，我開著車在山路上行駛了五十多公里，接近中午時進了縣城，找到了縣高中。

這時學校剛剛午間休息，我請傳達室的大爺幫我找一下教語文的小木老師。昨天我已經從老莊那裏知道唐加村族長家姓木。

過了半天，從學校的教室裏出來了一位健壯的小夥子，向校門口走來。很疑惑的看著我：「是你找我嗎？」

我看著他笑了笑說：「是的，是我找你，我是慕名而來的，有事情要找你幫忙。」

他還是疑惑著：「我能幫你什麼忙呢？」

我笑著說：「這個忙你一定能幫上，但不是一兩句話能說清楚的，你看我們能不能中午一起吃個飯，我仔細講給你聽，好嗎？」

他遲疑著……我趕緊說：「你一點都不用擔心，我把這事跟你說了以後，你如果覺得不想幫這個忙也沒關係，就當我們認識一場交個朋友吧。你看好不好？」

看他還在遲疑著，我趕緊連拉帶拖的把他帶向學校門口的飯店，找個安靜的雅間，點了幾個家常菜。他看著我，眼中帶著疑問和警惕。

我開門見山的道明來意：「小木，今天找到你是我的一個朋友推薦的。聽說你們的家傳道術，在這周圍遠近聞名。尤其你的父親更是道法高明的法師，專治一些邪病和疑難雜症。我有一個堂弟，得了一種怪病，各大醫院都跑遍了可就是檢查不出病因，但他天天被病痛折磨著，而且看樣子越來越嚴重。這次有朋友大力推薦你家，我是專程來求助的，看你能不能大發慈悲救救我這堂弟？」

小木一聽我的來意，緊張的神情一下子放鬆了下來：「哦，原來是這樣啊。可是我幫不上你呀，我家是家傳道術，可是我還沒學會呢，我現在也不會看病呀。」

我說：「那能不能請你父親給看看呢？我知道你的父親最疼你了，你要出面的話他一定會答應的。」

小木說：「不瞞你說，我父親這人性格有點古怪，他一般都是給村子裏的人看病，很少見他給外人看過病。你這事我父親能不能答應我還真不好說。」

這時菜陸續都送上來，我倆邊吃邊聊。小木是中文系畢業，對古文有一定的造詣，而我一直對中國古文化感興趣，也有些研究心得，我們聊得很投機。

　　趁著聊得正高興，我趕緊切入主題：「小木，你能否帶我去見一下你的父親，我想當面求他，你再幫我敲敲邊鼓？」

　　小木爽快的答道：「好啊，正好明天周末，下午我們學校就放假，我就帶你回趟老家見我父親。可話說回來，如果我父親不答應的話，你可不能怪我呀。」

　　我說：「哪裏哪裏，怎麼能怪你呢？不管成與不成，希望我們都能成為朋友。」

　　我這說的可是心裏話，因為跟小木接觸的時間雖然不長，但我能感覺到，小木是個熱情爽朗的小夥子，陽光、單純、也沒什麼心機，跟他相比我反而顯得有點老奸巨猾了。更沒想到在這偏遠的縣城裏我遇到了知音，一談起中國古文化我倆是滔滔不絕、興奮不已。不知不覺午休時間過了，學校已經開始上課了，小木匆匆和我約定了晚上見面的時間就飛奔著跑向了教室。

　　我也在學校附近找家賓館待了下來。晚上小木下班後，我倆再見面儼然是多年的老朋友般，相談甚歡，聊得晚了，小木就跟我住在賓館。第二天，小木上午上完了課，匆匆吃過午飯，我們就開上車直奔唐加村。真沒想到會這麼順利，還交上了小木這個知音朋友，我心裏真是高興啊。

　　邊開著車邊和小木聊著天，不巧的是在一處山坳的拐彎處，有一輛貨車橫在路中央，看樣子是躲避對面的來車急剎車造成的。前面有十幾輛車排著，看來事故已經有一段時間了。就這樣等了差不多三個小時，路終於通了。

太陽快要下山時，我們開進了一個村莊，小木讓我把車停在一家村民的院子裏，這是他的一位親戚家。因為車開到這裏不能再往前走了，剩下的路我倆只能爬山。到了唐加村時天已經黑了。

　　走進他家的院子，院子不大，兩旁種著蔬菜，一棟陳舊的竹樓，竹樓上沒掛著燈籠，顯得有些陰暗。看來這族長家裏並不富裕呀，還不如普通村民的生活呀，這令我有點奇怪。

　　小木興奮地喊著他爹，可是沒有回答，看來沒在家。小木熱情的招呼我進了竹樓，把東西放在了他的房間，跟我說：「晚上就在這裏搭個床，咱倆一個房間睡吧。」我說：「好啊。」

　　開了一下午的車也是有點累了，我倆就在院子裏擺上桌子，邊做著晚飯邊等著族長回來。晚飯做好正往桌上端菜時，就見院外走來一個弓著背、背著「背簍」的乾瘦老人。小木見到趕快跑了過去，邊叫著爹邊把籮筐放了下來，指著我跟他爹說：「這是我的好朋友，陪我在家玩兩天。」

　　我趕快向他打著招呼。老族長看了我一眼，本來是不經意的看一下，可他的目光一下停在我的額頭上，就見他微微一楞，隨後點了點頭就向竹樓走了過去。我當時一陣緊張，難道被他看出來了？不會吧，這可不是鬧著玩的。

　　吃飯時，我趁機觀察著老族長：老族長長的黑瘦，左側的胳膊有很明顯的殘疾，話很少，可眼睛特別有神，好像目光一掃過來就像一道寒光一樣，給人一種陰冷的感覺。

　　他好像也在觀察我呢，這種氣氛感覺有點詭異。在這充滿了殺機的深山裏，古老的竹樓下，我和神祕的老族長就這樣靜靜的、默默的互相觀察著、感應著對方。只有小木不停的說著，給大家夾著菜，既青春又有活力，跟他的父親形成了鮮明的對比。

有幾次我都留意到老族長在偷偷的觀察我額頭上的標記，好像感覺有點疑惑，可又不敢肯定。這期間有幾次我好像感覺到體內一陣陣陰冷掃過，身上會有那種輕微的麻酥酥的感應，我知道這是老族長在查我。

這時我心裏已經有數了，自己也完全放鬆下來。因為我們已經交過手，也分出了高下，老族長一定查不出我，因為我已經把他查明白了。這就叫「行家一伸手就知有沒有」。

真正的高級鬥法不像電影裏演的那樣，行壇、上香、掐訣念咒、打打殺殺的，不會的，那是低級的功夫了。最高的是「意觸」、其次是「氣觸」、最低才是「形觸」。比如兩個修行人確定好了要在某時見面，不論這次見面的目的如何，其實雙方都會下意識的查一下對方。不一定只有鬥法時才這樣，即使是友好會面雙方也會互查一下的。不為別的只想心裏有個底而已。畢竟大家都是修行人嘛，還是心裏有個底數為好。

真正有修有證的高級修行人見面時，別人根本看不出任何異樣，大家只是很客氣的互相寒暄，互道問候。實際上這時對方的境界高低，彼此早已心知肚明。

這不是見面以後才看明對方的，而是在雙方確定好見面的日期，決定見面的那一刻起，境界的高下就已經有了結果，這個結果只有境界高的一方知道。這就是「意觸」，即雙方的意識一接觸之時高下立分。境界高的一方會把境界低的一方看的通通透透，而境界低的那方卻對對方全然不知。

「氣觸」就是雙方氣場的接觸。一方到了另一方的勢力範圍內，或者雙方見了面，氣場接觸上了，就在接觸的那一刻高下也就分出來了。就像我現在和老族長見面的情景一樣。

我一靜下來馬上就感知出老族長修行方面的一切：比如，老族長所修法門是側重於「道」還是側重於「術」？側重於「術」的話是主修陰還是主修陽？是否有「陰兵」或者「護法」？有「陰兵」的話，這些「陰兵」是小鬼還是某某的魂魄？抑或是動物的「陰靈」還是毒物的「毒靈」（即蠱）？他如果修的是祖師或本尊的話，那也要查明他修的是哪位祖師？哪位本尊？這個祖師或本尊的真身是什麼？……我把他查清楚了，那他就一定查不出我，我在他眼中就是一個普通人而已。

　　最低的就是「形觸」，雙方都看不出來對方的高低，自己認為比對方強。真正一鬥起法來就很熱鬧，這邊忙著祭壇請祖師、掐訣、念咒，那邊忙著派陰兵、扎小人施蠱術……看著忙的不亦樂乎，其實誰的心裏都沒底，經常是搞了個兩敗俱傷的結局。

　　吃飯時，小木跟老族長說了我來找他的意圖，我又把「堂弟」的情況向他說了一遍，老族長沉吟著，小木一再的說著好話求著他爹。最後老族長說：「本來我是不會給外人看病的，但是既然是小木的朋友那又另當別論了。可是這類病我治不了啊。」

　　小木的臉上掩飾不住的失望，他真的把我當成好朋友，真心的想幫助我。我看到小木的樣子心裏很是感動。

　　吃過了飯，老族長自己回房間去了。我和小木坐在院子裏聊著天，小木說了幾次：「不好意思，讓你跑了這麼遠還沒能幫上你。」看到小木誠懇的樣子，我心裏真覺得挺過意不去的。

　　我對小木說：「你能帶我來見你爹我就已經很感激了，什麼事都得講個緣分不能強求的。能交上你這個朋友我就已經很欣慰了。再說了，你的家鄉山清水秀難得的美景啊，就當我是來跟你旅遊了。」

　　小木一聽，高興了起來：「好啊，如果喜歡這裏就陪我住兩天，

我帶你在周圍走走，很多美景的。周一我們一起回縣上。」

我當即滿口答應了，這正是我求之不得的呢。跟老族長一接觸我就已經知道了，老族長不是那道煞氣的源頭。

老族長修的法門側重於「術」，而且以修氣為主，他身邊並無「陰兵」或者「毒靈」，說明他的修法是不重視外煉而重視內修。像這種以修氣為主的「法術」，是以意念控制氣脈，日久功深的話在修煉者體內是會產生強烈的感覺的，也會有一些神通功能的。

可是這種修法畢竟是「術」的層面，它不能使修煉者體內的陰陽與外界宇宙的陰陽達到整體、和諧、互通的狀態，只是局部的改變自身及周圍的小範圍氣場的平衡。雖然會出現一些神通現象，卻是以破壞自身陰陽平衡為代價，非常得不償失。也是很多修行人最容易進入的誤區。

破壞自身及周圍的陰陽平衡，不僅對自己的身體會造成傷害，而且對自己的運勢及親人的身體、運勢都會產生很壞的影響。所以自古就流傳有「要修法術，鰥、寡、孤、貧、殘、夭，必自領一門」的說法。這個說法一直存在，可嘆世人不明真相，不知會有這些嚴重的後果，只看到了法術的神奇力量，就如飛蛾撲火般奮不顧身的往裏衝。可嘆呀！眼看著這小木一家又是一個活生生的例子。

我和小木聊著天，漸漸地話題引到了修行這方面，我問起了小木這家傳法術的來歷。小木跟我講了跛腳道人的故事，這些跟老莊講給我的基本一致。只是小木並不知道他的祖上用這法術報復殺人的事，只是覺得這是家傳下來的東西，用於祛邪治病的。

小木本身是個陽光、活潑好動的小夥子，他對這些法術的修煉不感興趣，他爹幾次要把這些法術傳給他，總是找藉口拖過去。可他是家裏唯一的男孩，這些法術肯定要傳給他的，一說起這事他也面帶愁

容，能拖一天是一天吧。

我就和小木談起了法術。從法術的起源到法術的各種修行方式及每種法門修煉後會產生的後果……很詳細的講給了小木聽。當我最後說到小木家祖傳的法術的修煉方式及後果時，小木張大了嘴，目瞪口呆的望著我：「你、你……怎麼知道我家傳法術的祕密？」

我趕緊說：「是我的一位朋友對修行的事很有研究，他經常給我講這些事，聽多了也就能說上兩句了。」

小木沉思著，看來我說的這些話觸動他了。

沉思了半天，小木說：「以前沒想過這些事，只是覺得法術乃是祖傳的，應該不會錯的。但是經你這一說，難道我爹的殘疾和我媽媽的突然早逝，都跟這法術有關？你所說的鰥、寡、孤、貧、殘、夭這些後果，就我所知的上幾代還真是都有發生，有的只占一項，有的占了幾項。但是從來沒想到是修煉法術的問題。

這麼說這祖傳法術不能再修了？可是我爹肯定不同意呀，他肯定要逼我來修，他把這法術看得比自己的命都重要。」

我說：「這法術也不是絕對不能修的，如果一定要修的話，那就一定要解決平衡陰陽的問題。要做到平衡陰陽就要在自己的心性上下功夫。首先要非常瞭解自己所修的法術，會造成體內哪方面的失調，這些體內的失調日久之後會在性格和生活習性上反映出來。

比如說，有的人修煉日久之後，自己經常會感到很壓抑，有的煩躁，有的莫名其妙的暴怒；有的不願見陽光，呆在陰暗的地方就覺得很舒服；有的表現為厭食，不想吃東西；有的怕暗，一到黑暗的地方就有恐懼感；有的會感到某段時間突然精力非常充沛，想發洩……這些都是由於陰陽失衡，導致體內氣機紊亂而造成的。要想對治，就必須在心性上有針對性的修煉，以圖平衡體內的陰陽。但是這種心性上

的修煉有時比修煉法術的難度更大，很不容易掌握和控制。

所以一般真正的修煉之人是不敢先從「術」來著手修行的，從「術」來著手雖然得感覺、得神通很快，可是後遺症更大。一旦心性上的修煉跟不上的話，傷身傷運勢的情況在所難免。

小木，你如果到時真的要聽你爹的安排來修祖傳法術的話，你就聯繫我，我問一下我的朋友，針對你所修的法術如何修心。」

小木看著我點頭說道：「好的，如果能不學的話我就儘量不學了，如果躲不過去的話我一定聯繫你。」

我想了一下，還有必要開導一下小木。我對小木說：「小木，你要知道，這法術也不能說一點好處都沒有，它也能發揮很大的作用，否則也不能一代代的留傳下來了。這就像雙刃劍一樣，它的功能就看你怎麼來運用了。你這法術的修煉如有所成，再好好的配合心性上的修行，那就近乎於『道』了，此時所表現出來的功能和威力都將很大。

我跟你說一下修煉有成以後，如何運用這個功能的規矩。我送你八個字『深藏不露、救危救急』。身懷陰功千萬莫在人前炫耀，一定要學會韜光養晦、深藏不露以養陰德，這樣才能合於『道』，才會修有大成。功要在『救危救急』時方能使用，碰到別人危難之時，修行之人一定要挺身而出，並且功成之後馬上身退以積陰德。

千萬不能把法術功能常在人前顯現，更不能以此為職業為謀生的手段，或者以此來賺錢，否則反噬回來的力量會加倍的作用於自己或親人身上。小木，你一定切記我說的這番話！」

小木頻頻點著頭：「放心吧，我一定記著。我爹的狀況我是最清楚的，我可不想像他一樣。」

我和小木繼續聊著，漸漸的天色已經很晚了。驀然我感覺身上氣

機一動，忽的一熱，我本能的一回頭，看到那道沖天的煞氣正在消逝。小木當然感覺不到，還在喝著茶。這次感覺煞氣離我很近，就在不遠的山裏。

我問小木：「小木，那邊的山裏有什麼古蹟、古洞、或者廟宇、道觀之類的地方沒有啊？」

小木望著我手指的方向，緩緩的搖著頭：「那邊的山裏沒有什麼古蹟和風景什麼的……可是古洞的話倒是有一個，在那道山後面的原始森林裏，有一道峭壁旁有一個很大的山洞。小時候我跟爺爺去過一次，聽爺爺說好像很早以前野象經常來這個洞裏，但是到那兒去的山路非常難走。」

我一聽，既然有線索那一定要去查一查。我說：「小木，我就對這種古洞很感興趣，明天能不能陪我走一趟？」

小木稍微遲疑了一下，隨即爽快的說：「好啊，明天一早我們準備一下就出發。」

第二天一大早，我和小木早早的起床，開始收拾進山的裝備。帶上了一天的食物和水，紮起了褲腳，帶上雨具，各自帶上一把砍柴用的砍刀、一頂大草帽……小木介紹說山裏有很多蛇和小野獸，森林裏還有螞蟥等，所以防身工具要帶全。

好在今天的天氣很好，早晨的山谷涼風習習，晴朗的天空一片蔚藍。唐加村坐落在象山的山腰，我們要爬上象山的山崗再向山裏走。象山的山崗後面就是一望無際的原始森林了，遠處幾座山峰突兀而起，聳立在一片林海之中。

小木指著其中的一座高峰說：「古洞就在那座山峰下，到那裏的路很不好走，順利的話天黑前我們能回來。那裏除了那個古洞之外就是森林和山峰了，沒有別的風景了，你真決定要去？」

我也遙望著那片山峰，心裏矛盾著：「這一去距離不近啊，而且路上還有著不可預料的危險，好在有小木這個嚮導領路，否則我自己是去不了那古洞的。可話說回來，也是因為有小木在，才使我有了很多顧慮。只有我自己知道我是去幹什麼，這有多危險。可小木並不知道，他只是一片好心的帶我出來旅遊，萬一他有什麼意外，那我的罪過可就大了。」

我的擔心不是沒有道理的，與妖魔搏鬥了這麼多年，我深知那些妖魔的力量有多大。它們可以控制人的思想和行為，嚴重的能使人發瘋、發狂，作出不理智甚至不可思議的事情；道行深的妖魔能呼風喚雨、招雷引電……我看著小木，心裏猶豫著。

可又一想，如果這妖魔不除，象山這一帶持續了幾百年的械鬥還會延續下去，那又得死傷多少人呀？小木啊，為了你的家鄉你就冒一回險吧。主意已定，我向小木說：「我一定要去！我就是喜歡這類古蹟，再危險我都要去看看！」

小木笑著：「那好，我就捨命陪君子了，出發！」

我們向前走去，這時就見那片山峰之上升起了一片浮雲，在這晴空之下非常明顯。我邊觀察著這片雲邊往前走著，就見這片雲越聚越大，而且顏色逐漸變黑。看到這種景象我心裏高興了起來。

看來是不虛此行啊。終於被我查到了這妖魔的所在，而且這妖魔有一定道行。我們進入原始森林以後，一條被人踩出的小路蜿蜒地向前延伸著，森林裏安靜、潮濕，踩在多年的枯葉和樹枝上，發出沙沙的聲音，不時的驚得一些小動物倉皇逃跑。

抬頭透過茂密森林樹梢上的縫隙，看到頭頂的藍天已經不見了，頭頂已經被一大片烏雲覆蓋，樹林裏更是悶熱異常。小木也感覺到了天氣的變化：「這天怎麼說變就變呀，出來時還晴空萬里的，這才幾

個小時呀，就陰雲密布，看樣子馬上要下暴雨了，我們得快點走。」

我們加快了腳步，快速的走著，這時已經隱隱聽到了低沉的雷聲，從遠處滾滾傳來。又走了一會，前面高處出現一片草地，我們跑了上去。我馬上坐在草地上，經過這一段長途跋涉我實在是累到不行，小木也坐在了我的旁邊。從這裏向那片山峰望去，已經隱約看到山腳就在不遠處。

這時天上已經是烏雲密布，雖說剛過中午，可是天色已經轉黑。剛才還很悶熱，現在開始起風了，風來的很快好像把雲層吹得翻卷了起來，真有那種風起雲湧的架勢呀。

突然一道閃電劃空而過，隨之一道炸雷在頭頂響起。小木嚇得一下子跳起來，跑到一棵大樹的下面。我抬頭看著烏雲的深處：「好啊，來吧，咱們就鬥上一鬥！」

在我降魔的過程中，這種天氣的變化是很多見的，其實也沒什麼神祕的。如果我向著一個目標去尋找妖魔，而這個目標真的是妖魔的棲息地，那麼妖魔就會感知到危險的臨近，因為它們是有神通的，尤其是那些道行深的妖魔。

我這邊下決心去除它，只要一出發它就感應到了，因為我們的意識相接觸了。它感應到我之後立即開始備戰，有這種感知力和主動出擊能力並能影響氣候變化的魔都至少有千年以上的道行。

妖魔的備戰首先是自身能量的凝聚，它們練的都是陰邪之功，臨戰時其陰性的能量由散而聚、由聚而成形。隨著其陰性能量的不斷提升必然對周圍的陰陽二氣的平衡產生影響。即陰冷之氣突然加重，打破周圍區域的陰陽平衡，必然會導致氣候上的劇烈變化。

而觀察氣候變化的劇烈程度，也能看出這個妖魔的種類及其道行的深淺。魔會主動出擊，在我去的路上造成劇烈的天氣變化、製造各

種阻礙，從而阻止我到達它的棲息地，甚至試圖在路途中就把我消滅。所以說與魔的搏鬥是從我一出發就開始的。

只要我能過關斬將破了它的種種法，平安的來到它的棲息地，那也就是它伏誅的時候。怎麼來判斷這到底是正常的氣候變化，還是妖魔引起的氣候變化呢？很簡單，如果是妖魔引起的氣候劇變，只要一滅了這妖魔，其魔力一消，則立即雲開霧散重見天日。這一點絕對是百試不爽。

我還坐在草地上抬頭望著烏雲的深處，心一靜就感應到在這翻騰的烏雲深處有一位巨大的「天神」，白盔白甲，手握巨錘，全身發著金光，儀表不凡，威風凜凜。一看就是一位正法「天神」的模樣。

這時暴雨已經傾盆而下，伴著電閃雷鳴。小木拼命向我揮著手，我趕快戴上了草帽跑到小木身邊。就這樣暴雨瓢潑、狂風激盪、電閃雷鳴。過了半天還不見收勢，這樣持續下去我們根本就走不了。

我望著雲層上這位「天神」心裏冷笑著，「這要是以前還真有可能被你這模樣給鎮住了，真可能把你當成了『正法天神』呢，可現在我可不吃這一套了，收起你的幻象吧！」

奮起精神、怒目射向「天神」，一道陽剛之氣擊向了「它」。就見一道白光忽而消逝，「天神」不見了。馬上雨勢弱了下來，雷電漸漸隱去，但是烏雲一點都沒見消散還在翻湧著。

寫到這裏呀，我想跟大家說個道理，這個道理是說給修行人聽的，對修行人的破迷及提升境界一定很有幫助。

何為「修行」？真正的「修行」就是：你想修「出世間法」，你的菩提心一發就會感動靈界，靈界一應立馬就會有魔障來磨你，這些魔障是被你所發的菩提心感召而來的。

這些魔障會想盡辦法折磨你的身心，讓你諸事不順、煩惱加劇、身體不適等。你菩提心一發佛能感知到，魔一樣能感知到。神佛對你的修行是透過點化促使你自悟；而魔就不一樣了，他們才不管什麼宇宙的規律，直接就對你進攻，想方設法置你於死地。

你這時就得奮起精神與魔障抗爭，遇磨難能保持正氣不向邪惡低頭，貧困中不失骨氣不卑顏屈膝，諸事不順時能不悲觀，保持積極心態不斷努力……在抗爭中你的感知力增強了、你的陽剛正氣出來了、你的身心經過磨練越來越堅強了。

你戰勝了一個層次的魔障，你的境界就提升了一層。在這期間，不要寄期望於佛、菩薩時時保佑你，修行主要靠自悟，佛、菩薩能在非常危難時點化你一下就不錯了，絕不可能顯現真身來幫你把魔障消除，如果那樣他們就不是佛、菩薩，就是魔了。所以自古以來大家看到的「修行人」多數都是命運坎坷、多挫折、多磨難、貧困潦倒甚至中年早逝。大家看到幾個「修行人」大富大貴的？就是這個道理。

「修行」就是在除魔中提升境界，除「心魔」、除「外魔」，你除不了魔，魔就除了你！所以說發菩提心立志修行的人是最可貴的，非大智大勇大捨之人不可。

可現在社會上，那些邪師和不明真相的人為了所謂的功德，以「普度眾生」為名，宣傳鼓動大家都來入教修行，美其名曰「修今生、修來世」；「只要入教修行就會今生得福、來世上天堂」……導致多少人身受魔障的折磨一生不得解脫，甚至因此死於非命而不知道真正的原因。

行善不等於修行，修行也不僅僅是行善，這是兩碼事。行善不會著魔，修行就一定有魔障。

對我們修行人來講，魔障不外乎兩種，一種「心魔」，一種「外

魔」。對治心魔，就要靠修行者自身堅定的信念，以及正確的修行法門引導才會有所成就。否則信念不堅定修行就會半途而廢，沒有正確的修行法門引導就會一腳踏入魔道，那就萬劫不復，所謂「寧可千年不悟，不可一世著魔」呀。

對治「外魔」是要靠天賦和悟性。不是每個修行的人都有感知外魔的能力。這跟修行者的來歷和被賦予的使命有關係。感知外魔的能力和斬妖除魔的威力大多都是天賦的，後天的學習與修煉，不過是加強技巧和熟練程度而已。在與外魔鬥爭的過程中，天賦的功能和力量能發揮一定的作用，更重要的是發揮自己的悟性。

「魔」有神通、有威力、更有萬千的變化。在與魔的戰鬥中你如何識破它的變化，見到它的本來面目才是最重要的。否則，任你法力再高，識不破魔的變化，迷在其幻象之中你就永遠降不了它。你降不了魔，魔回過頭來就會置你於死地。這是生死相搏的事，萬萬大意不得。

識破魔的千變萬化我們叫「破相」，即破其迷惑人的表象，看到其本來面目。

我在降魔的中期階段，有幾次降魔失敗差點喪命，就跟這「破相」有關，好在生命垂危的緊急關頭破了幻境，才起死回生。可是有多少修行人一生都沒明白這個道理。就以為自己天眼所見就是真的，看不透魔的真身，使自己的法力無法發揮，從而被魔所乘，死於非命啊。

魔所變化的幻象主要有兩種形式，一種是妖魔自己喜歡的形態。比如說「蛇」吧，它們很嚮往自己能成為宇宙中的龍，那麼蛇有了魔力之後就很喜歡把自己幻化成龍的樣子。

另一種，魔都是有神通的，它知道你信奉什麼，你信什麼神它就變成什麼神。你信觀音它就變成觀音，你信太上老君它就變成太上老

君……你天眼一照，哎喲，這不是觀世音菩薩嘛，這不是太上老君嘛，趕緊下拜吧。那好，你就拜吧，哪天把你害死了你還以為是佛菩薩接你往生了呢。

就像我現在的所見，往雲層上「天眼」一照，看到的是一尊「正法天神」，威嚴且金光閃閃。我如果把它當真的話就應該對它頂禮膜拜呀，至少應該求它助我一臂之力來斬妖除魔吧。但是如果真的那樣我就危險了。

「凡所有相，皆是虛妄。若見諸相非相，則見如來」，這裏的「如來」就是本來面目。

看雨小了，我們趕緊向前走，這時的路可比下雨前難走多了。我們一腳深一腳淺的走了差不多兩個小時，才走到山腳下。可這時雨量驟然又加大，而且漸漸的有霧氣彌漫在周圍，越來越濃。

本來烏雲籠罩的天色就很陰暗，這霧氣一來能見度就更低。我們艱難的走上山路，實際上這山上沒有路，也是人踩出來的，泥濘濕滑，非常難走。小木走在前面，我跟在後面。

突然，我隱隱聽到右側山崖傳來一陣嘩嘩的響聲，抬頭一看，幾道黑影從山崖上衝了下來，正是小木的方向。我趕緊大叫，「小木，危險！」

這時小木也聽到了響聲，本能的向後一閃，幾塊大石夾著泥水，從山上一衝而下。好在小木躲閃及時，否則後果真是不堪設想。

就這樣還是有一塊不大的石頭砸在小木的腿上。我趕快讓小木坐下給他檢查傷勢，右側的小腿一大塊烏青，動了動，小木直咧嘴，還好沒傷到骨頭。但是我不能再讓小木陪我走這山路了，不能再讓他冒險。

我說服小木留下來在這裏等我，我自己去古洞。小木說：「一直沿著這條山路走，前面翻過一個山梁就能看到古洞了，但是這個古洞很深裏面有岔洞，千萬別進洞太深迷了路。」

　　我答應著：「放心吧，我很快就回來」

　　把小木安頓好，我靜靜地觀察一下周圍，就見霧氣裏有兩條黃色的大蛇糾纏盤繞在一起，擺出了進攻的架勢，向我們施著法術。好啊，原來是它們在興風作浪啊。心念一動，掌成刀式，一掌劈了過去，一道白光激射而出……霧氣漸漸消散了，可雨還沒停。

　　我在這狹窄的山道上艱難的走著，大雨早把我全身淋透，翻過了山梁，又走了一段，拐過一道大彎走進了一個山谷，山谷的左側隱約的出現了一個很大的洞口。

　　終於到了。我在洞口徘徊著，洞口很大，洞內一片黑暗，看不出深淺。靜下來用「天眼」觀照這裏面，就覺得裏面殺氣騰騰，向上一望，從這洞中發出道道血色紅光沖向雲霄。

　　這裏就是「煞氣」的發源地看來是沒錯了。可是，這是個什麼妖物這麼厲害呢？看來必須要進了洞裏才能知道了。

　　我先運功把身體護住，慢慢的向洞中走去。

　　雖說經過了這麼多年的磨練，可以說什麼樣的妖魔都見識過，可那多數都是在大山大水之間跟它們拼鬥，進山洞降魔這還是第一次呀。這種萬年的古洞裏說不上有什麼怪物呢，還是小心點為好。慢慢往古洞裏試探著走著，全身緊張，頭皮發炸，想努力使自己靜下來卻很難做到。小心翼翼的走進了山洞洞口，再往裏走漆黑一片，我只能憑著感覺往裏摸。

　　走著走著，突然一聲震耳欲聾的叫聲在我耳邊炸雷般響起，緊接

著就感覺我的面前像山一樣的巨大壓力向我壓來，眼光一掃就見一雙大眼發出血紅的光芒瞪視著我。這一聲大叫真的讓我頭疼欲裂，我本能的轉身，就跑出了山洞。身處黑暗之中的感覺太不好了，還是在外面對我有利。

跑出山洞來到山谷的空地上，我回頭開「天眼」望去，這怪物終於顯形了，原來是一隻巨大的白象！遍體通白，雙眼血紅，象鼻沖天昂起，高聲鳴叫著，兩隻粗大的前腿刨著地憤怒異常！我這心裏一驚啊，好在這是靈體呀，這要在現實中真有這麼個野象來跟我對決，那我可就慘了。

正想著，這白象已經向我攻了過來。我趕緊施展法力與它鬥在了一起……（具體過程就不能詳述了，怕給人誤導）。

終於把白象制住了，看著這白象的靈體在烈火中煎熬著。我也靜靜的感受著來自靈界的指令，這是我每次制住妖魔後必須做的一件事。對這些妖魔如何處理我要聽上面的安排，是誅殺還是受懲罰不是由我來做決定的。我功力有限看不透那麼多世的因果，不能由我來決定這些靈體的命運。

這次得到的信息很明確，立即誅殺。我看著白象，心裏跟它交流了起來。我問它為什麼這麼凶殘的害人呢？難道你不知道這要遭天誅的嗎？

我突然看到白象眼中流下淚水，它給我演示它如何變成魔的經過。我默默的感應著，在我的腦海裏浮現出了清晰的畫面……止不住的，我也流下了眼淚。

很早以前，這隻白象也是野象群中的一頭。她是一頭善良的象媽媽，帶著六隻可愛的象寶寶在森林裏快樂的生活、玩耍。可有一天，野象群突然地騷亂起來，接著就開始向山裏狂奔起來。白象媽媽和她

的孩子被象群衝散了，她發瘋的奔跑著、鳴叫著呼喚著她的象寶寶……她不斷地跑著、找著。突然，她聽到了遠處象寶寶的慘叫聲，一聲接一聲的慘叫著。象媽媽循著聲音瘋狂的跑去，接近了、接近了……

她看到了她的象寶寶，六隻小象都躺在了血泊中。一群人笑著、唱著，為捕到了六隻小象歡呼著。有的人正在剝著象皮！在這群人的眼裏這些小象就是錢啊。

白象媽媽的眼睛瞬間變得血紅，她悲憤的仰天長鳴，她瘋狂了，拼命地衝向了人群，向猝不及防的人群踩去。她踩死了這群人，可她的小象再也回不來了。善良、溫順的象媽媽一直怒氣不消，她的心裏就剩下了報復，報復人類！為小象報仇！直到她死時，這股怒氣都沒消，她不要轉世，她就要報復這裏的人！就這樣白象媽媽成了魔……

我流下了眼淚。這是我斬妖除魔這麼多年來從來沒有過的，但看到白象媽媽的遭遇我實在控制不了自己。

白象成魔，是人之過？還是白象之過？人為了自己的利益而殺象，把這麼善良、溫順的白象媽媽逼而成魔！到底人是魔？還是象是魔？

這樣的象媽媽讓我如何下手誅殺？我下不了手！

我跟白象溝通著，這幾百年來你殺的人也夠多的了，要說仇也該報了。你能不能消了自己的怨氣從此不再害人了？我今天就放你一回。

白象在烈火中本就痛苦不堪，聽了這話點了點頭。我撤去了火焰，放了白象。

這是我第一次違反指令，擅自作了決定。師父會不會懲罰我？我不知道，反正我下不了手。

這時陰雲早已散去，天已放晴。我告別了白象往回走，找到小木，

按原路返回唐加村。回到小木家裏已經很晚了，我們匆匆吃了飯馬上上床睡覺。這一天太累了。

而且，回來後我的頭越來越痛。我想可能是被雨淋到感冒了吧？可是我心裏隱隱的有一種不安的感覺，我也說不清怎麼回事，倒頭睡覺吧。太累了。

第二天，我和小木一直睡著都不想起床。快到中午時，就聽得外面一陣吵鬧聲，我倆趕緊起床看看怎麼回事？就見老族長匆匆的跑回來，大聲地說：「你們都別出去！鄰村為了爭地，跟咱村的幾戶人家打起來了！我這就去看看。」

我和小木一聽，哪能讓老族長去呀，死命的拉著他，不讓他出去，最後把他鎖在小木的臥室裏。我一想，這不對呀，難道又是白象在作怪？我坐在院中靜靜的一查，真的是白象在雲層內向著這個方向在做法，發送著煞氣。哎，看來這白象媽媽怨氣難消啊，如果再不滅她就是我的大過了。

本來昨天放她的時候我就留了一手，今天要想抓她那是手到擒來。看她還在雲端作著法，我一道火焰罩向了她⋯⋯

滅了白象，我的心裏異常難受。

當天晚上，小木早早的睡了，我睡不著，就一個人靜靜的坐在院內。眼望蒼穹，與師父默默的溝通著。我問了很多個為什麼，對於白象的結局我還是有很多想不明白，為什麼一定要誅殺她呢？她的本質是善良的呀，她是因愛成魔呀⋯⋯

師父也默默地給我傳遞著信息：「誅殺並不是徹底的銷毀她，而是誅其怨氣、殺其靈體，使她能再入輪迴，沿著自己正常的輪迴軌跡繼續走下去。誅殺有時就是『止惡』⋯⋯」

第二天，我把小木送回了學校，自己也返回了成都。

白象的故事告個段落了。但是一想起這個白象媽媽，我的心裏還是挺難受的。人哪，為什麼就不能給其他動物留點生存空間呢？把別的動物都趕盡殺絕了，人是不是也該隨之滅亡了呢？

紅樓血影

我把自己幾十年的修行經驗及行走江湖中的傳奇經歷拿出來聊聊，最希望有緣人能一起交流互動，一來互相切磋學習，二來鼓勵後學。至於傳奇經歷，涉及鬼神靈界的方面，最好不必太當真，就當故事看。如果能從中悟出修行的真諦那就是你自己的造化，山人在此恭喜你。

修行之人行走江湖，拜訪名山大川及高人術士那是必不可少的。我的足跡可以說踏遍全國的山山水水，所以對很多地方都比較瞭解，經歷的事情也涉及了各地，現在定居在廣東的惠州。

我就先說說深圳的事吧。

在深圳久居的人都知道深圳市中心有座蓮花山，山頂立著鄧小平雕像，山腳下就有幾棟紅樓，樓頂呈尖杵形。這就是靈異事件頻傳，有名的深圳紅樓，也是深圳四大邪地之一。

十幾年前蓮花山周圍一帶還沒有現在這麼多的樓。這幾棟紅樓是蓋的最早的高層建築，從深南大道經過時，遠遠就看見幾棟紅色的高樓很顯眼的立在那裏。聽說那時的紅樓經常換保安，新的保安來了幹幾天就辭職走了，尤其是夜間值班的保安。

最初紅樓還沒住進幾戶人家，整個樓區空蕩蕩，樓區外又是一片荒涼。夜班保安有時半夜會聽到樓裏傳出女人幽幽的歌聲，有時又有哭聲，可就是找不到來源。有時信件會從信箱裏平著漂出來，經常在晚上聽到樓梯的腳步聲，可又沒有人。

聽說這幾棟紅樓的靈異事件，在深圳那是大大的有名的。我之所以知道是因為香港的一個客戶，這個客戶是香港的一家中等規模的公司，公司有一個項目是美容瘦身連鎖店業務。十年前進軍大陸市場，想藉近水樓臺之便，就近把總部設在深圳，從而面向全國來開展業務。可是業務開展了一年多，卻進展的非常不順利，麻煩事不斷。

　　十年前的大陸美容瘦身行業正處在方興未艾的階段。這項目不論是從立項還是市場的策畫與推廣方面都是無懈可擊的，可無論怎樣換著花樣推廣，業務量就是上不去。為此香港總部派了幾批人到深圳調查幾個月，都理不出頭緒，負責大陸業務的總經理換了三位，也不見起色。公司甚至已經有了放棄大陸市場的想法。

　　新上任的總經理是位姓楊的女性，辦事幹練且有魄力，屬男人風類型的，為了開拓大陸市場把最得力的幹將派來，要做最後一搏。這位楊總在深圳工作了三個多月，想盡辦法用盡手段，可業務量還是上不去，美容瘦身院仍是門可羅雀。

　　這位楊女士拼命三郎式的工作，沒把業務量搞上去卻把自己搞的身心憔悴，漸漸的身體也出現不好的狀況。先是煩躁易怒、失眠多夢，身體有時忽冷忽熱，且莫名其妙的恐懼害怕。睡覺時而突然驚醒，身上就像過電一樣麻酥酥的。後來這種狀況越來越嚴重。

　　這家公司的老闆叫陳明，親自來深圳視察工作，看到楊總臉色暗黑，精神狀態極差極為關心。這個老闆陳明對這些風水術數之類的東西略知一二。聽了楊總的描述，心裏已開始懷疑是靈異方面的事情。但陳明只是相信有這些事，自己卻沒有這方面的本事。於是他想到了我。

　　說起我和陳明的相識那也是很有趣的。那是在印尼他中了邪術，偶然的情況下被我救了下來。那次印尼之行經歷了一次驚心動魄的鬥

法，很是精彩。從印尼回來以後陳明就以公司的名義聘我當顧問（即護靈師）。

當時我正在北京處理另外一樁事情，陳明給我打了電話把情況說了。我以前見過那位楊女士，名字叫做楊怡，是位精明幹練的女人，性格開朗外向。

我立即出神查了一下，發現楊怡自身的氣場虛弱，外圍被一層厚厚的黑灰色能量場緊緊纏繞著。我告訴陳明他的懷疑是對的，楊怡確實被邪靈攻擊了，但我現在沒法確定邪靈的來處及目的，現在能做的就是必須馬上讓楊怡回到香港靜養。並且要陳明把我送給他防身的「聖山雪蓮膏」及「聖山雪蓮燈」拿出來把楊怡先護起來，等我回來處理。

這個聖山雪蓮膏分液體和膏體兩種，是用聖山雪線以上的雪水、聖山雪蓮及其他七種植物用師傳密法配合密印、密咒煉製而成的珍貴之物。

聖山雪蓮膏的液體呈淡淡的金黃色，有一種特殊的香氣類似於花香型的香水。這種密法製成的「香水」是世上邪物最怕的東西，因為聖山的能量蘊藏於香水之中，隨著香氣的飄散這種能量會被吸入體內並護在身體周圍，香氣所及之地邪靈紛紛退避。

而聖山雪蓮膏的膏體也是用同樣的原料及密法密咒製成，只是加工方法上略有不同，呈紫紅色膏體狀。使用時把膏體塗在印堂、太陽穴、胸口、手心及腳心五處，陰邪之物就進入不了身體了。如果參加葬禮、到太平間、墓地等地方時，身上灑上聖山雪蓮香再塗上聖山雪蓮膏會確保你不會被陰氣或邪靈所侵。另外聖山雪蓮膏又是金創聖藥，外傷出血塗上即止且快速生肌，燒傷燙傷立即止痛且快速痊癒。我經常在外，從事的又是危險的工作，所以聖山雪蓮膏是我隨身必備的。

「聖山雪蓮燈」則是結界用的一種蠟燭。其原料也是聖山上的雪

水、聖山雪蓮再加十幾種植物，配合密法密咒製成的一種特殊的香氣蠟燭。所謂「結界」，就是在房間裏點上聖山雪蓮燈，燭光所到之處群陰退避，聖山的能量會以光的形式體現出來。

一個星期以後我到了香港。陳明到機場接了我，直接就住他公司去。在路上陳明給我詳細說明楊怡的情況，一周前就已經回到香港在家靜養，症狀倒是沒有加重，可依舊是精神恍惚、夜不能寐。

我說：「還是直接到楊怡的家裏吧。」陳明說聲好的，掉轉了車頭駛向九龍塘。

楊怡的家在九龍塘的一個老式的小社區裏，雖然精明幹練可二十八九歲了還是單身一人，可能在這種女強人的眼中很少能看到令他們折服、傾心的男人吧。

出了電梯，到了楊怡家門前，陳明剛要按門鈴。我突然激靈一個冷顫，就覺得身上一寒，眼前一片灰影一飄而過，向陳明身上罩去。我見狀不好，立即祭起「天雷印」拍了過去！

黑影被拍的一散，馬上又聚在一起，迅速的飄回屋裏。陳明站在我的前面，身後發生的事情他一點兒也不知道。這時他已經按了門鈴，還回頭說了一句：「大夏天的怎麼有點兒冷呢？」我一笑沒說什麼。當然了，這種事情還是不要讓他知道的好。

這時楊怡開了門。時隔一年不見，我都差點不認識她了，本來很漂亮很有精神的女子，現在臉色灰暗憔悴，一下子好像老了不只十歲。接著把我們請進了客廳。楊怡說：「你們先坐，我去給你們削點兒水果。」邊說邊進廚房。

我正好趁這時候好好查一下這間房子，看看有什麼問題沒有。客廳不大，布置得溫馨整潔，房間色調的搭配、家具的擺設都很舒服得體。又到臥室看了一下，一樣的沒發現什麼問題。在客廳中間的茶几

上和臥室兩邊的床頭櫃上，各放置了兩盞聖山雪蓮燈，只是這蠟燭的燭光在白天顯得格外微弱。

就我的觀察，楊怡這棟房子是沒有問題的。我正在深思著，忽然聽到陳明大喝了一聲，「小楊你要幹什麼！」

我聞聲回頭一看，就見楊怡目光呆滯，定定的怒目瞪著我，手裏拿著那把長把兒的水果刀，就站在我的背後。看這架勢好像隨時都要捅向我。楊怡被陳明這樣一聲大喝，身子一震，好像從某種狀態裏醒了過來一樣，目光茫然又有些不知所措。

陳明馬上上前奪下楊怡手中的水果刀，扶著她坐在沙發上。「小楊，你這是怎麼了？」

楊怡疲憊的說：「我也不知道怎麼回事，就覺得恨他，又怕他。心裏一直有個聲音「『誰讓你多管閑事！誰讓你多管閑事！』我都不知道自己手裏拿著刀呢。」邊說邊指著我。

他們說話的時候我暗暗的打起了結界法印，念動了結界咒語，把陳明和楊怡護了起來。

我看楊怡平復了下來，說：「小楊，沒事的，休息一會就好了」

「哦，對了，這個聖山雪蓮燈你點了幾天了？」

小楊說：「點了七天了。」

「那這七天裏滅過沒有？」

「沒滅過，但是每天晚上快半夜的時候燈火都搖晃的很厲害，要滅不滅的，後來就正常了。」

「哦，我知道了。」

這樣看來聖山雪蓮燈的結界沒有被攻破，所以楊怡沒發生什麼意

外和危險。可是看剛才小楊的狀況分明是被陰靈侵入控制，這不應該呀。我再問楊怡：「小楊，聖山雪蓮膏你用了沒有？」

楊怡茫然地：「聖山雪蓮膏？沒用過呀。」

這時陳明一拍大腿：「哎呀，你看我這記性。當時手忙腳亂的，只把燈拿來了，聖山雪蓮膏忘了拿給小楊了。這怎麼辦？要不我現在回家去取來？」

我笑道：「不用了，我都在這裏啦，哪還用那些東西呀。那些法器都是我不在時給你們護身用的，如果小楊早點兒把聖山雪蓮膏塗在自己的眉心和太陽穴上，就不會有剛才這種事發生了。」

陳明抓了抓頭問道：「那現在怎麼辦呢？」

我看時間也差不多了，就對陳明說：「你去臥室裏把那四盞燈拿出來，再把你包裹的那盞燈也拿出來，加上客廳茶几上的兩盞，共是七盞聖山雪蓮燈，全部點亮。」

我讓楊怡盤腿坐在客廳中間的空地上，這時陳明已經準備好了七盞結界用的聖山雪蓮燈。我靜下來，查明白楊怡的氣場虛實，知道她最弱的「破門」在頂門處，也就是她的這個部位氣場最弱最容易被陰靈攻破。我在她的頂門上方放了兩盞結界燈。其他的五盞燈放在地上環繞在她的周圍，把這五盞結界燈擺成了「五星會日陣」。

接著我讓陳明去把所有的門都關上，拉上窗簾，不讓光透進來，並且把客廳裏所有的鏡子都遮蓋起來。這一切都準備好了之後，我盤腿坐在楊怡的對面，七盞燈的燭光把房間照的挺亮，只是有時燭光微微搖曳，映的楊怡的臉好像陰晴不定的。

我讓陳明坐在楊怡的身後遠處，緊靠著窗戶的位置。告訴他祭起護身法印，只管專心的念誦「護身咒」，等等不管看到什麼景象或聽

到什麼聲音，都一定要做到不驚不怖不畏。「不論碰到什麼情景，法印不能散、咒聲不能斷。切記！切記！」

陳明使勁的點著頭答應著。我竟然看到陳明的臉上好像有一層汗珠了。本來陳明在我的印象裏是個很有男子漢風格，有點硬朗的男人，32歲，在商場上屬那種敢打敢拼的主兒。雖然家境富裕，卻硬是自己白手打下了一片屬自己的天地。他在公司裏既是老闆又是員工們的偶像，尤其那些未婚的女員工最是幹勁十足，就為了能博得老闆的關注。這樣一位經歷過大風大浪的硬漢今天居然冒汗了，是因為經歷這種場面興奮的？還是真的有些害怕？

本來處理這方面事情時是要求外人一概迴避的，主要是怕無辜的人被邪靈所傷，但是這位陳明卻是一個例外。因為，那次在印尼他被當地人下了降頭，那是真的生不如死，可是以他的性格寧死也不受對方的威脅，就是不答應對方的無理要求。

當時是我出手破了降頭救了他。他親身經歷那場發生在他自己身上驚心動魄的靈界大戰，從而徹底改變他的世界觀。從此意識到除了人類的物質世界之外，真的存在另一個更加豐富多彩的靈界世界。而且這個靈界世界有可能又是我們這個現實世界的主宰，左右著我們這個世界。

那次經歷激起陳明極大的好奇心和求知欲，他的熱情勁上來，我可倒了楣。在一起的那段時間，陳明天天的纏著我呀，都到了寸步不離的程度。隨時都有無數個問題問我，全是關於靈界的和修煉方面的。可我很難向他描述靈界的世界呀，這就像你向一位出生時就失明的先天盲人，描述我們生活的現實世界，那將是多麼難的一件事情呀。我越盡力描述他就越糊塗。亂了，全亂套了。那幾天我們倆就像一對瘋子一樣天天說著瘋言瘋語。最後的結果是，我倆全趴下，終於不說話，

安靜的睡了一晚。

可第二天一大早，噩夢又來了。天剛亮時陳明大叫著從床上蹦了起來！他又有新靈感了。這個靈感就是，他要拜我為師，讓我教他修煉。修煉有成以後他自己就能看到靈界世界，甚至能進入靈界，那不就一切問題都解決了嗎？

我的天哪！這個課題比前面的那個還難，有多少人修煉了一生也沒開天眼呀，更別說進入靈界。修行是否能成功，那是要靠天賦和機緣的呀。關於修行，若一百個人同時發願勤奮修行，最後能有一個人入了門就不錯了，另外九十九個人終其一生都在修行的門外轉悠著，不得其門而入。

終生未入門者可能臨終時會拉著自己子孫的手說：「孩子呀，相信爺爺的話，所謂的修行全是扯淡呀，全是子虛烏有騙人的東西呀，千萬別在這上面浪費時間呀。爺爺的這輩子算是白過了。別走爺爺的老路啊。」

上面這段話就是我當時說給陳明的原話，可陳明自信自負的很：「我一定就是那百分之一的成功者。」

我馬上接過話來：「打住。不是百分之一的成功者，而是入門者。入門和成功還差得遠呢。所謂的入門只是萬里長征開始走第一步而已，前面的道路上充滿著荊棘和陷阱，隨時都有可能萬劫不復。一萬個入門者能修成一個，那就已經是萬幸的了。」

可話說到這份兒上了還是沒嚇住陳明。第二天早上剛睜開眼，眼角的餘光就看到我的頭側有個黑影，嚇得我一激靈，馬上從床上坐起來。定睛一看，原來是陳明，直挺挺的跪在我床頭的地上，充滿血絲的大眼睛就那麼可憐兮兮的望著我。

我的媽呀，他陳明硬是把古代拜師那一套辦法穿越到現代來，這

是跪了多長時間啦？當我要扶他起來的時候，他的腿都動不了，是我把他抬到床上。這傢伙連這招都使出來了我還有什麼好說的。經過這幾天的接觸，我對陳明的印象也挺好的。他是那種俠義心腸的人，見不得不平事，天生的正義感強，陽剛之氣充足，還真有可能是塊修行的好材料。

既然這麼有誠心，那就帶進門來試試吧。雖然我對陳明比較滿意，但是祖師爺傳下的規矩不能破壞，用了一個上午的時間給陳明講本門的淵源及門規。

本派弟子分三個階段，分別是散弟子、入門弟子、入室弟子。凡新入本門的都是散弟子起修，陳明入門後也是從散弟子做起。按本門規定散弟子不算本門的正式弟子，只能傳授入門築基的功夫，對散弟子在外面的行為，本派不負責任。而且對授業者不能稱呼「師父」，只能稱呼「先生」。只有那些修行有成入了門的，德行經過考驗的散弟子才能升為「入門弟子」，那時才算是本派的正式弟子。要成為正式弟子還必須有一位正式弟子的擔保才行，以後二人同賞同罰。

所以呢，陳明算是本派的散弟子，那時正在修煉入門築基的功法呢。護身法印和護身咒語也是早就教了陳明的，只是他一直沒有機會用到而已。而今天即將實戰了，他能不激動嗎？

這時，坐在五星陣中間的楊怡已經有些躁動不安了。我面對著楊怡盤腿坐好並祭起法印，準備念動咒語啟動五星陣。剛要念咒，忽覺得一片火光遍布了空間，同時楊怡的臉色一驚，身子猛然震動，作勢要衝出五星陣！變故來的太突然。我立即念起咒語，同時法印指向五星陣上方的兩盞聖山雪蓮燈，發動了五星陣。

頓時七盞聖燈發出層層金光罩住陣中的楊怡，穩住了局勢。我抬眼向火光中望去，原來是護法神「一吉羅剎童子」來了。

護法神與修行者之間相互的感應力是非常強的,當護法神感應到修行者面臨危險時就會現身的。但是現在這種場面還不必護法神出手,護法神出手力量太過威猛,即使對方是惡靈,也沒必要殺戮過重才好,現在這種局面我自己對付還是綽綽有餘的。我的心念一動,護法神就有了感應。慢慢的紅光消散,「一吉羅剎童子」隱身而去了。

　　剛剛發生的這一切,陳明和楊怡都是不知道的。陳明還是挺直的坐在那裏打著護身法印,嘴裏快速地念著護身咒語。而楊怡渾身不停地顫抖著,臉上露出痛苦的表情,面上一陣陣黑霧層層湧現。

　　現在穩住了陣腳,惡靈已經被困在陣中。下面就要催動五星陣,把惡靈從楊怡體內逼出來再收服的過程。

　　這時,我把雙手的法印變成劍指,指向五星陣中間的楊怡,同時念起咒語催動五星陣。就見七盞聖燈金光大盛,道道金光開始圍繞楊怡旋轉。

　　這時的楊怡面目猙獰恐怖,臉上黑氣大增,掙扎著要站起來,可她稍一立起,她頭頂的兩盞聖燈就會金光大盛把她壓回去。這樣子反覆較量了幾次,金光越旋越快了,驟然變成道道金色的劍雨刺向楊怡。彷彿間就聽到一聲尖利的大叫,震耳欲聾的感覺。

　　這時楊怡的周身忽而彌漫起一層濃濃的黑霧,一股力量突然從楊怡的體內發出向外膨脹,黑霧隨之迅速擴散。五盞燈火的火苗同時向外噴,可是沒有熄滅。少頃火苗又同時向內急收,彌漫的黑氣也迅速的收回到了楊怡的體內。

　　這時倒覺得平靜了,什麼聲息都沒有,突然一下就靜下來。可這種安靜太短暫了,也就是一呼一吸之間而已。就聽砰地一聲!一股濃濃的黑氣從楊怡的頭頂一衝而出!直奔上方的兩盞聖燈而去。

　　被這黑氣大力一沖,兩盞聖燈的火苗一晃再一竄,齊齊熄滅。這

股黑氣破陣而去！它突破了五星陣！同時就聽撲通一聲，楊怡倒在了地上。

我見到黑氣破陣而出，心想「壞了」。馬上兩手相握，伸直中指，抬起兩食指成鉤召狀，掌心空出。祭起了「召罪法印」，同時大聲的念起了「召罪真言 Om sarva papa akarsana vi-sodhana homfacha」！隆隆的咒聲像炸雷一樣響起，在屋內形成了強力的衝擊波，來回震盪。

就在我換法印的時候，這股黑氣直奔我而來，被我的護身法罩擋了回去，在屋裏繞了兩圈就直奔陳明而去！就在接近陳明的一瞬間，我的「召罪真言」的咒聲已經響起，並且「召罪法印」也指向它。就像突然的一股無形的力量一下子就把黑氣拉回來，吸進法印中。撲通一聲陳明也倒在地上。

這時我把黑氣收入掌中，兩手食指一合，用法印扣住黑氣。黑氣在掌印中分成了幾股，很明顯的能感覺到它們在掌印中拼命掙扎，四處亂撞，還想破印而去。我趕緊念動咒語，把它們打回原形，再祭起「千金索」索住它們，然後鬆開法印，這團黑氣分開幾股顯出了原形。我還是閉目盤腿坐在那裏，幾個惡靈就橫在我的面前。原來為首的是一條黑色的蛇妖，渾身鱗片青黑發亮，眼冒綠光，充滿了惡毒，不住的吐著蛇信，頓覺陰寒之氣破空而來。

看著蛇妖的樣子必定修行千年以上了。我靜下心來，與蛇妖氣息相通，感應了一陣，知道它的來龍去脈。嘆了口氣，心裏對它說：「一世被害惡毒千年，這又是何苦呢？該報的仇早就報了，怎麼就是放不下心中的恨念呢？」

聽了我的話，黑蛇妖眼中的凶光大大收斂，低下了頭。我又看了一下黑蛇妖身邊的幾個被打回原形的惡靈，原來是幾個橫死鬼，其中一個明顯是上吊死的，舌頭伸得老長。

「天網恢恢必有報，惡人到頭終難逃。」我也不想跟它們多說什麼了，招來了護法神把它們押往靈山去了。

陳明這時已經起來了，剛才只是一時驚嚇才倒在地上的。起來後看我還是閉著眼睛坐在那裏，知道我這邊沒完事，就沒敢驚動我，自己坐在那裏靜靜地看著我。我睜開眼，看到楊怡還躺在那裏，看來這回傷的不輕啊。我趕緊召喚陳明把楊怡抬到了沙發上。這時楊怡才幽幽的醒來，張開眼睛迷茫的看著我倆，慢慢的道：「我這是怎麼了？」

我馬上示意她先不要說話，靜下來感應著楊怡體內的氣息。嗯，應該沒問題，邪氣已經徹底被清除。由於楊怡體內的邪氣被突然排出，導致她體內瞬間陰陽失衡，又加上過度驚嚇，所以才會昏倒的。現在應該已經沒什麼問題，多休息就好。我回頭對陳明道：「給小楊倒杯水來吧。」

陳明應聲去了廚房。這時楊怡提了提精神，說道：「剛才坐在那裏開始時就覺得非常難受，噁心想吐，身上也出冷汗。後來就好像聽到一聲尖叫，然後一聲炸雷在腦子裏炸開了，以後的事我就什麼都不知道了。」

我接過話說：「沒事的小楊，你剛才就是驚嚇過度而已，現在都已經過去了。只是你現在身體很虛，需要靜養一段時間。」

陳明這時端了杯水遞給小楊。我回頭一看，笑了起來：「陳明，你怎麼滿頭的汗水呀，怎麼搞的？快去擦擦吧」

陳明不好意思的小聲說道：「當時我正在那裏專心的念著護身咒呢，突然聽到一聲尖叫，嚇了我一跳，我就忘了念咒。正在琢磨這個聲音是從哪裏發出來，突然恍惚中就看到一條黑色的巨蛇向我撲來，一下子就撲到我眼前來，嚇得我一下子就倒在地上了。剛才就好像做了一場夢一樣，起來後我還在看，我是不是被那巨蛇咬到了？那眼睛

91

太可怕了。」

我看著陳明：「哪有什麼巨蛇呀，那是你自己的幻覺。快去洗把臉吧，讓腦袋清醒一下。」

陳明洗了臉回來在沙發上坐下來，看著我問道：「先生，剛才是怎麼回事呀？」

我說：「哦，沒什麼的。幾個小東西而已，已經處理過了。」我不能給他們講的太詳細了，以免他們害怕。尤其對楊怡來講。她沒接觸過這類事件，還是什麼都不知道的好吧。

這時楊怡的精神稍微好點兒，在沙發上坐起來聽我和陳明說話。我轉過臉向楊怡問道：「小楊，你最近去過什麼比較特殊的地方？」

楊怡說：「我沒去過什麼特別的地方啊。只是前一陣子陳總派我去深圳工作，那時倒是經常出差。可是也沒覺得什麼地方特殊啊。回到香港我就一直在家呆著了。」

我沉思著：「哦，是這樣啊。」

我又問道：「那麼你去過這樣一個地方沒有？幾棟尖形的紅色的高樓圍在一起，旁邊還有一座不高的山的地方？」

話音剛落，我看到楊怡和陳明詫異的對望著，又一起把頭轉向了我。陳明道：「我們在深圳的公司就在那棟紅色的建築裏。那是一棟寫字樓和幾棟住宅樓組成的社區呀。先生你怎麼知道的？有什麼問題嗎？」

這時楊怡也說道：「我在深圳的住房就在那個住宅區裏的。先生這有什麼問題嗎？」看他們倆的樣子都非常急切的想知道答案。

我沉吟道：「現在還不敢確定什麼，只是剛才收服的那幾個東西就是從那棟紅樓處來的。」

楊怡點著頭說道：「聽先生這樣一說，我覺得是有道理的。其實我的身體一直就很好的。可自從三個月前去了深圳工作以後，身體就越來越差，到現在居然成了這副樣子。難道先生的意思是說這一切都與那棟住宅樓有關？」

這時陳明趕緊接話過來：「就是，就是。一定是那棟住宅有問題。我看不僅是那棟住宅，那棟寫字樓肯定也有問題。每次進去都覺得陰森森的，反正就是不舒服。」

我對他倆說：「到底是不是那棟紅樓的問題，現在還不能下結論。我必須到現場看了才知道。」

「小楊現在身體已經無大礙了，就在家裏靜養三天吧。我這幾天也要辦其他的事情，正好來到了香港，趁機了卻一樁多年的心願。三天後我們三個一起去深圳看看吧。」陳明和小楊連連點頭稱是。

我和陳明告別了楊怡，也謝絕了陳明的一再挽留，獨自一人去辦事。這件事情，是關乎本派的隱祕。現在陳明雖然已經是本派的散弟子，可畢竟他入門時間不長，還處在考驗期的階段，我還不想這個時候讓他過多的參與本派的事物，加上這件事又涉及到本派的一個重大隱祕，所以我還是自己去辦。

現在這件事已經辦妥，就可以先告訴大家，這件事情就是尋找失散千年的師姐。是的，各位沒看錯，確實是尋找失散千年的師姐！當年「聖山一戰」之後，時隔千年，幾經輪迴，師兄弟未曾謀面。今世機緣將至，當年的師兄弟將重新聚首，再戰聖山！

那時我為此在香港找了三天，結果一樣的無功而返。帶來的幾個線索又都斷了，只好先把這件事放下。

還沒到約好的時間，陳明這小子就電話不斷的催我，恨不得我馬上跟他到深圳。唉，陳明這脾氣性格也是我比較擔心的地方，修行人

最忌諱的就是心浮氣躁，而陳明又恰恰是個典型的急脾氣。這種性格在商場上被推崇為做事果斷、雷厲風行，可在修行方面卻是缺點。修行人講究的是，沉得住氣、靜得下心，不驚不怖、如如不動。離這個標準陳明差的還遠呢，還得多多歷練才行，以後還得有很多磨難等著他呀。

當我趕到陳明公司的時候，楊怡早就等在那裏了。與她一照面，就覺得眼前一亮。經過幾天的休息，楊怡又恢復以前的狀態，神清氣爽，精明幹練的勁頭又出來了。

看到我進來，楊怡馬上站了起來，熱情的扶著我坐到沙發上。「先生您可來了！陳總都急壞了。您再不來，他的魂都得飛了。」

我笑道：「這個沒出息的小子，一遇到點兒事兒就急得跟個猴子似的。把我教他的那些話全忘到腦後了。」

這時就聽門口一聲大笑，「這是誰在說我壞話呀？誰說我是猴子？」

我笑道：「我說的，怎麼著？不對嗎？你難道不是猴脾氣嗎？小楊你說說看，他是不是猴脾氣？」

小楊笑著道：「他要是猴子，那我們公司不就成了花果山了？」

我對著陳明說：「看把你急的，好了，不說了，出發。」

陳明早就做好準備了，一聽這話轉身就走，我一笑跟了出來。

當時香港到深圳過關沒有現在這麼方便，太陽都快落山，我們才到深圳的羅湖口岸。我們叫了輛計程車就直奔紅樓而來。

不一會兒，出現了紅樓的影子，這幾棟紅樓真是太顯眼，周圍也沒什麼高的建築物，使它顯得更加突出。我叫司機在紅樓的附近停了下來。

下了車，往後走一段，與紅樓拉開一段距離，這樣便於整體的觀察。這時太陽西下已經快落山了，落日的餘輝照映著這幾棟紅樓。我背對著太陽正對著紅樓，靜下心來感應著周圍的氣息及能量場的變化。陳明和楊怡遠遠地站著，默默的看著我。

漸漸地我的能量場與周圍的能量場慢慢的融合，紅樓的能量場輪廓出現在我的眼前。我仔細的感應觀察紅樓的氣場，厚厚的黑霧彌漫在紅樓的周圍，黑霧中隱約透出道道紅光。我的能量與這紅光一接觸，立即覺得一股殺氣襲來！能量圈迅速收縮護住身體，同時身上一陣毛骨悚然的感覺。

這種紅光不是普通的紅，這個紅是那種血紅色，見到這種紅，第一時間就會想到血腥和殺戮。之所以會有這種感覺，不僅僅是因為這種顏色，而是它所傳遞的氣息和能量就是殺戮和血腥。就我的經驗來分析，這黑霧中應該藏有比較厲害的東西。看來這東西能量不小啊，煞氣太重了，這幾棟紅樓真的是大有問題呀。

我現在先不能動它，應該先把附近的地形地勢看好才行，然後再想個萬全之策來對付它。想到這裏我儘量使自己的能量避開紅樓方向，向其他三個方向觀察，當我觀察到左後方的那座小山時忽覺一股柔和的力道向我的能量圈滲透進來，這股力道大而不燥，如波浪般層層湧動，頓時一種祥和寧靜的感覺湧了上來。我驚奇道：「原來這裏還有塊兒風水寶地呀。」

我從功態中回過神來，擦了擦臉，讓自己清醒了一下。陳明和楊怡看我收了功，一起跑了過來。還是陳明搶著問道：「先生，怎麼樣？有問題沒有？我剛才怎麼好像看到您打了個冷顫？沒關係吧？」

唉，這小子，急脾氣的毛病又犯了，這一陣機關槍掃射式的提問誰受得了啊。楊怡看我的表情也察覺到陳明的性急了，瞪了陳明一眼：

「你就不能讓先生喘口氣再問呀？」陳明也馬上意識到了自己的不是，用手把嘴一捂不再出聲了。

我環顧了一下周圍，指著那座小山向楊怡問道：「這座山叫什麼名字？」

楊怡道：「叫蓮花山。」

我沉思了一下，然後對陳明說：「這樣吧，我們現在在這附近找家賓館住下。楊怡今晚也不要回紅樓住了，一起住賓館吧。」他倆一起點頭稱是。

我們在這附近找了一家賓館住下，我和陳明一個房間，楊怡自己一個房間。吃晚飯時我給他倆簡單的說了一下我觀察到的景象。我看到陳明臉上流露出一絲吃驚的表情，而楊怡反而不動聲色很平靜。

我向陳明問道：「有什麼問題嗎？」

陳明小聲問道：「先生就您的觀察，這個傢伙是不是比前幾天那條黑蛇更厲害呀？」

我大聲的說道：「那還用說？當然比那個厲害多了，那個黑蛇充其量也就是這傢伙的下屬吧。怎麼著？害怕了是吧？」我故意的瞪著陳明說。

陳明趕快搖著手說：「不怕，不怕，有先生在呢，怕什麼呀？」他的臉都急紅了，楊怡在旁邊偷偷的笑著。

我看著他倆說道：「吃飽點兒，晚上還要幹活呢。」

陳明不解道：「晚上幹活？」

我說：「對，今晚夜登蓮花山！」

吃過晚飯各自回到房間。我從陳明的臉上看得出來這傢伙又興奮

了，這小子一興奮我可就要遭殃，無數的問題就會像機關槍一樣掃射而來。進到房間我先洗了澡，然後躺在床上閉目養神。

陳明洗完澡湊到了我的床前，叫道：「先生，睡了嗎？起來說說話唄。」

我睜開眼睛道：「就這樣躺著說吧」

他興奮道：「那好吧。」

「先生，前幾天楊怡身上的那個真的是我見到的那條黑蛇嗎？」

我心想，好傢伙，又開始了。可是我想趁著這個時間睡一覺，好好的養養精神。我知道紅樓的那個東西不太好對付，千萬不能掉以輕心的。

我故意板著臉問陳明：「我上次教你的那幾樣功法練得怎麼樣了？」

陳明說：「天天堅持練呢」

我說：「那好吧，把那個自然樁站一下我看看。」

陳明走到窗前的空地處，站起了自然樁。我起身走到近前，仔細看了看。站姿很標準，看來真的一直堅持練呢。又靜下來感應了一下他的氣場，弱且不協調。跟他說：「你現在站樁的姿勢標準了，就是練得少啊，身體還沒放鬆，氣場還很弱。」

他說：「我只能用休息時間練，平時有點兒忙呀。」

我說：「那好吧，你現在就練吧，站兩個小時。」說完我就回床上睡覺了。

終於把陳明的嘴給封住了。我安安穩穩的睡了一覺，睜開眼一看，陳明還在那裏站樁呢，臉上一層汗珠。

我對他說：「行了，收功吧。洗把臉，咱們準備出發了。」

看看錶，十一點了，叫上了楊怡，一起朝蓮花山走去。蓮花山雖說居於市區，卻格外的幽靜，山腰處有一潭湖水微波蕩漾點點粼光，晚風習習，頓覺一陣清爽。其實蓮花山並不算高，海拔才 106 米。我們不到十二點就登上了山頂。站在山頂平臺憑欄遠眺，深圳市區盡收眼底。雖然現在已經接近半夜子時，市區內仍是萬家燈火一片通明。這個時間，山頂平臺上已經沒有人了，只有我們三人在這裏。

我依著護欄，站直了身體，調整著呼吸，心跟著靜下來，很快的就進入忘我的狀態，好像整個身體完全的融入大自然之中。我清楚地感應到蓮花山腳下很多的靈體，種類不一，大小各異。有的聚在一堆，有的分散各一，都靜靜的，好像在等候著什麼。

只有紅樓那裏，還是黑氣瀰漫，黑霧裏血光乍現，煞氣騰騰。那幾棟紅樓就像魔的城堡一樣，我想看清裏面的東西到底是什麼，可就是透不過那層黑霧，看不到裏面。這時，楊怡看了一下錶，輕聲地說「十二點了」。

這時我發現蓮花山下守候的靈體都開始抬起了頭，所有的靈體開始躁動，一起把頭望向了山頂。就在這時，我看到紅樓上方黑霧開始翻騰，越來越劇烈，忽的一道紅光飛出，騰在了黑霧之上。我定睛細看，原來是一條不大的血龍。我知道這時顯現的龍身，一定是蛇身幻化的，其實他應該就是一條血紅色的蛇。

我這時正閉目專心的感應著這條血龍。忽然感覺到背後一片溫熱，那種柔而祥和的能量又像波浪一樣層層湧來，只是比上次力量更強更大。好像世界一下子寧靜下來，忘記一切的煩惱、怨恨與對立，我深深地陶醉在這祥和能量的海洋中。

我回過頭一看，一幅奇景出現在我的眼前，一朵燦爛無比的紅蓮

花正在山頂慢慢開放，就在剛剛建成的鄧小平雕像的腳下冉冉升起。紅紅的蓮花晶瑩剔透，靈力四射，正好托在鄧小平雕像的腳下。恍惚間感覺鄧小平腳踏著紅蓮花，大踏步的向前走著。一波一波的能量圈從紅蓮花的花芯中向外湧動著。

「哦，原來這裏就是傳說中的蓮花寶地呀！」我心裏激動的想著。

這時我回過頭來，看到山下的靈體都在盡情的吸收著蓮花的光華，用他們各自的方式修煉著。我的心裏還真有些不是滋味了。

我看到這種場景不禁在想：「就連動物都能憑著自己的本能找到這蓮花寶地來修行。而人自己聲稱是萬物之靈，卻什麼都看不到，感受不到。」

「難道是人本身就不具備這種功能嗎？還是妄想、執著遮住了人類自己靈性的眼睛？」

我這時再把目光投向了血龍，就看它在紅樓的上空上下飛騰，忽隱忽現，極盡全力的在吸收紅蓮花的精華，明顯的感覺到這血龍身上的血紅色在一吐一吸間時明時暗。我感受著這血龍不斷增強的能量，照這樣下去，這條血龍惡煞用不了多長時間就能修煉成形，到那時必會有流血的災難發生，必須儘快收服這條惡龍，不能讓它成形害人。

這時陳明和楊怡還站在護欄邊欣賞夜景呢。看到我收了功，陳明跑到了我身邊，「先生你看這夜景多美呀，這裏可真舒服。」

我說：「覺得舒服那就多呆一會兒吧。這麼好的地方你也別就顧著看風景，我們在這裏練練功吧。」

陳明嘟囔道：「我不是在賓館剛站了兩個小時樁嘛。」

我瞪起了眼睛：「剛才是剛才，現在是現在，叫你練你就練唄，咋那麼多話呢？我還能害你呀？」

說完我沒管他，自己對著紅蓮花練起了吐納術。陳明又在嘟囔：「怎麼臉朝裏，屁股朝外呢？應該臉朝外呀！」

我回頭瞪了他一眼。陳明馬上閉了嘴，跟著我一起練起了吐納術。楊怡也不打擾我們，自己靜靜的欣賞著美景。

我慢慢的在一吸一呼之間很快進入了狀態，整個身體與紅蓮花漸漸的漸漸的融合，忘記了自我，只感覺到與蓮花一體與宇宙同在……少頃我回過神來，擦了擦臉，回過頭來，看到楊怡一個人坐在地上抬頭看著天上的星星。

楊怡看到我過來便笑著站了起來。我說：「小楊，你怎麼坐在地上了？」

楊怡笑著說：「先生都在那裏站了兩個小時，我累了就坐地上了。」

「哦，有兩個小時了？真是太不好意思了，讓你等了這麼長時間。」而陳明還站在那裏靜靜的吐納著。我感應了一下，好傢伙，這小子的能量場增強了很多，看來他收穫不小啊。我輕輕地拍了幾下手。陳明慢慢的從功態中清醒過來，收好了功，向我們走來。

「今天練功這感覺也太好了，就覺得身上暖洋洋的，好像有一股股暖流在體內流動，太舒服了。真想就這樣一直站下去呀。」

楊怡在旁邊笑道：「練功真的這麼好嗎？真羨慕你們呢。」又看著我說道：「先生也教教我練功唄？我也想跟您學。」

我還沒說話呢，陳明就在旁邊喊道：「你個女孩子家學什麼呀？這是我們男人幹的事。是不是？先生？」他還理直氣壯地看著我，等著我給他撐腰呢。

我大聲說：「你小子這是從哪裏學來的觀念呀？誰跟你說女孩子

就不能學法了？自古以來女子修煉有成的那還少嗎？很多女子修煉的天賦都比男人強的。」楊怡一臉勝利的表情，還用手指做了一個勝利的標誌伸到了陳明眼前。我們就這樣嘻嘻哈哈的走回了賓館。

在我的房間裏坐下了，陳明也知道我有話要說，老老實實地坐在我的對面。楊怡為大家泡茶。

我看著他倆說道：「這個東西有點兒難對付，我們必須加倍小心才好。」他倆齊齊點著頭。

我接著說：「明天一早我們就開始分頭準備。其他的物件都好準備，就是要找到兩個人怕有點兒難度。」

陳明道：「什麼人呀？先生？」

我說：「一位屬虎的男人，和一位屬龍的女人。」

陳明一聽，滿臉的為難，坐在那裏直抓頭。這時楊怡看著我說：「先生，你看我行嗎？我就是屬龍的。」

「啊？真的？大龍還是小龍？」

她又答道：「大龍。」這可真是太好了，這個大難題沒想到在楊怡身上解決了。這真的是一個大難題，你想啊，我和陳明本來在深圳的熟人就不多，要找個屬龍的女性就不容易。況且即使找到了，咱怎麼跟人家說呀？到時候人家姑娘問了找她要做什麼事情呢？我說請姑娘明天半夜跟我們到鬼樓去抓惡龍。這想想會是什麼後果？想都不敢想啊！可這在楊怡身上就不是難題了。

這時陳明又開始手舞足蹈了，楊怡看著陳明瞪眼道：「是誰說的女人不能學法修道的？你不是說都是大男人的事情嗎？」

我看陳明滿臉窘相，馬上接過話題替他解圍道：「小楊，你剛經歷了前幾天那件事現在怕不怕？」

楊怡道：「不怕！我現在覺得自己像個大俠一樣，這些事只有在電影裏看到過，以前就以為都是瞎編的呢，沒想到都是真的。更沒想到的是自己也成了其中的一份。」

我說：「是呀，一切的傳說和故事其實都是建立在真實素材的基礎上的，只是經過了一些藝術加工了而已。」

我又接著說：「但是先別光激動，還是要冷靜一些。我再跟你們重申一遍，這次我們面對的惡靈很厲害，它是一條馬上就要修成形的血龍，煞氣極重，凶悍異常。對付它雖說有把握，但必須得到你們的幫助才行。但是，我沒法說一定能確保你們的安全，因為在鬥法的過程中什麼意外都會出現。這不是拍電影，電影拍的不好可以重拍，這是以命搏命，沒有第二次。我現在鄭重的跟你們說了這件事的嚴重性，參加不參加由你們自己決定，我希望你們想清楚了再回答我。」

看到我的表情如此嚴肅，陳明和楊怡也意識到問題的嚴重性。其實，這方面的後果他們是感受過的。陳明在印尼被下降頭時，那才叫生不如死。而楊怡剛剛經歷了黑蛇的攻擊，受到的創傷還沒有完全的恢復，至今仍心有餘悸。

我在等待著他們的決定，不論他們怎樣決定，我都應該把事情的真相如實的告訴他們。每個人的生命是掌握在自己手裏的，只有自己才能決定拿自己的生命去冒險是否值得。

楊怡這時抬起頭來小聲的問道：「先生，那如果失敗了會是什麼後果呢？」

我看著她說道：「通常鬥法失敗是指靈體受傷或者被消滅。不論靈體是受傷還是被消滅，都不會馬上表現在現實的肉體上。如果靈體被消滅，這個人就是一個沒魂的人，那麼過一段時間就會發生意外或者碰巧遇到什麼小災難就死了。如果靈體受傷，那肉體的同樣部位也

會受傷落下殘疾。前幾年發生在上海很有名的「龍柱」事件中，玉佛寺的主持真禪法師就是這樣仙逝的。」

楊怡沉思了一下又問道：「先生，如果這次不除掉這條血龍。是不是以後的某個時間這一帶會發生大的災難，就會死很多人？」

我回答道：「一定是這樣的。當這條血龍吸足了精華成形之後，如果再躲過了天雷的霹靂。它的功力和煞氣就將大增，那時就很難治得住它了。嗜血是它的本性，到時必然會有很多暴力流血事件發生在這一帶，會死很多人的。」

接著我又說道：「據我今夜的觀察，血龍修煉成形應該就在這幾天，我們明晚的行動應該是收服血龍的最後機會。」

聽了這段話，楊怡站了起來，說道：「先生，我相信你，一定會帶領我們消滅惡龍。我決定了，參加這次行動！一切後果我自己承擔。」

陳明也站了起來，說道：「我就更沒的說了，我的命早在印尼時就應該沒了，是先生把我救回來的。我也必須參加行動！一切後果我也自己承擔。」

看著他們堅定的神情，我心裏真的是非常高興。陳明和楊怡可以說是現代商業競爭中的佼佼者，在商業競爭中他們可以使盡手段打敗對手，雖然他們沒用過不光彩的手段害過人，但也為了自己公司的利益最大化而常常絞盡腦汁。本來自古就是無商不奸，只要不害人，為自己的利益去爭取那也無可厚非。說他現實也好、勢利也好，這本來就是為了在現實社會更好的立足而必須的。但是最讓我感動、最難能可貴的是，當他們面對正義的召喚時，能義無反顧的為了別人的命運而甘於置身險境，甚至不惜冒著喪失生命的危險。

真的是天網恢恢呀，也該這血龍遭此一劫。本來要收服這惡龍，

我必須得擺下「五行龍虎陣」，而要啟動五行龍虎陣又必須有龍、虎二氣的人相配才行。楊怡的加入正是布陣的關鍵。

我看了一下錶，已經快凌晨三點了，明天還有很多事兒要辦呢。我對他倆說道：「太好了，你們的決定我清楚了，只要我們小心行事就不會出什麼問題的。現在大家抓緊休息吧，明天還要早起呢。」

這時陳明問道：「先生，你不是說還要找一位屬虎的男人嗎？」

我說：「是的，這個人我已經有數了，明天你就能見到了。」

陳明撓著頭道：「誰呀？我認識不？」

我看他一眼，笑到：「急啥？明天不就知道了，現在的任務是必須馬上睡覺！」

躺在床上，我心裏籌畫著明天的安排，我必須要保證萬無一失才好。陳明和楊怡之所以有如此的勇氣站出來，一方面是救人之心，出於正義的感召，另一方面是因為對我有絕對的信任，他們等於把自己的命交到了我的手中啊。我得對他們負責呀，寧可自己受傷也得保護好他倆。

這時我聽到陳明在旁邊的床上輾轉反側的睡不著覺，一會兒坐起來發會兒呆，一會兒又唉聲嘆氣的躺了下去。我躺在床上假裝睡著了一動都不敢動，更不敢跟他說話，我知道一旦跟他接上話這覺就沒法睡了。

其實我也很理解陳明，對他來講這麼年輕英俊、事業有成的男人，今後的好日子還長著呢，可謂是前途一片光明。而明天卻要以身涉險了，他能睡的安穩嗎？

自從印尼相識以來，我和陳明就建立了很深的友誼，他敬佩我的功力和人品，我則喜歡他的正義感和絕不向惡勢力低頭的倔強性格。

在我們共同對抗印尼的大降頭師而身陷絕境的那一刻，我們就已經從心裏認可了對方。

因為在那命懸一線的時刻，我們從對方眼中看到的不是膽怯和恐懼，而是坦蕩和鼓勵，我們都做好隨時為對方犧牲的準備了。也正是有這個基礎才使我們倆相互扶持著，逃過那次生死一劫。我和陳明的關係可以說是亦師亦友，我雖然比他年長不多，可他卻總是像對待長輩待我，對我確實也有一種依賴的感覺。大的事情做決定時也一定要請教我，這可能是因為我的閱歷極其豐富的關係吧。

第二天一早我就把陳明和楊怡叫了起來，兩個人睡眼朦朧，眼圈發黑，看來楊怡也是一夜未眠。

我安排他倆出去買一些東西，一隻木盆、四面圓鏡子、四掛鞭炮、四個碟子、四隻白碗、兩副撲克牌。

陳明瞪大了眼睛道：「撲克牌也能除魔？」

我笑著說：「對呀，樹葉還能傷人呀，何況撲克牌呀。」

陳明又大聲道：「不會是真的吧？就拿這些東西去和惡龍鬥法？這兒一件硬貨都沒有啊。先生啊，你就是給我一把桃木劍我心裏也有底呀。」

看我沒理他，又叫道：「我昨晚睡不著覺還在想呢，明天我拿什麼兵器呢？我再怎麼也想不出這些碟子、碗和撲克牌就是法器呀。」

我拍了他一巴掌：「叫你去買什麼你就去買什麼唄，哪裏來的那麼些廢話呀。」

陳明嘟囔著：「這可是生死大戰呀，我不是看著這些法器心裏沒底嗎。」

我說：「怎麼著？害怕了？」

陳明急得直搖手：「沒有、沒有，我是什麼人你還不瞭解？哪能害怕呢？」說完拉著楊怡趕緊跑開了。

看著他們上了電梯，我回到房間靜靜的坐了一會兒，把整個兒流程又在腦子裏過了一遍。儘量把每個細節都考慮進去，應該沒問題了，只要這條血龍沒有強大的外援相助，今晚就不會失手。現在唯一的問題就是聯繫虎娃了。

我拿起了賓館的電話，剛剛撥通，就聽見話筒裏一聲大喝：「是誰呀？」

我笑著說：「虎娃呀虎娃，你就不會小點聲說話嗎？」就聽話筒那邊雷鳴般的聲音滾了過來：「啊！大師兄！你怎麼用深圳的電話打來的？你在深圳嗎？」

我說：「是的，昨晚才到。」

「你到了深圳不提前聯繫我？你現在哪裏？我馬上過來！」我把賓館地址告訴了虎娃，沒放電話馬上又囑咐虎娃：「虎娃把你的虎頭杵和虎頭鉢拿來，另外再帶兩個陽氣旺的小夥子過來。」

虎娃激動道：「好哦，又有活兒幹了！等著我，馬上到！」

陳明和楊怡臨走時，我吩咐他倆十一點前一定要回來，我要趕在中午到紅樓去布陣。這時已經十點半鐘了，按理說陳明買東西也就在附近，應該很快就回來呀，怎麼去了這麼長時間呢。我正在想著呢，敲門聲響了起來，馬上開門，一看是陳明倆人回來了。倆人各抱了一大包東西，陳明左臂還夾著一包長條型的包裹。唉？我讓他們買的東西裏沒有長條狀的呀。

我問陳明：「這是什麼東西呀？」

陳明躲躲閃閃的：「沒什麼，我自己用的東西。」可他越是這樣

我的好奇心可也越大了。

楊怡忙著燒水泡茶，陳明好像挺累的坐在了沙發上。我趁著陳明沒注意一把抓起了長包裹，快速的打了開來。一看，原來是兩把新買的桃木劍，我哈哈大笑了起來。陳明滿臉窘態的看著我說：「反正我就覺得拿著桃木劍安全點兒，再說咱們這是去斬妖除魔，扛著桃木劍也像那麼回事呀，那多專業呀！」

我真是哭笑不得：「你以為你是誰呀？是茅山道士嗎？」又接著說：「你以為你要對付的是什麼？是個女鬼還是個小狐仙？」

楊怡在旁邊插嘴道：「說不讓買他偏要去買，害的人家跑斷腿了才買到，耽誤了這麼長時間。」

我笑著大聲說道：「你拿個桃木劍去鬥血龍，就相當於你拿了個火柴桿去打老虎！」楊怡也笑了起來。

就在這時門口一陣沉重的腳步聲響起，人還沒進來就很大的聲音：「是誰說要打老虎呀？」話音落了人才出現在門口。

原來房門沒關一直開著的。虎娃一出現就像一座大山一樣堵在門口，滿臉的連毛鬍子翹著，銅鈴般的大眼睛瞪著，就這樣橫衝直撞的進了房間。陳明被這突然進來的壯漢嚇了一跳，從沙發上一下子就跳了起來，楊怡也張大嘴不知所措的看著他。後面還跟著一位健碩幹練的年輕人。

虎娃大踏步地走進房間，向我奔來，大手一張就把我緊緊地抱住。我本來也是接近一米八的個子，可被他這一抱頓時喘不過氣來。

虎娃大聲地說道：「大師兄，到了這裏也不告訴我一聲！」

我說：「我本打算辦完事情再去見你的。」我從虎娃的手臂中掙脫了出來，對著陳明說：「這位叫虎娃，是我的師弟，你得叫師叔才

對。」

陳明面向虎娃大聲叫道：「虎師叔。」

這時虎娃大笑道：「老弟，我不姓虎，我姓張叫張義峰。」陳明不知所措的看著我。

我說：「什麼張義峰啊，我就知道你叫虎娃。陳明，以後你就叫他虎師叔。」

虎娃大叫道：「我們倆年齡差不多，你讓他叫我叔叔？那可不行，那不是把我叫老了，我不幹！」

我說：「那叫你啥呀？」

「就叫我虎哥不就結了！」陳明一聽高興道：「還是虎哥好聽。」虎娃一把摟住了陳明：「這就對了！」。

我把陳明和楊怡介紹給了虎娃。虎娃一轉身叫道：「雷老弟，過來見見我大師兄。」這時虎娃身後的年輕人快步走了過來，「大師兄好！我叫雷震。」

我仔細打量了一下這個年輕人，目光堅定有神，五官端正勻稱，五官中長得最好的還是他的眉毛，典型的劍眉向上挑起，一看他站立的姿勢就知道一定是受過訓練的。

這時虎娃大聲說道：「雷老弟剛從軍隊轉業，幹過三年炮兵，兩年特種兵，是散打和擒拿格鬥的高手，現在是我的助手。」我也給他介紹了陳明和楊怡。

大家坐了下來，楊怡沏好了茶。虎娃大聲道：「大師兄，你這次來深圳是為啥事情？」我就把經過和虎娃他們講了一遍。

虎娃聽完，激動的大吼道：「在我老虎的地盤上居然有這等事！

我剝了它的皮！」

我看著他笑道：「你還想剝人家皮？就你現在這點兒功力連看都看不見人家，你怎麼去剝皮？我看你現在的功力和上次見你沒什麼長進呀。你這段時間都忙什麼呢，不好好練功。」

虎娃聲音小了很多：「這不是忙嗎，這段過了就好了，我跟你回山專心修煉一段時間。」

這時我發現雷震瞪著大眼睛迷惑不解的看著我們。

我笑著問他：「小夥子，你聽懂我們在說什麼嗎？」他搖搖頭。

我說：「那你相信有鬼神存在嗎？」

他說道：「相信。我從小生長在重慶的山區裏，我們那裏經常有鬧鬼的事發生，但我沒見過鬼。」

我說：「那就好，我們這次要對付的不是鬼，而是即將修成魔的妖，是一條血龍。這次行動有危險，但是我們也需要你的幫助，你有什麼問題沒有？」

雷震馬上起立，向我立正敬了個軍禮：「為民除害是軍人的天職，雷震一切行動聽大師兄指揮。」

我說：「好，好，好，快請坐。」

這時陳明也跳起來站在我面前一個立正：「斬妖除魔是陳明的天職，桃木劍已準備好，陳明一切行動聽先生指揮！」哈哈哈哈，我們都爆笑了起來，原來陳明敬禮的手掌掌心是向後的。

我想起個事兒，問虎娃道：「不是讓你帶倆個人來嗎？怎麼就帶了雷震一位呀？」

虎娃道：「你不是說要兩個陽氣旺的嗎？我想了一下，除了雷震

那就是老王了，他正好是紅樓的保安隊長。四十多歲了還沒結婚，你說那陽氣不是旺的杠杠的！」

這話一出，氣的我直笑：「誰跟你說的歲數大了沒結婚陽氣就旺的杠杠的呀？那照你這麼說到八十歲還沒結婚的不就練成九陽神功了？這是什麼邏輯呀。」虎娃傻笑著：「不是這樣嗎？」

我說：「老王是紅樓的保安隊長那就最好了，我們做這些事情必須得到保安的配合才行。我還正愁著這話怎麼跟保安講呢。這下好了，省事兒了。」

我看著大家道：「既然都準備好了，大家拿上東西，出發！」

我們一行5人向紅樓走去。來到了紅樓附近，馬路對面就是紅樓的大門，我讓大家停住。虎娃沒聽見我說話還在大踏步的往前走，我一把拉住了他：「虎娃，你先等下再走。」

虎娃回過頭來道：「大師兄，等啥？咱這就進去殺它個鳥的！」

我瞪著他道：「你以為這是打群架呀？就這樣冒冒失失的闖進去，萬一打草驚蛇把它驚走了，以後就再也不能找到它了。」

「我們站著的地方就是血龍的結界邊緣了，再往裏走它就能查覺到我們了！」

虎娃悻悻然道：「咋這麼麻煩呀！哎！那大師兄你說咋辦吧？我聽你的。」我說：「現在馬上就要進入紅樓了，必須萬分小心才好，稍有差錯後果將不堪設想。」

我拿出聖山雪蓮膏給每個人的印堂、兩太陽穴處塗上，然後打起了「金剛披甲印」，念著「金剛護甲咒」，在每個人的頭頂、印堂、兩肩及前後心處進行封印，這叫做「金剛披甲結界」。這樣做既能隱藏自身的能量場不被別人感應到，又等於給自己身上披上了一層金剛

鎧甲，是對自身靈體的最好保護。

　　打完封印，我看了一眼陳明，他穿著一身運動休閒裝，肩上扛著那把桃木劍，看著還真有點兒像個斬妖除魔的俠士。我盯著他的桃木劍看了一眼，啥能量都沒有，就是一塊木頭呀。我心裏想：「這小子是不是叫奸商給騙了呀？唉，他願意扛著就扛著吧，對他也是個心理安慰吧。」

　　把每個人都安排好了以後。我靜了下來，和護法神溝通了一下，讓它們守在結界的外面，不要跟我進來，以防血龍查覺到。

　　我看安排的差不多了，就對大家說：「走吧。」我們走進了血龍的結界。剛走了幾步，我忽然覺得身上一陣躁熱，全身氣血向頭上猛的一湧，心裏也一陣煩躁湧了上來。我心裏一驚！難道血龍發現我了？再靜下來感覺一下，發現周圍沒有大的動靜。這時我突然想明白了，原來這麼多年來我一直練著吐納法早已經養成習慣了，我的身體隨時都在與周圍的氣場交換著能量。剛才雖然做了「金剛披甲結界」，可身體的吐納交流並沒有封閉，所以才這麼敏感的。

　　這時雖然外界感知不到我的氣場，可我卻能隨時感應到外界氣息的變化。但是我還是不敢冒這個險，萬一血龍從我身體與外界的氣息交換中發現有人入侵到它的領域，那就前功盡棄，甚至會害了大家。所以我還是馬上把全身的氣息封閉，改成和常人一樣的正常呼吸。

　　這時已經走進社區，虎娃領著大家直奔保安值班室，看這虎娃輕車熟路的樣子好像到了自己家一樣。值班室不大，裏面坐著兩個保安，一個年紀稍大，看樣子有五十來歲了，一個年輕點。看來這個五十來歲的保安就是虎娃說的「陽氣旺的杠杠的」那個老王了。

　　見到老王，大家可能同時想起虎娃的話，都不約而同的笑了起來，尤其是楊怡都差點兒笑彎了腰。而老王和那個年輕保安一見到虎娃，

立刻從椅子上站起來。

老王馬上走向前道：「老大，您怎麼來了？」一副誠惶誠恐的樣子。虎娃大聲的對那個年輕保安說：「你小子，快去巡邏去！不叫你不許回來，快去！」這小保安嚇壞了，一溜烟兒的跑了出去。

虎娃向老王介紹了我們幾個，老王畢恭畢敬的跟我們打著招呼，大家坐了下來。虎娃大聲的跟老王說：「老王，這社區是不是鬧鬼呀？你怎麼不跟我說呢？」

老王趕緊說：「老大，這真是個鬼地方，確實挺邪。前面走了幾批保安，都是嚇走的。我一開始也不信的，我想世界上哪有什麼鬼呀神呀的，都是自己嚇唬自己的。可是老大，上個月我也碰到了一次，嚇死我了。」

大家都看著老王，老王繼續道：「上個月初，那天值夜班的小蔣請了假，當天找不出人來頂替，只好我親自來值夜班。當天晚上三點鐘左右，我到樓裏例行檢查。正常的檢查流程一般是先坐電梯到頂樓，然後從頂樓一層一層的往下走。

那天電梯裏只有我一個人，我按了頂樓，電梯往上走著，可到了二十一樓電梯居然停了下來。老大您應該知道的，這棟寫字樓的二十一樓是空著的，沒人在那裏辦公啊。電梯一停我就覺得很奇怪，到底是誰到這層來了呢？這層樓都沒裝修還是空坯房啊。

這時候電梯開了，電梯外漆黑一片，哪有人呀，我按住了電梯向外張望，沒人呀，這是誰在這兒惡作劇。我退回到電梯裏等著電梯關門，就在電梯即將關門的時候，忽然哐噹一聲電梯間裏一黑，停電了！就在停電的前一秒鐘，我眼睛的餘光看到一個白色的影子進了電梯，好像是飄進來的。我恍惚看到是穿著一身白色的連衣裙，可往上一看，我的媽呀，嚇得我腿一軟就癱地上了。」

這時，老王滿臉的驚恐，好像又回到了那晚的現場。雖然屋裏開著空調可老王的臉上已經一層汗珠了，楊怡緊張的瞪大眼睛盯著老王，陳明也在沙發上坐直了身子，而雷震一直保持著軍人的坐姿，臉上波瀾不驚。我心想：「這小夥子將來應該是個可造之材呀，我得特別留意一下他。」

老王拿起了桌子上的茶杯，咕咚一大口全喝了進去，又拿起了毛巾擦著汗。楊怡趕緊給老王添上了茶，大家都在看著老王，等著他講下去，老王還在驚魂未定的喘著氣。

虎娃在一旁可不耐煩了，大聲道：「老王！你倒是快點兒說呀，你到底看到什麼了？看你那鳥樣兒，還當保安隊長，明天我就撤了你！」

老王顫巍巍的說：「老大，我都不敢想啊。我多少天都不敢睡覺啊，一閉眼睛就出來了！」

虎娃大吼道：「快說！到底是什麼！」

老王：「是個……是個……血紅血紅的頭啊，尖尖的，兩個眼睛像黑洞一樣！你想啊老大，這大半夜的又停電了漆黑一片的，就我一個人在空土坯的樓層裏，突然一張血臉出現在我面前。老大呀，這擱誰他都不能不癱呀。這還沒完呢，就在我倒地的瞬間我的脖子就被緊緊的掐住了，周圍漆黑一片我什麼都看不到啊，手腳拼命的踢打可什麼我都打不到啊。我就快喘不上氣來了，馬上要昏迷了。老大呀，我知道我這要是真昏過去了，那可就再也見不到你了。」

虎娃一聽這話，氣的大罵：「淨他娘說屁話！那時候你能想起我？能想起你老媽你就算個孝子了！少廢話！快講！」

老王接著講：「就在我快不行時，突然來電了！電梯裏的燈亮了起來，電梯的門又慢慢的關上了。」

陳明趕緊問：「那個血臉的女人呢？」老王說：「什麼都沒有了，就我一個人躺在電梯裏呀。」

老王這時又說了：「事後我終於想明白了，我為什麼沒被鬼掐死呀。」

陳明嘴快，搶著問到：「你想明白了？那到底為什麼呀？」老王說了一句話，逗得大家是哄堂大笑！

老王說：「就因為我還是處子之身陽氣旺呀！這才把鬼嚇跑了！」

這把大家笑的呀，尤其陳明和楊怡笑得肚子都痛了，差點在地上打滾了。剛才驚險緊張的氣氛是一掃而光，就連正襟危坐的雷震也笑的前仰後合的。

大家笑過了，虎娃大聲道：「大師兄，怎麼樣？我找的人沒錯吧？陽氣絕對旺！」虎娃這話一出又把大夥引笑了。

鬼故事也聽了，笑也笑了，我看時間也差不多，該言歸正傳辦正事。

這時老王向著虎娃問道：「老大，你怎麼知道這裏鬧鬼呢？誰跟你說的呀？」

虎娃沒好氣的吼道：「你不跟我說我就不知道了？我聞都聞得出來。你以後有事再瞞著我，看我怎麼收拾你！」

看來我這虎娃師弟因為在他的眼皮子底下有這種妖孽害人，他居然不知道這事很是介意，覺得太丟面子了，所以才怒罵老王。

老王是滿臉的委屈：「我能活下來就不錯了，要擱別人早沒命了。」

虎娃沒好氣的說：「行了，別囉嗦了！今天我們來就是來抓鬼

的！」

老王一聽這話騰的站了起來！有點兒哆嗦著說：「老大……您……您說什麼？」

「我說我是來抓鬼的！」虎娃吼道。

老王：「老大，您還會抓鬼？我這對您簡直佩服的……」

話還沒說完就被虎娃打斷了：「別跟我扯那些沒用的！這裏我大師兄是總指揮，一切行動聽他的，他讓做啥你就做啥。聽到沒？！」

老王趕緊把頭轉向了我：「大師兄，您儘管吩咐。」

我這時靜了一下，仔細看看老王。此人氣場顏色雜而不純、亮度更是明暗不定，顯見此人心思較重，心不純淨雜念很多，而且做事猶豫不決，膽小遲疑。

其實老王參加今天這活動不太適合，但是虎娃還就是看中了老王身上的「純陽之氣」，這個時候換人也太不合適。唉，也只能這樣了，有總比沒有強，先就將著用吧，到時候讓虎娃照應他就行了。

誰知我這時的一個心軟猶豫，竟差點兒釀成了大禍。

我看著老王說：「老王，今天我們確實是來抓這個鬼的。把這個鬼抓住了你這裏不就清靜了嗎？但是要抓這個鬼，我們得需要你的幫忙。你看有問題沒有？」

老王很緊張的說到：「可是我不會抓鬼呀。」

我道：「你放心，不用你抓鬼的，你配合我們一下就行。」

這時虎娃在旁邊叫道：「哪那麼多廢話？讓你幹啥你就幹啥！」又回過頭來對我說道：「大師兄，你有什麼事情讓他做，隨時吩咐就行。他也是我從老家帶過來的，都是自己兄弟。」

我說：「那好吧，老王，請你帶我們到二十一樓看看，然後再到樓頂去一下吧。」老王連聲答應並向外走去。

我們一行六人坐上電梯，停在二十一樓。大家走出電梯，只有老王沒出電梯，向虎娃說道：「老大，我幫大家按著電梯吧。」

我看老王這架勢，如果那血鬼再出現，他非得把我們丟下自己坐電梯跑了不可。虎娃沒理他，大踏步的走了出來。我看了一下周圍，整個二十一層都沒有裝修，給人一種空蕩蕩的荒涼感。

這時正值正午，陽光透過落地玻璃照射進來，並不顯得多少的陰森恐怖。我在想著，攻擊老王的血頭女鬼到底是什麼呢？這時身處龍穴我必須萬分小心，我不敢用吐納法與周圍氣場交換能量。看來我只能運用大悲眼了。

想到這裏，我雙手打起了「大悲千光眼印」，印在了印堂的天眼處。嘴唇微動，用金剛念法誦起了「大悲千光眼咒」，漸漸的一道白色的毫光從我印堂處呈扇形射了出去，把二十一樓整個看了一遍。毫光所照之處就見陰魂厲鬼團團相聚、毒蛇惡蟲遍布空間，但是卻未見血龍在此地。我看到這種景象，知道此處不可久留，必須得馬上離開。

我收了咒、印向大家說道：「我們馬上離開這裏吧。」

虎娃一邊走進電梯一邊念叨：「這不是挺正常的嗎？哪裏有鬼了？」又看著老王：「看你那熊樣，還當保安隊長！你別再給我丟人了！」

大家都進了電梯，雷震最後一個閃了進來，原來他在給大家斷後呢。我其實一直都在留意著雷震的一舉一動。

我們一行來到了屋頂，這時正值正午，頭頂烈日高照。這時陽光如此之烈，血龍畢竟屬陰是不能在這裏的，但是為安全起見我還是用

「大悲千光眼」看了一遍。確定了樓頂一個陰物都沒有。

在頂樓處沒有大的樓頂平臺，中間就是樓頂的四面尖狀錐體，而圍著錐體的是四塊小形的平臺，分布在東西南北四面。我四面都走了一圈查看一下，最後把布陣的位置定在西面的小平臺上。時間已經到了中午，必須得趕快布陣。

我在平臺地上中央處畫了一個圓圈，把木盆放在中央，然後分別在圓圈的東、西、西南和東南四個方向，各放一個碟子和一個碗，把碗扣在碟子上。

接著讓陳明、楊怡、雷震和老王把自己的頭髮各自剪下一縷，雷震的放在西方金的位置上，陳明的放在東方木的位置上，楊怡的放在東南火的位置上，老王的放在西南土的位置上。再讓他們四人各自拿著一面鏡子，把鏡面向上放在碗的外面。我在四面鏡子上各自寫下了金、木、火、土四方咒語的種子字。

然後跟大家說：「等下這裏處理好，陳明和楊怡負責辦一件事。」陳明道：「什麼事兒？先生。」

我說：「買幾身衣服。給虎娃買身全黑色的，雷震白色的，陳明藏青色的，楊怡火紅色的，老王黃色的。」楊怡和陳明點頭道：「好的。」我又詳細的跟大家講了今晚決戰中各自的作用及注意事項。

反覆確定大家確實明白，我才放下心來，然後跟老王說：「老王把頂樓樓梯口鎖上，千萬不要讓人上來。」老王答應著：「大師兄，您放心吧，鑰匙我親自帶著。」說完我向樓梯口走去。

這時陳明衝著我喊道：「先生，還有撲克牌呢？怎麼用啊？」我說：「晚上才用。」我看了他一眼又說道：「你這把桃木劍就放這裏吧，讓它多吸收點兒陽氣。」他一聽，高興道：「好哦！」

我們一起上了電梯，回到了保安值班室。

我對雷震說道：「雷震，你跟我出去一趟。」

我是要帶著雷震去尋找血龍的棲身地，找不到血龍的藏身處我終究是不放心的。為什麼帶著雷震呢？因為帶著虎娃霸氣外露，容易暴露目標，帶陳明的話又怕他遇到緊急情況應變能力不強，而雷震是經過軍隊嚴格訓練出來的，頭腦冷靜、身手敏捷，同時我也想多瞭解一下他。

我帶著雷震從寫字樓到住宅樓轉了一大圈，感受著血龍的氣息。

我和雷震一邊走一邊聊著，知道雷震在部隊的表現非常優秀，曾幾次在軍區大比武中獲獎，也是軍區散打擂臺賽的亞軍，並且還在兩次搶險救災行動中立過二等功。他父母早亡，是姑姑把他養大的，姑姑前幾年搬來深圳，身體不好，又無兒女。所以雷震謝絕了部隊的挽留，來到深圳照顧姑姑。我心裏想：「不錯，這小夥子還是個孝子。」

雷震到了深圳之後就開始找工作，先後換了幾樣工作都不理想。當時剛好虎娃的保安公司擴編人手，正在大量招人，雷震是虎娃親自挑選的，很受虎娃器重，虎娃從此就一直把雷震帶在了身邊。

我們不知不覺的走了半個社區了。我雖然跟雷震聊著天，可卻沒放過社區裏的每個細節，凡是有可能靈體藏身的地方我都要祭起大悲千光眼印觀察一番。而雷震在一旁看著我時不時的把手指放在額頭處，忍不住問到：「大師兄，您這樣子用的是不是就是傳說中的手印？」我說：「是的，這就是手印，我打的這個印叫做『大悲千光眼印』，是用來激發『大悲千光眼』的能量的。」

雷震這時仔細的看著我的額頭道：「那大師兄，請恕我冒昧，我其實一直很好奇，您額頭正中怎麼凸起了一塊呀？太像一隻立著的眼睛了。您這是先天就有的還是後天修煉出來的呢？」

我看著雷震笑道：「這是後天修煉來的，這就叫『大悲千光眼』。是大悲法門修煉有成的標誌。不僅在額頭，在我的兩個手心中還各有一隻『千光眼』呢。但是手心中的千光眼只有有修行的人才看得見。」

雷震這時抓著我的兩隻手仔細的看著，當然了，他憑肉眼是看不出來的。雷震又看著我的額頭說：「大師兄，您知道您這樣子像誰嗎？」我看著他，他繼續說：「像極了電影裏的二郎神！只是比二郎神胖了點兒。」我們相視笑了起來。

這時，他又問道：「那大師兄，我再請問，如果我也像您這樣修行，修成了以後額頭上也會長出像您這樣的眼睛嗎？」

我笑著道：「如果你專修大悲法門，修成時就應該會長出這樣的眼睛。如果修別的法門就不會生出這千光眼。但是有一點是不變的道理，就是你不管修什麼法門，修成之時你的面相都必然發生改變。因為相隨心變。中國古代不是有一個詞叫『奇人異相』嘛，說的就是這個道理。」

我很喜歡雷震，而且打算以後也要好好培養他，所以從現在開始就得有意的來引導他，讓他明白其中的道理，這樣有利於他以後能順利的走上修行之路。

不知不覺中我們已經繞著社區上面走了一圈，可我還是沒什麼發現。這時雷震道：「大師兄，地下車庫咱們還沒去呢。不然到下面轉一圈？」他這一提醒，我一想對呀，地下車庫那是最容易藏污納垢的地方呀。

我們馬上向地下走去，進了車庫，我站在一個臺階上祭起千光眼，剛一看，就見一片血霧彌漫在眼前，血霧深處隱隱透著紅光！我趕緊收起了千光眼，拉上雷震，迅速的出了車庫。雷震什麼都沒問，高度警覺的跟在我身後。

這下我心裏有了底數，知己知彼，百戰不殆呀。

回到值班室，陳明他們在一起說笑著呢，而老王一臉的尷尬坐在那裏。在他身上又不知道發生什麼可笑的事兒了。

我跟大夥兒說：「現在大家馬上回去休息，晚上十點在這裏集合。」

陳明和楊怡結伴去買衣服，我和虎娃還有雷震回到賓館房間。

我跟雷震說：「小雷呀，你去隔壁的房間睡一覺吧。今天晚上將是一場惡戰，很可能一夜睡不了覺了，你趕快去休息吧！」虎娃也說：「快去吧。」雷震應諾了一聲，轉身走了出去。

這時房間裏只有我和虎娃了，我問他道：「虎娃，你前世的記憶還是回憶不起來嗎？」

虎娃低沉的道：「唉，俗事纏身，心也靜不下來呀。有時在睡覺前半睡半醒的時候，曾有幾次彷彿又置身於那場大戰之中，能清楚的看到當時的景象，醒來後就又沒了。」

我靜靜的看了虎娃一會，跟他說：「虎娃呀，從你身上的氣場看，你這段時間功德長進很小啊，我教你的功法你是不是沒怎麼練啊？」

虎娃低著頭道：「大師兄，我不是不想練，是心靜不下來呀，往那裏一坐或者一站，不到五分鐘就開始鬧心，然後就越來越心煩意躁的，你說怎麼辦吧？」

我看著虎娃擔憂的說：「前段時間本派的四大護法童子都來了，通報了一件事，說青藏高原四大龍脈下面的能量場已經有開始活動的跡象了。四大護法神都在密切關注著龍脈的動向呢。照這樣看來留給我們的時間沒幾年了，可現在大師姐和小師妹還都沒有找到，而你又遲遲恢復不了前世的記憶和功力。唉，真是急死人了！」

虎娃問道：「大師兄，尋找大師姐和小師妹的事交給四大護法神不就行了？你不就是大護法『一吉羅剎童子』找到的嗎？再派他把大師姐和小師妹找到不就行了？」

我看著虎娃道：「虎師弟，你有所不知呀，當年聖山一戰，我們師兄妹五人都被封了頂門，所以輪迴千年而未醒悟。還是二師弟在眾山神的合力幫助下找到了他的法器『靈通寶杖』，才首先打開封閉的頂門，恢復前世的記憶和功能。後來經由護法神的線索找到我。

現在雖然把你也找到了，可你的頂門遲遲未能打開。頂門不開如何能恢復前世的記憶和功能呢？恢復不了前世的記憶和功能你就是凡人一個，到時你怎麼參加之後的重奪聖山之戰呢？我們五人的力量如果不能合一，那不又得以失敗的結果告終嗎。」

虎娃一直低著頭，慢慢說：「我也知道自己責任重大，我也想儘快能打開頂門恢復功力呀。可我就是靜不下來修煉呀。」說著虎娃激動了起來：「你說怎麼辦吧？大師兄。我都聽你的！」

我想了一下，說道：「虎師弟，這事我們先放一放吧。現在我們應該專心對付這個血龍，完成這件事以後，我們再一起想辦法吧。」

虎娃點著頭道：「行，都聽大師兄的。」

我對虎娃說：「虎師弟呀，今天晚上我們要對付的這條血龍非比尋常，一定要加倍小心啊。我已經想好了收服它的方案。可這個方案能否成功的關鍵在於你呀。」

虎娃吃驚的看著我說：「大師兄，關鍵在我？我能行嗎？我現在前世的功力都沒有恢復，就連天眼都沒開，我也看不見這血龍啊？我怎麼對付他呀？」

我說：「虎師弟，你天眼沒開也沒關係，我主要利用的是你身上

的『虎氣』。今晚我在紅樓頂上布的陣叫『五行龍虎陣』，這個陣的主要作用是『困龍興虎』，也就是利用五行生克的原理，困住龍氣興起虎氣，同時形成龍爭虎鬥之勢。血龍屬火，水能克火，所以讓你守在水位，這個方位正是克制血龍的方位，再藉你的天生虎氣就能降服血龍了。」

虎娃聽的似懂非懂，自己坐在那裏點點頭又馬上搖搖頭，看著我道：「大師兄，你給我說的這些我也不懂啊。你不用講這些道理給我聽，你就告訴我怎麼做就行。我現在最怕的就是看不見那血龍，我要是現在能看到它，那還用布什麼陣呀，我上去就滅了它，管它什麼血龍、黑龍的。」

我說：「那剛才我在紅樓頂上跟你說的話你都記住了吧？」虎娃大聲道：「這個就請大師兄放心吧，全記住了。」

我這時又想起了一件事，馬上閉目觀察，過一會兒睜開眼睛問虎娃道：「虎師弟，今天你的護法為什麼沒在你身邊呢？」

虎娃愣愣的看著我說：「大師兄，我哪裏知道啊？你知道的呀，我天眼都沒開看都看不見護法，我怎麼知道他們在沒在呀？」我一想也是呀，現在虎娃與他的護法還不能相互溝通呢。但是他的護法這時候為什麼不在呢？今晚的降龍行動虎娃必須有它的幫助才行啊，我還有事要向它交代呢。我這時靜了下來靜靜的感應著虎娃身上的氣息，試著與他的護法神溝通。

忽而心裏一動，看到一幅場景，就見幾個凶神惡煞般的人，手中拿著傢伙，衝進一座寫字樓裏，而這座寫字樓好像就是虎娃的保安公司辦公的寫字樓。虎娃的護法神「聖山雪鷹」就蹲在對面的樓頂，目露殺氣的盯著那幾個人的身後。再仔細一看，原來就在那幾人的身後跟著一群豺狼的靈體。

我看到這裏，心裏已經知道怎麼回事，馬上對虎娃說道：「虎娃，你現在得趕快回公司一趟，有幾個人正在你那裏鬧事。所以你的護法神沒在這裏。」虎娃一聽這話，騰地就跳了起來。大叫道：「這是誰他娘吃了豹子膽，敢到我的地盤上鬧事！不想活了！」

　　我們馬上到隔壁的房間把雷震叫了起來。看著虎娃和雷震大步流星的走出了房間，我在後面喊道：「別忘了，晚上十點在紅樓會合！」虎娃頭也沒回的喊道：「知道了！」

　　虎娃走了以後，我一個人靜靜的坐在沙發上，聽著自己的呼吸聲，漸漸地進入了深深的睡眠中。

　　大戰前，我必須使自己的精力恢復到最佳狀態。因為，今晚的惡戰其實最關鍵的環節就是我那致命一擊。如果這一擊不中或這一擊不能把血龍打成重傷，那麼在紅樓頂上布陣的五人就非常危險了。血龍受傷後的反撲之力將非常巨大，單憑這個五行龍虎陣是沒法對付這血龍的。

　　我的計畫就是先由我給血龍致命的一擊，把它打成重傷，最好失去反抗能力，這樣虎娃他們的壓力和危險性就小得多了。再啟動五行龍虎陣困住血龍，並且把血龍逼入虎娃所在的水位，最後由虎娃以自身的虎氣治服血龍。所以，我必須要讓自己休息好，以最充沛的精力來應戰血龍。

　　不知像這樣深深地睡了多久，忽覺全身血脈一陣陣震動，酥酥的就像過電一樣，在全身周流了幾遍。這是一個靜到深處時，氣血自動周流運轉全身經脈及能量灌注的過程。這個階段一到，全身的血液好像全部換了一遍，馬上就覺得自己精力充沛、能量充足，就像充飽電的電池一樣。

　　我正要起來時，也聽到了門外的腳步聲，一聽就知道是陳明和楊

怡回來了。這陳明一回來可就熱鬧了起來，剛進房間，還沒等坐下，一大堆的問題就拋出來了：「哎？虎師叔哪裏去了？」「雷震這傢伙跑哪裏去了？」……

我問道：「衣服都買到了？」楊怡說：「都買到了。」

陳明叫道：「其他人的還好辦，就是這虎師叔的不好買，碼太大了。跑了幾個商場才買到一件。」馬上又問道：「先生，為什麼每個人穿的衣服顏色都不一樣呢？」

我想這個問題應該給陳明講清楚才好，就跟他說道：「我們擺的這個陣法叫五行龍虎陣，是由金、木、水、火、土加龍虎二氣組成的。其陣勢的運行原理其實就是充分的運用『陰陽』與『生克』之道。陰陽與生克之道，是中國古代的先哲們在探索宇宙和大自然的過程中所發現和總結出來的最基本的運行規律。

而且這些先哲們又以此陰陽與生克之道為基礎，延伸並總結出一整套完整的、實用性很強的客觀規律性的東西，來進一步的指導我們生活中的方方面面。這套客觀規律性的東西就是我們中華民族的老祖宗留給我們後人的最寶貴的精神財富。

它博大精深、包羅萬象、充滿著智慧與辨證。掌握它不僅能從根本上瞭解宇宙中萬事萬物的本質，而且還可以通過靈活的運用從而準確的掌握事物的發展軌跡和結果。尤其對我們修行人來講，更必須熟練地掌握這套陰陽與五行生克之道的基本規律。

從我們踏入修行之門開始，一直到最後融入法界之前的那一刻止，這個陰陽、生克之道的基本規律都對我們的修行有著極其重要的指導意義。而這套東西是凌駕於各個宗教與學派之上的，不屬任何教派所私有。它是中華民族共同的祖先所創，它屬中華民族子孫所共同繼承的精神財富。

那麼今天我所擺的這個五行龍虎陣就是實際運用陰陽、生克之道的例子。血龍顏色為紅，血龍的性質是煞氣、嗜血、躁動，這些都是火的特徵。而自然界中火的剋星是水，水居北方以黑為代表，所以我把虎娃安排在北方水的位置上，並且穿上黑色衣服來與水氣相應。

陣中其他人的衣服的顏色與所處的方位都是這個道理來的。

五行是生克之道，龍虎是陰陽之道，治血龍需用虎娃的虎氣來克制，但虎娃的虎氣過重，須配以楊怡的龍氣調和，這樣才能達到陣內陰陽平衡的作用。否則無楊怡的龍氣調和，只以虎娃的虎氣入陣，則陣內陽剛之氣太盛。陣性過剛，剛則易折！」

一下子說了這麼一大堆的話，我是恨不得把這些知識儘快的統統的灌輸給陳明。經由對這個「五行陰陽陣」的詳細講解，讓陳明瞭解陰陽及五行生克的重要性，並且指點他下一步的學習方向。所以修行不易的呀，也不能就知道埋頭練功，還得具備基本的理論知識才行。

我說的差不多，看一眼傻了一半的陳明問道：「陳明，我剛才給你講的你聽明白沒？」

陳明不自信的道：「聽明白了，就是虎師叔抓血龍，楊怡配合。每人穿不同顏色的衣服配合方位站好。」

我說：「行啊，能理解到這種程度就已經不錯了。」

真不知道陳明在修行方面的悟性如何，有些東西也急不得，必須得慢慢來才行。

我這時對楊怡說道：「小楊，今晚的行動需要你運用自身的龍氣與虎娃身上的虎氣結合才能啟動五行龍虎陣。為了維持陣內陰陽兩氣的平衡，需龍虎二氣相當才行。而現在的問題是，虎娃身上的虎氣太強，我怕你身上的龍氣弱被虎娃壓制。這樣對於你，對於整個陣都不

好。」

楊怡看著我問道：「先生，那怎麼辦呢？」

我說：「這樣吧，我現在教你一個咒語，能在短期內迅速提升你體內的龍氣。現在離晚上還有幾個小時，你抓緊修一下，只能臨時抱佛腳了。」說完我向楊怡傳授了這個咒語。這個楊怡真是很聰明，教了幾遍就記住了。

這時陳明也湊了過來，笑著說道：「先生，您看有沒有什麼咒語能提高我身上的雞氣呀？」

我看著他笑道：「雞氣？什麼雞氣？」陳明道：「我是屬雞的，楊怡身上的龍氣這次派上大用場了。那我這隻雄赳赳的大公雞什麼時候能用上啊？」

我笑道：「大公雞的用場就太多了，等以後遇到蜈蚣精、毒蠍子精、蚯蚓精的時候我派你去收服。對了，你還有把桃木劍呢，也背上吧。」楊怡在旁也大笑著說：「就叫公雞大俠，揮劍斬蚯蚓。」大家都笑了起來。

楊怡到隔壁房間練習咒語去了。我對陳明說：「先睡一覺吧，晚上就沒得睡了。」陳明躺在了床上，望著天花板，睜著大眼睛發著呆。

過了半天，轉過頭看我也沒睡，就問道：「先生，我當時在印尼身中降頭邪術時全身如巨蟻鑽心般痛不欲生。那今天這血龍是不是比那印尼的降頭更厲害？因為我看你在印尼時都沒這麼緊張過。」

我也看著天花板回應道：「其實我是擔心你們呀。這條血龍暴虐異常，我怕你們應付不來，萬一出個意外就不好了。今天也不知道是怎麼了？心裏總覺得不安。」

我和陳明就這樣躺在床上聊著天。我已經睡了一覺精神好的很，

而陳明卻因為一直處於興奮、亢奮的狀態也睡不著覺。

這時陳明又想起虎娃和雷震，問道：「先生，我剛才問你虎師叔和雷震去哪裏了？你也沒告訴我呀，他們到底幹嘛去了？」

我笑道：「就是呀，剛才忘了回答你了。」接著我就把虎娃的事情講給陳明聽。

陳明一聽，虎娃還有護法神，立馬來了精神，一骨碌坐了起來，眼睛也開始放光了，馬上問道：「虎師叔的護法神叫『聖山雪鷹』，為什麼叫這個名字呀？它是怎麼成了虎師叔的護法的？」

我看了一眼陳明，心想，他雖然好奇心較重，可修行的心是很誠的。關於修行方面的疑問我應該給他認真的回答，對他說道：「當年本派師祖於聖山得道之後，在聖山腳下傳法布道。在眾多的人、神、動物、植物等聽道者中，有一虎一鷹結伴修行，虎乃聖山腳下之虎，鷹是聖山雪線之上出沒的雪鷹。一虎一鷹由於生於聖山，日日受聖山靈氣的熏陶與灌注，所以極具靈性。當時又正值師祖聖山布道、廣傳教法，這一虎一鷹就雙雙皈依了聖山祖師門下。而這一虎一鷹交情極深，非常對脾氣，入門之時也同時面向聖山發下重誓：『願生生世世結伴修行，直至最後融入法界。』

之後虎鷹一直結伴修行，而這隻虎由於修行勇猛精進，被師祖收為入室弟子，成為『聖山五子』之一，而這隻雪鷹就一直伴隨其側，成了虎的護法，世世相隨。這隻虎就是你現在的虎師叔，而他的護法神就是那隻聖山上的雪鷹。當時，你虎師叔入門時是最小的，我們都叫他虎娃，結果到現在也改不了口了，一直叫他虎娃。這就是虎娃和聖山雪鷹的故事。」

陳明還好像沉醉在這古老的傳說中沒回過神來，過了一會兒才長出一口氣道：「這就是神話故事呀，卻又著落在現實的人的身上。真

是太不敢相信了。這世界也太奇妙了！要不是我親身經歷了印尼那件事的話，我說什麼都不會相信的。」說完又把臉湊到我的眼前，小聲問道：「先生，麻煩您幫我看下，我的護法神在沒在？他是什麼？」

我照著他的頭打了一下，笑著說：「你以為誰都有護法呀，你是不是以為每個人都有個神話故事呀？」陳明略顯尷尬的說：「這個……這個……哈哈，誰不想有個護法神在身邊呢。我這也是正當要求吧。」我笑著說：「你想現在就有護法神跟著你呀，那你也得有這個前緣才行啊。」

看來這個陳明很在乎有沒有護法神這個事兒呀，我有必要把這個問題給他講清楚才好。

我也從床上坐了起來，看著陳明說道：「先天帶有護法神的人不外乎三種情況：

一是在現世有護法神保佑的，一般都是前世專修某一法門，並發誓世世修此法門的，這樣的人輪迴以後，這個門派的護法神會跟著他，不管他輪迴到哪裏，護法神都會創造機緣讓他修此法門再續前緣。

二來還有一種就是特殊的機緣下，某種靈性的動物在遭受劫難時，你正好遇到並施以援手救了它。當這個劫難過後，這個靈性動物會發誓報恩，做你或你家人及子孫的護法。

三者再有一種情況，是你祖上有修佛或修道之人，供了保家仙，一代一代的供下來，傳到你這裏。那這三種情況陳明你符合那一點呢？」

陳明摸著頭道：「我還真不知道我們祖上有沒有救過或供過神仙家呀。我也不知道我前世是不是修行過呀。」

我對他說：「陳明，我早就查過你的前世，你前世不是修行方面

的人。但你是個清官，雖然官不大，卻能做到清正廉明、正直公平，而且勇於為民請命，積了不小的陰德，所以你能有今世的福報。這也是你中了降頭邪術後，能遇到我並救了你的真實原因所在。又由於這個機緣讓你有了修行的想法，從你入門聖山派那一天起，你就算是踏上修行之路了。

至於護法的事情，陳明你就不用操心了，一入我們聖山派的門，本派的護法就對你有了守護之責，也會關注於你。所以這就是為什麼說你加入聖山派前，必須要先得到本派護法童子的同意才行。如果護法童子不同意收你，那麼我想收你做散修弟子都不行，收了也沒用，因為護法神不會護佑你的。沒有護法神的護佑，你在修行路上是很難走下去的。

所以你進入本派之後，首先要傳授一些靜心、正身及打通身體氣脈的基本築基功法。也就是我在前面教你的那幾樣功法，那是入門的功法。當你練到心靜、身正、氣脈暢通以後，就會教你下一步的功法，那就是吐納法與通靈法。

吐納法操作起來雖然簡單可道理卻很深奧，通過吐納法我們不僅能達到吸取天地精華的目的，還能在一吸一呼間與大自然不斷的交換能量的過程中，與大自然相互感應、相互融合，進而達到天人合一的境界。

而通靈法，就是我們自身與宇宙中的高級神靈相互溝通以尋求幫助的過程。我會有針對性的教你召喚神靈的咒語與手印，你如法修行一段時間自然會感召到與你有緣的高級神靈來到你的身邊，保護你並帶你一起修行提升。召喚而來的這些神靈都是與你有緣的，有可能是某位菩薩或菩薩的護法神將，也可能是道家的某位真人大德，也可能是山神狐仙之類的。

這也是我們聖山派與其他門派不同的地方。我們聖山派是非常注重護法神在我們修行過程中的作用。甚至我們會認為沒有護法神的守護與監督，修行是很難繼續進行下去的。

陳明，關於護法神的問題你聽明白了沒有？」

陳明這時顯得異常興奮，說：「這回我聽明白了，也就是說只要入了我們這法門就一定會有護法。這個護法分兩個層次，一個是我們門派的護法神，一個是自己感召來的護法神。先生，我理解的對不對？」

我說：「是這樣的。這次我看到你的吐納術練習的還算可以，以後我該教你召喚護法神的咒印了。」

陳明著急的問：「先生，那具體什麼時候教我召喚神靈的咒印呢？不然就現在吧，好嗎？」

我看著他笑到：「看你這猴脾氣，急成這樣子。就不能等血龍這事兒完了以後啊。」

陳明也意識到自己太心急了，道：「我這不是平時太寂寞了，想早點兒有個伴兒嘛。」

這時就聽走廊裏傳來了沉重的腳步聲，咚咚咚咚，然後就是砰砰砰的敲門聲響起。我和陳明對視一笑，都知道這一定是虎娃回來了。陳明馬上跑去打開了房門。

虎娃鐵塔一般走了進來，大聲道：「幾個小混混敢在我的地盤上撒野，真是活得不耐煩了！」

我問道：「都處理完了？」

雷震接過來答道：「大師兄，放心吧，都處理完了。小事兒。」

陳明與雷震一見面就相互很有好感，坐在一起聊了起來。我和虎娃坐在床上，我問虎娃：「虎師弟，你的虎頭鉢和虎頭杵帶出來了沒有？」

「帶來了，大師兄交待的哪敢忘啊」虎娃道。

我說：「拿出來我看下。」虎娃把雷震身後背著的大包提了過來，拿出兩樣法器。

先拿出來的是那把虎頭杵，三棱形杵頭，杵尾處鑄造著一隻虎頭，虎目圓睜、栩栩如生。杵長大約二十厘米，呈青銅色，杵身上刻著幾行咒語。一見這幾行咒語，我立即感覺到一股霸氣迎面衝撞而來，把我向後一頂！我馬上封閉了全身毛孔，把這股雄霸之氣擋在了體外。

這時虎娃並不知情，隨手把虎頭杵放在床上，又去翻著大包，找虎頭鉢。不一會兒捧出了一件物樣，大小類似家裏盛湯的大碗，也是全身青銅色，擦的鋥亮，一看就是件價值不菲的古代法器。這個鉢有個與眾不同之處，一般的鉢就是一個空碗般，而這個鉢上有蓋子。蓋子上面把手處也是鑄著一隻銅虎頭，把蓋子翻過來可以看到蓋子的背面是平的，也是擦的鋥亮，其實就是一面青銅鏡，青銅鏡的鏡面上刻著一圈圈的咒語。

我這時是右手拿著鏡子在看，一順手用左手把鉢拿了起來，仔細的看著。鉢的內壁裏畫著有太陽、月亮、山、河、一隻龍和一隻虎，鉢底刻著一行六個字的咒語，見到這個咒語我的心裏一陣激動，不禁想起了當年師祖傳這個咒語時的情景。我這時左手拿著鉢正仔細的往裏看呢，就覺得一股力量從鏡子上爆發出來！

同時，鉢裏一股吸力霍然湧出，我嚇的一楞，就感覺我自己要一頭扎進鉢裏一樣。就像我站在懸崖邊上，後面一股大力一推，而前面的懸崖裏又有一股大力向下吸一樣，一下子要跌下懸崖的感覺。這時

我發現，我的左右手無意中相對著，也就是說右手鉢蓋的底部鏡面正好對著鉢身。我試著把鉢蓋移開，這兩股大力隨之消失了。

原來這個鉢蓋是照妖鏡而鉢身是收妖鉢呀，收妖時將鉢蓋與鉢身相對，法器就會發出力量把妖邪之靈體吸入鉢內，再把鉢蓋蓋住，達到了收妖的目的。

我不斷的把玩著這個虎頭鉢，心裏讚嘆著這法器的精妙絕倫。又把虎頭杵拿了過來，認真的研究著上面的咒語，感受著咒語發出的那股奇妙的力量。我自己坐在那裏一邊欣賞著法器，一邊回憶著當年聖山學法時，師祖的風采和那些修行軼事。又想起了為了奪回這兩件法器，我和二師弟及虎娃深入藏區翻「雀兒山」涉險降服黑蜈蚣的往事……

正在我回憶往事、浮想聯翩之時，就聽陳明叫道：「先生，先生！您怎麼了？您手裏拿的什麼呀？」我一抬頭看到陳明就站到我身側，關切的看著我。

原來是陳明正在與雷震聊天時，側頭看到我坐在床上，看著手中的東西，面目嚴峻，好像還眼含淚光的樣子。他從來沒見過我這樣子的時候，所以馬上過來問候一下。

我叫陳明坐到床邊，對他說：「陳明，你看看這兩樣東西。」說著先把虎頭杵交給他，交給他時我故意把帶咒語的那面對著他遞給他，同時觀察著他的反應。陳明接過虎頭杵在手裏把玩著，一點兒異樣的感覺都沒有。

他把玩了一會兒把虎頭杵交給了我說：「這東西挺漂亮啊。」我沒說話，又把虎頭鉢交給他，他接過去一看叫到：「這是個古董吧，這麼精緻，絕對很值錢！」

我讓他左右手分別拿著鉢和鉢蓋，在身體兩側相對，問他：「有

什麼感覺沒有？」他兩臂平舉著，兩手相對著，靜靜的感覺了一會兒道：「就是胳膊有點兒累。」

我一笑道：「好了，拿下來吧。」又對著他說到：「你去跟雷震聊天吧，我沒事兒的。我要和虎娃說幾句話。」陳明應聲去找雷震了。

我看著陳明心裏感慨道：「在修行界而言這麼重要的法器，甚至都要用生命去奪取的東西。在普通人眼中只是一件精美的工藝品罷了。」

我把兩件法器拿到虎娃面前，問他到：「虎娃，這兩件法器你還記得怎麼用嗎？」虎娃大聲道：「當然記得，那還能忘？放心吧，大師兄！」

我看這時已經到了吃晚飯的時間，就對大家說道：「大家先去吃晚飯吧。」說著我們走出房門。我來到隔壁的房間，敲了敲門叫道：「楊怡，出來吃晚飯了。」楊怡聞聲開了門，走了出來。

我有意讓大家走在前面，我和楊怡走在後面。我悄悄地問楊怡：「你那個咒語練得怎麼樣了？」楊怡說：「我已經練得很熟練了，我現在就念給你聽吧。」我說：「好的」。

我和楊怡停了下來，楊怡出聲的念起了咒語。我不眨眼的觀察著楊怡，我發現她剛一開始念咒馬上就進入了那種狀態，那是一種讓周圍的氛圍一下子就寧靜下來的狀態。這是因為念咒人有深深地靜念與至誠時，就能與咒語從心裏相應。這時只要咒音一起，馬上就會影響周圍的氛圍與環境，甚至念到高境界時還能影響局部的氣候變化。

我也靜了下來，靜靜的體會著楊怡身上的能量場的細微變化。楊怡念了大概十遍左右時，我感應到她身上的能量忽然爆發了出來！隨著她不斷地念誦聲，能量場不斷地變化著，忽強忽弱。我想：雖然小楊身上的能量場不是很穩定，但是，才幾個小時的時間，就能達到這

種效果已經相當不錯了。這個小楊也算是修行方面的天才了。我跟她說道：「小楊，念的不錯呀。你還是很有天賦的嘛。」

楊怡不好意思的小聲說道：「這都是先生的功勞，沒有先生教我念咒，我那裏會念啊。」

我又問道：「小楊，你剛才念咒時自己有什麼感覺沒有？」

小楊說道：「就是念了幾聲以後，就覺得身上發熱，越往後越熱。就這感覺，沒別的了。」我對她說：「好，非常好，就要這種效果。」

就這樣邊走邊說著，我倆追上了虎娃他們。我跟虎娃說：「虎娃，等一下給老王打個電話吧，讓他也一起來吃個飯。」虎娃道：「好的。大師兄不說我都把他給忘了。」

找了一家很安靜整潔的飯店，今天晚上參加行動的六個人都到齊了。點菜前我跟大家說：「各位，今天晚上這頓飯就不要吃葷腥了，我們就點一些家常的素菜吧。」大家一起點頭道：「好的，一切都聽大師兄的。」

吃飯的時候我又把他們每一個人在五行龍虎陣中的作用及注意事項又強調了一遍。直到確定大家都完全明白才放了心。我最後又強調一遍：「大家一定記住，到時候不管發生什麼情況，大家一定不能慌，一定要冷靜，必須守住自己的位置。一個人的位置守不住，就有可能把大家都給害了。」

然後我又對大家說道：「等一下十點鐘的時候，你們五位就進入紅樓，在老王的保安值班室裏等著。」

這時我想起了一件事，轉過頭問老王道：「老王，今天晚上的保安你是怎麼安排的？」老王馬上道：「就按大師兄交代的那樣辦的。我讓其他保安都休息了，就我一個人值班。放心吧，大師兄，不會有

人打擾我們的。」

我對大家說：「等一下你們進入到紅樓範圍內的時候，一定記住一件事情，就是任何人都不許想關於血龍的事，一點兒都不要想。因為血龍也是非常靈性的，你們又處於血龍的結界內，你們只要一想到它，它就有可能察覺到我們的行動。如果那樣的話，我們的行動沒開始就注定會失敗的，而且你們幾個就有可能有危險的。」

我說到這裏，大家都用很疑惑的目光看著我，還是陳明第一個開口問道：「那先生，您到時候不跟我們在一起嗎？」陳明問出了每個人心中的疑問。

我看著大家說：「是的，我不跟你們在一起。只有你們五位進入紅樓布陣。我有更重要的事要辦，我先不跟大家解釋這件事。請大家相信我。」

這時陳明滿臉的不解，說道：「先生，這時候您不在我們身邊，我們心裏沒底呀。」

我說：「有什麼沒底的，你虎師叔跟你們在一起呢。」

這時候虎娃用兩隻拳頭敲著自己的胸膛，砰砰直響，大聲道：「陳老弟，有你虎師叔在，你就放心吧！虎師叔會保護你的！」

當然了，這個事情我是提前和虎娃溝通好的。

這時候，坐在那裏半天沒吭聲的老王說話了，「大師兄，有一件事情有點兒難辦呀。」我看著他道：「什麼事情你說吧，老王。」

老王說道：「就是我控制不了自己不去想血龍的事呀。」這時陳明也接過話題說：「是呀，我剛才就想說這件事，我也控制不了啊。這萬一想了被發現了可怎麼辦呢？」

我說：「從十點鐘進入到十二點發動進攻，這中間有兩個小時的

時間。你們可以打撲克牌呀，這樣就能最大限度的分散注意力了。另外，你們還要注意，儘量不要單獨出去。即使要出去也是兩個人一起去，互相不斷地說話。」

這時陳明他們才恍然大悟，原來我白天讓他們買的兩副撲克牌是幹這個用的呀。

這時雷震看著我問道：「大師兄，那我們還買了四掛鞭炮怎麼用呢？」

我看著大家道：「你們等到半夜十二點鐘的時候，換好衣服。然後上到樓頂，由陳明、楊怡、老王和雷震四人各拿一掛鞭炮。每人別忘了各帶一隻打火機。等虎師叔擒住了血龍以後，你們四個人就立即行動。雷震帶著鞭炮去地下車庫點燃，陳明帶著鞭炮到二十一樓點燃，老王在樓下社區中心廣場點燃，楊怡就在頂樓把鞭炮點燃。事成之後，所有人在蓮花山山頂的廣場集合。」

說完以後，我看著大家道：「各位都清楚了嗎？」

大家齊聲答道：「清楚了。」

晚上十點鐘，我們六人準時在紅樓對面的馬路旁集合。我又拿出了聖山雪蓮膏，塗在了每個人的印堂及太陽穴處。然後打起了「金剛披甲印」，念著「金剛護甲咒」在每個人的頭頂、印堂、兩肩及前後心處進行了封印。這樣做既能隱藏自身的能量場不被外界感應到，又等於給自己身上披上了一層金剛鎧甲，是對他們靈體的最好保護。

在給楊怡做「金剛披甲結界」時，我明顯的感覺到她身上的能量場的增強與向外的擴張之勢。我悄悄地告訴楊怡：「從現在開始，直到上紅樓樓頂之前這段時間裏，就不要念咒了。」

楊怡迷惑的望著我：「為什麼呢？」我說：「你現在一念咒，身

上的能量忽漲忽落、忽強忽弱的，很容易被血龍感知到。」

楊怡恍然道：「哦，原來是這樣啊。可是我怎麼就感覺不到自己能量場的變化呢？」我說：「你又沒修煉過，你當然感應不到了。」

楊怡馬上道：「先生，那等這件事完成了，您就教我修煉好嗎？」我猶豫了一下道：「完事以後再說吧。」

其實我心裏在想：「這事兒我一個人也說了不算呀，白叔也得同意才行啊。」

我看大家準備的很充分了，就對大家說道：「你們進去吧，從現在起就不要想血龍的事了。十二點一到，你們就趕快上到頂樓。」大家齊齊答應著。

我看著五人的背影消失在社區大門裏，這才一個人向蓮花山走去。時間還很充裕，我慢慢地走在蓮花山的登山路上。夜晚的涼風徐徐吹拂，樹葉發出沙沙的響聲，遠遠近近的「知了」叫聲，此起彼伏，忽高忽低，配合著青蛙的高聲鳴叫，好像一組大型樂隊齊聲演奏著宏大的交響樂。

蓮花山腰處一池湖水微波蕩漾，目測了一下，這池湖水面積不下三萬平米。細風輕拂湖面，蕩起層層細浪，月光傾灑，放眼望去一片波光粼粼。我站在湖邊，感受著習習涼風，欣賞著湖山月影，心想：「這片湖水如此生機盎然，與蓮花山相得益彰。到底是大自然的傑作，還是人為的風水大師的手筆呢？」要知道，蓮花根植於泥而離不開水，水旺而花盛，離水而花枯。如果這個湖真的是人工湖的話，那這一定是某位風水大師的手筆了。

蓮花山本就不高，登山道坡度又緩，我感覺自己好像心未跳氣未喘時，就已經到了山頂廣場。這時山頂廣場的人們已經在紛紛散去，準備回家睡覺了。只有幾對親密的年輕人，輕擁著捨不得離開。我走

到了山頂中心新落成的鄧小平雕像前仔細的觀察了起來，青銅色的材料很有質感，顯得古樸、沉穩、厚重，大步向前的姿態既自信又充滿了活力，整體的感覺是生氣勃勃、神采奕奕。

這時腦子裏聽到了白叔的聲音：「這尊雕像造的真好，擺放的位置也好。」我說：「是呀，鄧小平本來就是深圳的開創者，沒有他就沒有深圳啊。」

我邊和白叔聊著邊走向了山頂護欄處憑空遠眺著，欣賞著深圳的美麗夜景。

白叔的聲音又在我腦子裏響起了：「今晚這血龍你要怎麼對付呢？」我說：「我不想用太威猛的咒印。上天有好生之德。我還是用大悲法門的咒印吧，先擒住它再看怎麼處理吧。」

這時就聽白叔提醒道：「天道好生，這是對的。可也不能因一慈之心而手軟讓血龍逃了呀，那它必然會為害一方的。如果真是這樣，你的罪過就大了。」我還在猶豫著。

白叔接著說：「你們人間不是有句話叫，天予不取，反受其咎。既然選擇了你，給了你這種能力，你就得擔起這份責任。其實你只要不亂用這種能力，不濫殺無辜，掌握好這個度就行了。」

我說：「是的，其實我心裏很明白這個道理，我們大悲法門不是一直奉行著慈悲心腸霹靂手段嗎？唉，我這人總是到最後時心就軟了，以後白叔還要多點化我才好啊。」

這時我感覺身上的能量一盪，眼角的餘光看到了兩道黑影一閃，氣息非常熟悉。等人影立定，定睛一看，原來是胡翠花和胡天龍兩大狐仙教主來了。

兩位教主幻化成人形立在我面前。胡翠花紅衣飄飄，背後雙劍斜

插，威風凜凜，英姿颯爽，一看就是典型的女俠風範。胡天龍黑衣緊裹，單劍斜背，濃眉大眼，面露忠厚。

兩位立定之後，先跟白叔打招呼：「尊者好。」白叔笑道：「兩位教主怎麼來了？莫非家裏有事了？」我也有同樣的疑問想問他們呢。

胡翠花快人快語答道：「家裏沒事。我聽黃天霸回營說今晚這邊有大事發生，所以我和天龍來看一下，需不需要我倆幫忙？」

我看著他倆道：「今晚要對付的是這座山下的一條血龍。都已經安排好了，而且還有白叔在這裏，不會有什麼問題的。」

我隨後又想了一下，對他倆說道：「還真有件事情需要你們來做。」他們一齊看著我，我接著說：「等一下做法時，必須要保證這個山頂的廣場上沒有人來才行，我和白叔要專心對付血龍，就有請二位教主守護這個廣場，別讓人上來。」

胡翠花答道：「交給我們吧，先生請放心。」

馬上就要與血龍決戰了，我心裏並沒有緊張或害怕的感覺，主要是這種場面我經歷的比較多了，已經達到波瀾不驚的程度。唯一有些心裏不安的就是擔心陳明他們。

此時的山頂上已經沒有人了，只有我一個人站在欄杆邊上，白叔和兩大狐仙教主站在我身邊，當然普通人是看不到他們的。

我看了白叔一眼，心裏不禁湧起一股暖流。白叔就像長輩一樣一直在我身邊照顧著我，守護著我。小時候的很多經歷，這時都一幕幕出現在我眼前。

這時，胡翠花指著紅樓的方向說道：「先生，你們今晚要對付的血龍是不是就在那裏？煞氣好重啊。」我說：「對，它就藏在那裏。」

看著兩位年輕的狐仙教主，攜手並立，我心裏自思：「佛言眾生

平等，在佛的眼中是不分人、動物、植物或鬼、神等外在形態的，佛看到的就是眾生最本質的東西。」

續而想到我自己，從我這一生的經歷來看，我雖生為人身卻與那些靈界眾生有著深深的不解之緣。或感化、或懲戒、或超度、或救助、或降服、或誅殺，都是圍繞著他們而編織成了我這多姿多采、充滿了危險與挑戰的一生。反而有時覺得與周圍的親朋鄰里、同學同事之間相隔甚遠，既平淡又平凡。在他們的眼中，我就是一個跟他們一樣極其普通的人。如果把我的這些經歷拿出一小部分講給他們聽，他們一定會瞪大眼睛望著我：「你瘋了吧？神話小說看多了吧？」

想到這裏，我不禁自嘲的笑了一下，又想到我與這幾位靈界眾生算是生生世世的緣分了，面前的三位，一位是我的貼身護法白龍，曾陪著我輪迴轉世，另二位狐仙教主是這世結下的深緣，現在是我的守家護法。

看著這二位狐仙教主，我不禁會心的笑笑，又想起了與二位狐仙教主的結緣故事。那又是一段，塞外林海，踏雪尋狐的精彩演義。

我正回憶到精彩處時，忽聽白叔叫到：「蓮花開了！」

我們聞言都回頭觀看，只見蓮花山上這朵紅色巨蓮正在冉冉開放。這紅蓮花遍體晶瑩剔透，蓮瓣正在緩緩張開。當蓮花開到一半時，花蕊逐漸顯露。從花蕊中射出了道道紅光！這紅光就像有形的波浪一樣，一層層的向外湧動著。而鄧小平的雕像正坐落在這紅色巨蓮的花蕊之上。恍惚間就好像看到鄧小平正腳踏蓮花，身湧紅光，大踏步的前行著。

這時我們又向山下望去，看到的景象和前幾天看到的一樣。蓮花山下「百靈朝拜」，各種靈體極盡呼吸吐納之勢，都在盡量的吸收著紅蓮花的光華。

我轉頭向紅樓方向望去，只見那血龍已經升騰在裹著紅樓的黑霧之上，輾轉騰挪，上下翻飛。

我想這時候虎娃他們應該準備登上樓頂了。我和虎娃約定的時間是零點三十分。我們約好，在零點三十分之前，虎娃他們每個人必須到位，而我將在零點三十分時發動攻擊。

我為什麼要選擇在零點三十分的時間發動攻擊呢？因為就我上次的觀察，零點三十分是紅蓮花光華最盛的時候，而血龍在那時最專注於吸取紅蓮花的光華。血龍這時要想最大力度的吸納紅蓮花的能量，就必須得最大限度的開放自己，為了最大限度的開放自己首先就要收起護身罩才行。

前天晚上我第一次站在蓮花山頂試探血龍之時，我就已經知道此物甚難對付。這種煞神能修到今天即將成魔的程度，其修煉何止千年？這幾千年間又得經歷多少次爭戰才能活到現在？這血龍早已經是身經百戰的凶悍煞神了，它的靈體周圍隨時都有一層堅實的護身罩。而且這血龍如此靈動異常，它一旦意識到危險來臨搞不好立刻逃之夭夭，如果這樣的話那我真的是罪孽深重了。

要想徹底降服它而不被它逃掉，那就只有一個辦法，就是趁它不備時一擊必中！然後馬上收入鉢中才行。可血龍在有護身罩護住靈體的情況下，我還沒有把握能一擊就穿透血龍的護身罩並傷其靈體。所以被血龍逃遁的可能性很大，而這種結果是絕不允許發生的。

所以我選擇了在蓮花山頂紅蓮花開的這個時間向它攻擊，這樣就能藉助紅蓮花的正能量來增強我這一擊的力度，又能在血龍開放護身罩時向它的靈體致命一擊！

這樣想著，一轉頭我發現胡翠花和胡天龍呆呆的站在原地看著紅蓮花，他們被這眼前的奇景驚呆了，雙雙陶醉在這紅蓮花的光華之中。

他們應該是第一次見到這種神奇的景象吧。

我見狀叫了一聲：「二位教主，時間差不多了，快去封住上山的路吧。」

他們這才回過神來，答應了一聲，就向前飄去。

紅蓮花的能量在逐漸增強，血龍翻騰的更厲害了，護身罩漸漸地打開。

我看時機差不多，就面向血龍的方向站好，在一吸一呼之間漸漸地放鬆身體，進入了狀態。整個身體隨著紅蓮花的光波緩緩的湧動著，與紅蓮花融合、融合、再融合，慢慢地忘記了自我，與紅蓮花同體，我即紅蓮，紅蓮即我。

當我感應到紅蓮花已完全開放，巨大的能量即將一湧而至時，我意識到時機到了。

我馬上念起了大悲咒，咒聲一起，靈體現出了千手千眼的形象。同時雙手祭起了「大悲總攝千臂印」。

這時我看血龍放緩了翻騰之勢，護身罩徹底打開，龍頭正對著紅蓮花的方向，它已經做好吸納紅蓮花這最強的一波能量的準備。

這時我看到紅樓頂上的「五行龍虎陣」已經發動起來。

紅蓮花這波強大的能量也湧到了，並向四周迅速的擴散著。我自身的能量與這股力量迅速的融合，我對著血龍舉起了法印，咒音突然急驟而宏大的破口而出！我自身的咒力爆發了出來，同時融合著紅蓮花的巨大能量一齊擊向了血龍！

這「大悲總攝千臂印」一打出去，就見靈體的千臂迅速的彙聚在一起，千臂聚成一條白色的能量光柱樣的手臂，以迅雷不及掩耳之勢拍向血龍。

就聽一聲刺耳的尖叫，震耳欲聾！紅樓上空血霧激散，血雨滿天！

　　這一印拍出之後，我和白叔都緊張的盯著紅樓上空，可血霧彌漫什麼都看不清楚。

　　這一擊聚集了我自身修煉多年的咒力，又匯合了紅蓮花的巨大能量！對血龍來講應該是致命的一擊了，可是也不會徹底銷融其靈體。這也是我最喜歡選擇使用大悲法印的原因，大悲千手菩薩具大慈悲心懷，雖有霹靂手段卻以懲戒為目的。

　　話說虎娃一行五人和我分手之後，一起走進紅樓的保安值班室。

　　楊怡進了房間就忙著給大家燒水泡茶，陳明和老王搬桌子準備打牌，虎娃把玩著「虎頭杵」若有所思，雷震則正襟危坐，好像隨時準備待命出擊的樣子。

　　陳明在房間中間擺好桌椅，大叫道：「各位戰友，快來打牌了！」楊怡端著茶笑吟吟的走到桌前。虎娃一躍而起道：「來吧，好久沒打過牌了，手也癢了！」

　　雷震道：「你們四位玩吧，我不會打牌的。」

　　虎娃四人上桌打牌，自然少不了虎娃的大呼小叫，其樂融融，熱鬧非凡，好像大家真的把血龍的事情忘記了。只有雷震，一直保持著高度的警惕，一絲都沒有放鬆，像隻獵豹一樣，在門窗之間來回巡視。

　　轉眼時間已經接近十二點了，雷震跟大家提醒道：「還有十分鐘就十二點了，咱們還是先收拾一下東西吧。」

　　大家一看，真的要到十二點了，這時間也過的太快，馬上起身收拾好各自的東西，準備出發。

　　虎娃把背包打開，拍了拍「虎頭杵」和「虎頭鉢」，心裏說：「全

靠你們了！」

而雷震悄悄地從自己的背包裏拿出了一把軍用匕首，斜插在了自己的腰間。

夜很黑，走在紅樓的社區裏，大家不約而同的感受到陣陣寒意。不知是因為夜晚的涼風，還是由於心中的恐懼。

大家進了電梯，誰都沒說話，只有老王緊張的不行。電梯緩緩的上行著，老王的眼睛死死的盯著電梯裏的樓層指示燈，當電梯平穩的過了二十一層時老王才明顯的鬆了一口氣，可臉上好像多了一層汗珠。

電梯到達頂樓，老王拿出樓梯出口處的門鑰匙開門。可老王的手明顯有些發抖不聽使喚，雷震搶上前去從老王手裏搶過鑰匙，迅速的打開了樓梯門，率先上了頂樓，大家在他身後魚貫而出。

這時已經零點十分左右，再有二十分鐘就要開始行動，對大家來講時間還很充裕，就各自站到自己的位置前，並且按照我的交待完成「請魂入甕」的儀式。

然後，楊怡來到虎娃面前接過虎頭鉢，把準備好的一碗水倒在鉢中，楊怡和虎娃同時刺破中指，各滴了三滴血在鉢中。楊怡也同時念起增強自身能量的咒語，然後與虎娃各出一隻手托鉢另一隻手互握，念起我傳授給他們的「龍虎催陣結界咒」。之後兩人一左一右沿著五形陣外左走三圈、右走三圈。邊走邊念咒邊向著空中和地上灑著鉢中的水。

結界法完成以後，虎娃手捧著虎頭鉢，楊怡又往鉢中加了三分之一的水，虎娃隨後把鉢放到陣中間的木盆裏。

全部弄好之後，就已經快到約定的時間了。大家屏息靜氣的等在那裏，誰也不知道等一下要發生什麼事情。

老王還是神情緊張左顧右盼，楊怡心專志切的念著咒語，陳明右手握著桃木劍，劍尖斜指向地，在默默地練著呼吸吐納法，雷震則筆直的站立在那裏，右手摸著匕首柄準備隨時爆發，虎娃左手握著虎頭杵，右手緊握虎頭鉢的蓋子，半蹲在那裏，就像一頭即將衝下山去的猛虎。

那一夜，晴空萬里，皓月當空，繁星點綴，銀河燦爛，可樓頂的幾個人誰有心情來欣賞如此美景呢。雷震這時對虎娃說道：「虎哥，時間到了！」

虎娃與楊怡對視了一下，點頭道：「開始吧。」兩人念動咒語並同時把手印指向陣中間的虎頭鉢，開始催動「五行龍虎陣」。陳明、老王、楊怡和雷震四人各自舉起了手中的圓鏡，對準中間的鉢。

「五行龍虎陣」剛剛催動，突然間一聲晴天霹靂一樣，一聲尖叫在五個人耳邊響起。他們都不清楚這聲尖叫是從哪裏來的，像是從天空，又像來自於地底深處，聽著好像很遠，可又像就在身邊……

就在大家迷茫一怔之際，忽然就覺得眼前一片血紅。隨之開始心跳加劇、呼吸困難，大腦開始控制不住的亂象環生、幻影不斷。每個人都好像一下子給拉進了另一個異常可怕的世界裏，無論身心都經歷著一場血與火的考驗和洗禮！而每個人所聽到的聲音和看到的景象卻各不相同。

虎娃左手握著虎頭杵，右手舉著虎頭鉢蓋子。尖叫聲一起，虎娃知道我已經發動攻擊，兩手握的更緊。這時忽然一陣血霧迷漫過來，血霧中殺氣凌厲。虎娃一看，來了，大喝了一聲：「找打！」就把左手的虎頭杵向血霧中刺了過去，就見虎頭杵上的咒語突然精光爆長，射了出去。虎娃眼前的血霧消散了。

楊怡正在專心念著咒語，感覺著自己的身體內部一波一波的熱浪

在不斷的增強、湧動。突然間一絲細細的尖叫從耳邊響起，這聲音就像是從自己的大腦中發出的一樣，雖然很細卻一下就扎向了心底，引起心底一陣莫名的恐懼。隨著尖叫聲的一停，就覺得大腦一下子失控了，自己根本控制不住自己的思維。腦袋裏出現各種各樣的畫面，有的血腥恐怖、有的鬼影森森、有的黑幕沉沉……這時又看到眼前血光一片，就聽到血光深處，一片喳喳喳喳的摩擦聲，由遠及近……

楊怡這時已經想不起自己是在幹什麼，就感覺到自己身處一片極其荒涼、陰寒之地。只有自己一個人，手中拿著一面鏡子，自己的周圍一片血色迷霧。就在這血色迷霧的深處，喳喳喳喳的聲音越來越近，楊怡這時透過迷霧仔細一看，嚇得尖叫起來！

她看到遍地的蜈蚣、蠍子、蟑螂……等各式各樣的毒蟲向她爬來，這時她本能的想扔下鏡子就跑，可腦子裏尚有一絲清明在告訴自己：「不能扔下鏡子！不能跑！」

對楊怡來講，她最怕的就是這些毒蟲，一看見這些東西她心裏都嚇得發抖。眼看毒蟲越爬越近，有兩隻蜈蚣馬上就要爬上腳面了！楊怡這時壯起膽子拿起手中的鏡子來掃它們，不讓它們近身。

這時，忽見這面鏡子發出一道光，一道紅光！紅光所到之處毒蟲紛紛退避。楊怡一見，心裏一安。馬上舉起鏡子旋轉著身子照向已經近了身的毒蟲。雖然還是嚇得心發抖，腳發軟卻也算穩住了陣腳。

而陳明那裏的情況與楊怡類似，只不過陳明最怕的卻是蛇。一聲尖叫過後，他所見到的景象竟是血霧中萬蛇出動，放眼望去全是各類毒蛇向他攻來，嚇得他是肝膽欲裂呀！

陳明的心裏還留有一絲清明，潛意識裏知道自己不能丟下鏡子、不能跑！這時的陳明那股倔強勁兒又上來了，死就死吧，反正我在印尼時就應該死了。拿起鏡子就向離自己最近的一條雙頭蛇砸去！還沒

砸到蛇頭，忽而鏡面發出一道強烈的青光！這道青光所到之處，蛇群紛紛逃避。

再說雷震，當尖叫聲一響起時，雷震心神未亂，頭腦很是冷靜。他知道，終於來了！

隨後就覺得頭腦一暈，好像滿眼紅光一閃，他正要定睛想要看清之時，忽然頭頂一個炸雷響起！雷震心裏一個激靈。再睜眼時，發現自己站在一座不高的山頂，周圍空無一人。天空中濃濃的紅雲密布，遠處長長的閃電劃空而過，隨之而來的就是滾滾的炸雷聲，閃電越來越近，雷聲越來越響！雷震恍惚感覺自己就站在小時候經常放羊的山坡頂上，又在經歷著那次驚心動魄的雷擊場面。

他八歲時，在家鄉的山坡上放羊的雷震，趕上了一場突如其來的暴風驟雨，霹靂般的閃電在他頭頂劃過，震耳欲聾般轟鳴的炸雷在他身邊炸響！八歲的小雷震被嚇昏過去了。從此，雷震的心裏留下了陰影。對經過幾年嚴格的軍隊訓練的雷震來說，已經沒有什麼可害怕的了，唯獨對這種電閃雷鳴的場面，對雷震來講一直心有餘悸。小時候在自己身心上形成的創傷很難抹去，一聽見雷聲，雷震的心就跟著打顫。

而現在他所面對的場面，比他以前經歷的場景都更加震撼！閃電就像條條火蛇般從天而降，把旁邊的樹木瞬間劈枯斷裂，聲聲炸雷就像在自己身上炸開！

雷震站在山頂那真是心驚肉跳。這種恐懼不是自己能控制的，是來自潛意識的本能的一種害怕！雷震也有想跑下山頂，在山下找個藏身之處的衝動。但是他沒有動，他潛意識裏知道，他不應該跑！

突然一聲炸雷在耳邊響起，震得雷震一陣旋暈，可他挺住了，沒有昏倒。反而這一聲炸雷倒震開腦中的一絲清明，他一下想起：「我

是一名軍人啊，戰場上的槍林彈雨、炮彈轟鳴不比這場面還要可怕？如果我連個雷電都怕成這樣，還怎麼能上戰場呢？」

想到這裏雷震挺直了身軀，迎著迅猛的雷電屹立在山頭，心中充滿了無畏的勇氣。對著紅雲深處迎著閃電雷鳴，大聲的喊著：「我是嚇不倒的雷震！就讓你的雷電來的更猛烈吧！」

話音一落，忽然眼前的景象一下子消失了。哪有什麼紅雲？哪有什麼電閃雷鳴？自己還是那樣手握匕首，右手持鏡，筆直的站在那裏。

雷震周圍環顧了一下，只見楊怡和陳明面露恐懼拿著鏡子在周圍不停的照著，他們前面的碟子上蓋著的碗突突亂跳。

雷震回過頭來，看見虎娃正睜大著眼睛死死的盯著木盆裏的鉢。而這時雷震就聽旁邊，「哎喲媽呀！」然後哐噹一聲，有東西落在雷震腳下。隨後撲通一聲，有人摔倒在地上。

雷震仔細一看，原來是老王摔倒在地，邊往外爬邊喊著：「血鬼又來了！血鬼又來了！」雷震再往腳下一看，原來是老王把手裏舉著的鏡子扔到他的腳下。

這時雷震忽覺一陣旋風從面前刮過，恍惚中就見一紅一白兩道影子一閃！

老王其實一上開往頂樓的電梯時，心裏就在打鼓了，生怕再碰到那個血鬼。上到屋頂之後發現沒發生什麼事情，又有好幾個人陪著，心裏才算安穩了一些。

那聲尖叫響起時，老王渾身一哆嗦，一種深深的恐懼感在心底生起。老王一楞神間，忽覺周圍血霧迷漫，老王當時就不知道自己身在何處了。他向後一退，感覺撞到牆壁上，用手一摸，再仔細一看，這不是在電梯裏嗎？

這時血霧變淡，看周圍的景象更加清楚，不看還好，這一看，沒把老王嚇死。原來電梯的門是開著的，電梯就停在二十一樓。

當時老王的腿就嚇軟了，一屁股坐在地上，並且用手把自己的眼睛摀上。等了一下，好像沒聽到什麼動靜，老王悄悄把手打開一點兒縫向外瞧了一下。

這一看，老王差點兒嚇昏過去。原來他看到了白裙子，就在他眼前飄動著。這老王把手裏的鏡子向後一扔，就沒頭沒腦的向電梯外爬，邊爬邊喊：「哎喲媽呀！血鬼又來了！血鬼又來了！」

老王剛爬了幾步，忽覺右腿一陣巨痛傳來，連嚇帶痛昏了過去。

在蓮花山上我這一掌「大悲總攝千臂印」拍出去以後，就聽得一聲尖叫。然後紅樓上方就血霧彌漫，看不清楚裏面的情況了。這時血龍應該是一頭扎向五行陣中。我正要祭起「大悲千光眼印」，想藉助大悲千光眼的毫光穿透血霧看清裏面的情形。

這時，就聽站在旁邊的白叔一聲驚呼：「糟了！」，隨後變回龍身，立即化做一道白光射向五行陣中！

我馬上打起「千光眼」，向陣中望去。只見五行陣已被破，陣氣正從土的方位外洩，也就是說僅憑陣力是沒法降服血龍了。但見陣中一紅一白兩道光影纏鬥在一起，上下翻飛，鬥的難捨難分。

我有點急了，很怕白叔有個閃失，又怕血龍逃之夭夭。但這時我也沒辦法，只能靜觀事態的發展了。

我正在擔心著，用心的觀察著陣內的情形。忽然看到，陣氣停止外洩，土位已被封住，五行陣又開始運轉了。

這時就見金、木、火、土四面鏡子，發出咒光，一齊射向紅龍。而白叔一閃就回到了我身邊，一起看著陣內。再看陣中，血龍已經沒

有先前的靈動。見它身形稍滯就向四面鏡子一個個衝過去，沒有衝破。回身又向沒有鏡子的水位衝去，這時虎娃就見眼前紅光閃動，又大喝一聲揮出了虎頭杵。並且同時舉起虎頭鉢降妖鏡照向血龍！

血龍一見虎頭杵上咒力威猛，轉身向後躲，而這時虎頭鉢與蓋子已經在一條直線上了，鉢中的吸力與蓋子上的咒力同時發出，四面鏡子也一齊照上血龍。這幾股大力一齊作用下，血龍一下被吸進了鉢內！

血龍一入鉢內，虎頭鉢內的水立刻變成了黑紅色，好像馬上就要沸騰起來！虎娃一見鉢內的水變紅，立馬舉起鉢蓋大吼著，上前把虎頭鉢蓋上了。

虎娃馬上捧起虎頭鉢，吩咐大家道：「你們趕快分頭把鞭炮點燃，然後雷震回來把老王背到值班室。完事後你們一起到蓮花山山頂廣場找我和大師兄！」

吩咐完，虎娃轉身就走，向蓮花山頂跑來。

虎娃手中緊緊的按著鉢蓋，生怕血龍逃出來，轉過身飛快的向電梯跑去。當虎娃下了電梯跑到了社區門口時，身後的炮竹聲已經響了起來。

我和白叔及兩位狐仙教主，站在蓮花山頂，看著紅樓方向。

現在紅樓周圍彌漫的血色紅霧已經消失了，而黑烟狀聚在一團的黑色氣體還未散去。我祭起「大悲千光眼」仔細的觀察著黑氣團，那是無數邪靈惡鬼之類的靈體匯聚而成。

所謂的物以類聚人以群分，這些邪靈惡鬼就是受到紅樓和血龍的感召才聚集到一起的。此時血龍雖然被收服，而這些邪靈卻還聚集成團並未散去。

正在觀察著，猛然間就見紅樓頂上火光閃動，隨之猛烈的炮竹

聲破空而來！同時就見一隻雄鷹沖天而起，在一團團黑霧之間左衝右撞！

這時已經接近凌晨一點鐘了，猛烈的炮竹聲在紅樓之間此起彼伏的響起，在這寂靜的夜晚顯得分外突兀與震撼。炮竹的聲波震盪之處，黑色霧團迅速消散！各種邪靈紛紛各自逃散。

尤其那雄鷹所到之處更是如此。鷹本至剛至陽之物，又是蛇類的天然剋星，那聖鷹所到之處口吐咒火驅散邪靈，爪撕毒蛇毫不留情。

胡天龍看著這場景，嘆道：「好一頭雄鷹啊，如此壯碩而又剛氣十足，真是難得呀！」

我對胡天龍說道：「那是聖山雪鷹，是虎娃的貼身護法神，也是與虎娃共同修行的道友。」

這時炮竹聲漸漸稀落，再觀整個紅樓上下妖氣邪靈盡散。聖山雪鷹又繞著紅樓上上下下巡查了幾圈，見再無陰靈邪物了，遂仰頭一聲長長的尖鳴，像是在宣告勝利一樣。

隨後巨大的雙翅一展，向蓮花山頂飛來，飛到山頂廣場，在廣場上空來回盤旋幾圈，雙翅一收，一位鷹眼鷹鼻鷹面的挺拔的中年男子站在了大家面前。個子瘦高，身上的肌肉結實有力，整個面目棱角分明中帶著凌厲！尤其是那雙眼睛，雙目如電，一掃一描之間好像就能看穿看透一切的樣子。

雪鷹幻化成人形，走向我和白叔。雪鷹先向白叔一抱拳再一個鞠躬，說了聲：「尊者好！」隨後向我一抱拳：「大師兄好！你交待的任務，雪鷹完成了！」

我看著他笑道：「多謝鷹老弟出手相助啊。虎娃剛才最後的那一擊中，鷹老弟是不是也暗中助力了？」

雪鷹面露愧色道：「大師兄，快別說了，要不是大師兄剛才那一擊，雪鷹不見得是它的對手呢。」

我把胡翠花、胡天龍叫到近前，向雪鷹介紹道：「這二位是陪我一起修行的胡翠花和胡天龍二位狐仙教主。」雪鷹看著胡翠花驚奇道：「這位難道就是塞外銀狐之首，大名鼎鼎的狐仙教主胡翠花？」

胡翠花向前一步抱拳道：「不敢當，不敢當。小女子小小狐仙，修為尚淺。今後還請鷹大哥多多指教！」這時胡天龍也過來和雪鷹打招呼。

這時就聽身後一聲大喊：「大師兄，就你一個人在那裏呀，快來！血龍就在鉢裏，你看怎麼辦吧？」

我向身後一望，就見虎娃兩手緊緊地扣著虎頭鉢，滿頭大汗的跑了過來。

我向他叫道：「虎師弟，不要急！注意拿穩鉢。」邊說邊走向前，雙手從虎娃手中接過了鉢。

我把鉢用咒印扣住，同時為自己做了金剛披甲結界印，先把自己保護起來。又請白叔、雪鷹及二位狐仙教主在周圍護法，以防血龍逃走。

然後口中念動咒語，一手結成法印對著鉢身，一手揭開了鉢蓋，但見鉢內濃濃的黑紅色血水不斷地翻滾沸騰。我兩手打起了「召罪法印」，把血龍的靈體從鉢中吸入手掌中的法印之中，隨後兩食指一合變成了「摧罪法印」，念起了「摧罪咒」，同時中指三敲，銷了血龍的法力並把它打回了原形。

法印一鬆，一條兩米來長的血紅色的毒蛇出現在面前的地上。血紅色的蛇身癱軟在地上微微地蠕動著，蛇頭微微抬起，吐著蛇信兒，

目露凶光的盯著我。

我靜靜的進入了恍惚的狀態，氣息與血龍相接，查清血龍的來龍去脈。

我不禁長嘆了一聲，想到：「這等天生的惡靈，看來靈山是不會收的了。只能就地正法，以絕後患！」

原來這血龍是在一處深山之中的狹長山谷底部自然化生而成的，山谷內極陰極寒，終年不見日月。在遠古的某一時刻，兩大部落在這山谷中發生一場大規模的戰鬥，戰鬥進行得相當慘烈，煞氣沖天，血流成河！

山谷的地勢本就是聚陰之地，再加上煞氣的激發及人血的靈性的蘊育。多年之後，在這處山谷裏化生出這條血色毒蛇。此蛇由於是因煞而成其形，因血而得其靈，所以血腥和煞氣是它的本能，而殘殺、嗜血成了它改變不了的本性！

血蛇於山中修煉千年，吸盡方圓百里的陰氣、煞氣及血腥之氣。成妖之時躲過了三次天劫，才終於幻化成龍形，從此越出深山來到人間。這血龍所到之處無不是血雨腥風，災難不斷！

本來這血龍應該在千年以後才可以成魔的。可由於中華大地百多年來天災人禍不斷，大規模的流血屠殺事件從未斷過，殺伐之烈、血腥之盛均是有人類歷史以來慘烈空前的。

像血龍這樣的凶神惡煞真是正逢其實呀，仇恨、殺伐與血腥正是它們成長的動力與能量！所以百多年來，中華大地短時期內就形成萬妖成魔的趨勢，而血龍僅是其中一個不上屬的小妖小魔而已。

這血龍吸足血腥之氣，殘暴異常，同時又萬般靈動。千里之外即感受到蓮花山頂紅蓮花的光華，遂尋光而來，找到了紅蓮花，也找到

修行上佳的蓮花寶地。從而在蓮花山下安了身，夜夜吸納蓮花光華，靜待成魔。

而文革期間，寶安區之所以選擇蓮花山腳下這一帶作為當時的刑場，其實也是受到血龍的影響才做出這種決定，只是人們自己並不知道而已。

若說影響人的情緒或決定的話，對這些妖啊魔呀來講是很容易的事兒。實際上不要說這即將成魔的血龍，就是東北那些小小的狐仙、黃仙若要影響人的思維那也是很容易的，甚至經常把人搞的半瘋半傻的。

當時蓮花山附近一帶還有幾片大的墳場，所謂物以類聚吧，血龍到來之後，這一帶的凶靈厲鬼也就自動的匯集在血龍周圍，形成一派邪靈勢力。

後來歷史的時鐘指向了九十年代，當時正值深圳蓬勃發展的時期。隨著深圳的城市化建設的迅速擴展，位處郊外的荒蕪之地的蓮花山一帶有成了市中心的趨勢。

所以有家大型公司就搶先在蓮花山腳下建起了第一片高層建築群，而這第一片高層建築群正好建在了血龍棲身處。而且更有趣的是，這片建築群塗成了赭紅色且設計成了尖杵形狀。可能當時的開發商及設計公司都知道這片地方以前是刑場，周圍又是墳場吧。把樓房蓋成尖杵形並且塗成赭紅色都有鎮邪的用意在裏面。可殊不知，這種設計風格沒有鎮住惡靈，反而招來了煞神。

其實真正懂風水的人都應該清楚，能不能鎮住惡靈，建築物的形狀和顏色是無關緊要的，最關鍵的在於你是否請來正神坐鎮。如果沒有正神坐鎮，你的樓房蓋成寶塔形都沒用。有時反而這種形狀和顏色還會招來一些惡靈進駐樓裏安家，因為你在設計或構思這個樓時，意

念中就有鎮壓、殺伐的想法。

而關於這片建築物之所以蓋成這個形狀又塗成這個顏色，我更加認可的是：這個紅樓的開發商和設計公司是受了血龍的影響，才建這樣一片樓群。因為這片樓群所有的特徵都符合血龍的特點，就好像是這片紅樓就是為了這血龍量身打造的城堡宮殿一樣。

所以說，這個紅樓其實就是一個不懂風水的風水師的傑作。如果當時開發商請的這個風水師能看明白蓮花山一帶的風水格局的話，他一定會把樓群設計成面向蓮花山的開放式的吸納形建築群。這才是真正的利用這塊蓮花寶地的作法，也不會使樓群成了惡靈聚集之地。

看清這血龍的來龍去脈，我陷入沉思，血蛇整個癱軟在地上一動不動。從這條血蛇的成長經歷來看，其本性殘暴、十惡不赦，教化對它來講應該起不到作用，必須就地處置，以絕後患，否則今後又得為害人間。

我祭起了咒印，正要擊出之時，忽聽空中一聲大喝：「不能打！」

我聞聲向空中望去，只見半空之上熊熊火光之中，立著威猛的法脈護法神「阿婆羅底」護法大童子。好個護法威猛大童子！就見他周身毛孔向外噴射著熊熊的三味真火，右手持著一隻巨大的金剛杵，左手握著一條青黑色的毒蛇，就見另一條色彩絢爛的花色巨蛇迅速的遊走在大童子的腰、頸、胳膊之間。大童子面目威嚴恐怖，身如巨山，聲若雷鳴，手中的金剛杵稍一搖動，巨大的霹靂閃電即從杵頭射出！

我即刻收起了法印，向空中拜道：「護法大童子駕臨，不知有何吩咐？」

阿婆羅底護法大童子聲若雷鳴，震耳欲聾道：「此煞神命不當絕於此時，更不該滅於你手！你可將它銷去法力，施咒印壓於蓮花山下。幾年之後自有『回天大士』處置它！」

我聞言再拜道：「弟子謹遵護法大童子吩咐！」

阿婆羅底護法大童子又把目光望向了胡翠花和胡天龍道：「兩位狐家聽好！」胡翠花和胡天龍聞言即刻向護法大童子拜道：「請護法大童子吩咐。」

阿婆羅底護法大童子把金剛巨杵向空中一搖，道道霹靂閃電激射而出，聲聲炸雷隨之響起！

大童子聲若洪鐘道：「兩位狐家，需盡心護持我聖山法脈的傳承弟子！爾等二狐以狐身修行，在爾等功德圓滿得道成仙之前，必須躲過三次天劫才行。到了應劫之時，爾等二狐只需念我心咒，我必應聲而來護佑爾等躲過天劫，順利成就道果！」

胡翠花、胡天龍聞言馬上拜倒在地，向阿婆羅底護法大童子行起了跪拜大禮！胡翠花泣聲道：「感謝護法大童子眷顧我等，我與胡天龍及堂內各位仙家必誓死護衛法脈弟子！請護法大童子加持我等早成正果。」說罷與胡天龍向阿婆羅底大童子用力的磕了三個頭，才站了起來。看的出來，胡翠花異常激動，滿眼含淚。

其實我非常理解二狐此時的心情。以動物身修行成道實屬不易，在成道過程中不僅要功德圓滿，還必須要經過九劫十八難才行，而這九劫當中就屬三次天劫最難躲過。有史以來有多少即將得道成仙的仙狐斃命於天雷之下呀，真正能躲過三次天劫的仙狐那是萬中無一呀。今天此時，胡翠花和胡天龍能得到護法大菩薩的承諾，那就意味著得道成仙指日可待了，哪能不欣喜若狂呢。

阿婆羅底護法大童子又把頭轉向了虎娃和聖山雪鷹，向著雪鷹左手一招，雪鷹立即還回鷹身，巨大的雙翅一展，就覺得平地刮起一陣強烈的旋風！雪鷹飛起後在半空中繞著護法大童子旋飛了幾圈，仰頭一聲歡樂的長鳴，雙翅一收立在阿婆羅底護法大童子的左側肩頭之上。

阿婆羅底護法大童子左手伸出撫著雪鷹的羽毛，而雪鷹用頭、背擦摩著大童子的脖頸，狀似極其親密的樣子。

我這時也向虎娃望去，只見虎娃站在原地，呆呆的看著我，一副欲言又止的難受樣子。看見我望向了他，趕緊向我問道：「大師兄，你在和誰說話呢？」我說：「是聖山護法阿婆羅底護法大童子來看你了。當年聖山修行時，阿婆羅底護法大童子最心疼你和雪鷹了，可惜你現在什麼都不記得也什麼都看不到啊。」

說著我把頭轉向了半空中的阿婆羅底護法大童子，向著護法大童子請求道：「護法大童子，您能否幫虎娃打開被封印的頂門？讓虎娃能恢復前世的記憶和功能？」

阿婆羅底護法大童子雷鳴般的聲音又響了起來：「現在還不能馬上打開虎娃頂門的封印，現在打開封印對虎娃的修行極為不利。虎娃還需再經歷人間三難以後，才能解開封印，恢復前世修為。」

我這才明白了，為什麼虎娃修練通靈法門的效果一直不明顯呢，原來是這樣的原因啊。

這時又聽到護法大童子的聲音響起：「當虎娃經歷三難、過三關以後，機緣成熟之時，雪鷹會把虎娃帶到唐古拉山頂的一處祕境找我。在那裏就能解開虎娃頂門的封印了。」

我聽後馬上向空中深鞠一躬，說道：「我替虎娃感謝護法大童子！」

阿婆羅底護法大童子看著我又道：「你說虎娃頂門未開，失去了前世的記憶和功能，那你的頂門全開了沒有啊？」

我向護法大童子行禮道：「弟子的頂門已開，弟子清楚的記得當年祖師布道、聖山修法時的情景了。」

阿婆羅底護法大童子聞言，右手用力一搖金剛杵，電光激射，雷鳴滾滾。左手手臂向空中一伸，手臂上纏繞的青蛇頓時化成黑龍，箭一般飛向天際！在天邊劃了一圈又回到了護法大童子的左手臂上。

　　我茫然的看著阿婆羅底護法大童子，沒弄明白他是什麼意思。

　　這時阿婆羅底護法大童子雷鳴般道：「你連這個招勢都沒想起來，還說自己頂門全開了！我問你，你在聖山修行時祖師給你取的什麼名字？」

　　我看著白叔，說道：「白叔告訴我了，好像叫金差子。」

　　阿婆羅底護法大童子聞言道：「可你知道祖師為什麼給你取名叫金差子嗎？」

　　我迷惑的搖著頭，我真的不知道自己為什麼叫這個名字，自己以前也從沒想到過這個問題。

　　阿婆羅底護法大童子又大聲言道：「這個名字與你的真正來歷有關。當你真的知道了這個名字的含義時，你才真正的知道自己是誰，到那時你的頂門才算真正打開了。你前面的路還長著呢，你將要經歷的磨難還多著呢！」

　　我聞言立即向護法大童子拜道：「弟子金差子，深知自己修為尚淺，絕不敢妄自尊大！今後還請護法大童子多多提點弟子。」

　　阿婆羅底護法大童子點了點頭，道：「好了，不說這些了。該來處理這個孽障了！」說著兩道立目像電光一樣射向了血蛇。

　　接著又對著我大聲道：「金差子，我現在傳授你『封罪金剛杵咒』及『封罪金剛杵大法印』。等下你把這血蛇封在蓮花山下。」

　　我向空中道：「金差子感謝護法大童子傳法之恩！」

話音剛落，我就覺得自己眼前一片火光，我自己漸漸地融入了火光之中……

就覺得周圍通紅的一片火海，可奇怪的是，我竟一點兒都沒覺得熱，反而有一種遍體清涼的感覺。之後，我感覺好像昏迷了一下。當我清醒過來時，看到自己站在聖山的腳下，阿婆羅底護法大童子立在我的對面。聖山頂上金光閃爍，隱約看見祖師坐在聖山山腰處的岩洞前的平臺上正在傳法布道呢。

這時就聽對面一聲大喝：「金差子，用心學法！」我一楞，回過神來。

原來阿婆羅底護法大童子正在向我傳授道法。阿婆羅底護法大童子先向我傳了「封罪金剛杵咒」，之後又傳了「封罪金剛杵大法印」。然後阿婆羅底護法大童子把他右手握著的金剛杵變小，交到我的手裡。讓我拿著他的金剛杵來練習這套咒、印。自己練了許久，已經能非常純熟的運用這套咒、印，並且已經可以不用手拿金剛杵來練，只要咒聲一起，法印一結，用意念就能化出金剛杵來應用了。

阿婆羅底護法大童子見狀哈哈大笑道：「好啊，不愧是金差子呀！」

這時聖山之上傳來一聲悠揚的鐘聲，隨之一聲清晰柔和的呼喚迴盪在耳際：「祖師有請阿婆羅底護法回山……」呼喚之聲剛停，就見阿婆羅底護法大童子周身的烈火忽而猛烈爆射，右手一舉金剛杵，在電閃雷鳴之間，一團火光霹雷帶電的消逝在了天邊。

我也在這時回過神來，四周看了一圈，發現自己仍然站立在蓮花山頂上。就見白叔輕搖紫金扇，微笑著看著我；胡翠花和胡天龍還沉浸在喜悅之中，相互依偎著在說話；虎娃還是那樣呆呆的看著我，一副茫然不解的神色；聖山雪鷹在山頂的上空來回的盤旋著，而那條血

蛇還橫臥在地上微微蠕動著，半空中已經不見阿婆羅底護法大童子了。

這時登山道的入口處上來了三個人。我定睛一看原來是陳明、楊怡和雷震。虎娃這時也轉過頭看見了三人，忙大聲的問道：「老王怎麼樣了？」

雷震答道：「老王只是嚇昏，早就清醒過來了，就是左腿好像受了傷動不了。我們已經把他送醫院了，醫生正在檢查。現在有兩個老鄉在醫院照看他呢。」

聽了這話，我心裏咯噔了一下，一直心裏不踏實就怕他們出意外，結果還是出了意外。這時我看了一眼血蛇，跟大家說道：「大家靜一下吧。今天晚上我們要收服的血龍，現在就在這裏。當然，大家現在就不必害怕了，血龍已經沒有了法力。等一下我們要把這條血龍帶到蓮花山下封印起來。」

虎娃一聽這話，大聲的叫了起來：「大師兄，還封印什麼呀！直接把它消滅了吧，省得留後患呀！」

陳明也跟著道：「先生，虎哥說的對呀，這血龍太厲害了！還是直接消滅了吧！」

我看著大家說道：「開始我也有滅了它的心，因為這血龍乃積煞氣成其形，得血腥而成其靈，根本沒有被教化的可能。但是剛剛聖山四大護法神之一的阿婆羅底大童子特地來告訴我不可滅了這血龍的靈體，讓我將它封印在這蓮花山下。既然大護法親自來阻止此事，看來這其中必有深意呀，我們必須照辦。」

大家一聽這話都無話可說。我在地上拿起虎頭鉢和虎頭鉢蓋，左手持鉢，右手持蓋。念動咒語，把血蛇吸進了鉢中，鉢內的水又變成深深的血紅色了。蓋好了鉢蓋，我叫虎娃捧著虎頭鉢走在前面，我跟在虎娃後面，其餘人也跟了上來魚貫下山。

我和白叔自是心意相通的，我心意一動剛要準備下山時白叔就已經到了目的地的湖邊上。胡翠花在前引路，胡天龍在後面斷後。聖山雪鷹則盤旋於空中，上上下下的巡視著。下山的速度很快，我們一行五人很快就到達蓮花山腳下的湖邊。這個湖就是我們此行的目的地，我就是要把這血龍封印在這湖底之下。

　　我從虎娃手裏接過了虎頭鉢，又向他說道：「虎師弟，請你在附近找一塊堅硬的石頭來，比拳頭大點兒就可以了。」虎娃應聲去了。

　　陳明就站在虎娃的身邊，也聽到了我對虎娃說的話，一躍而出道：「我也去找一塊來。」

　　我叫住了他：「陳明，你幹嘛去？」陳明說：「我幫虎哥找石頭去呀。」

　　我笑道：「你找的不行，必須要虎娃找回來的才行呢。」

　　陳明一聽嘟囔道：「這麼多講究？」這時虎娃已經撿回了一塊石頭了，遞了過來：「大師兄，你看看，這塊行不行？」

　　我拿著石頭看了看，又在腳旁的石階上使勁敲了敲，真的是異常堅硬，只是稍微大了些。

　　我道：「這塊可以，就是它了。」之後我叫大家讓出一塊空地，我好在中間作法。隨後把虎頭鉢放在地中間，面向湖面。我面向虎頭鉢打開了鉢蓋，雙手打起「召罪法印」指向鉢身，同時念起「召罪咒語」，把血蛇的靈體召調出來，然後雙手捧起石頭放在「召罪法印」之中，再念起咒語，把血蛇的靈體召調進石頭之中。

　　隨後把石頭放在地上，我也面對著石頭盤腿坐下，雙手打起「封罪金剛杵大法印」，同時念起「封罪金剛杵咒」。隨著咒音不斷的加快加強，就見這塊石頭被一團咒火團團圍住，血蛇在石頭中翻滾騰挪。

這時，就見從右前天際處一道金光飛來，一隻閃亮的金剛杵一下子釘在血蛇的七寸之上！金剛杵身上的咒語發出道道耀眼的金光與圍住石頭的咒火相映生輝。至此，把血蛇徹底封印在石頭裏。

封印完成之後，我讓虎娃把這塊石頭扔向湖的中心。同時向著湖水和石頭大聲的禱咒曰：「湖水不乾，血龍不出！」

陳明聽懂了我禱咒的含義，迷惑的問我道：「先生，那如果這個湖水乾了，是不是血龍就能破了封印出來了？」我說：「是的，湖水乾了它就出來了。」

陳明不解道：「那它再出來時不就又得禍害人間了？它再吸蓮花的光華不又得很快成蛇魔了嗎？那不就控制不住它了？」這個陳明又是一大串問題向我襲來，我並未回答。

血龍的處理告一段落了，我的身心也放鬆下來。深圳我不是經常來，正好趁這機會好好看看整個深圳的地勢、氣場及風水格局吧。

我靜靜地站在護欄邊上，面向著南方。靜下心來，徹底的放鬆了身體，打開了全身的毛孔，吐納著，與大自然交換著氣息、能量。這時的我，身心是最敏感的，能感知到方圓數里內的氣場及能量場的不同和變化。

而這時的我也是最脆弱和危險的，如果此時有惡靈向我突然發動襲擊的話，就會直接擊傷我的靈體。所以每當我進入這種恍惚空靈的狀態時，白叔都會很緊張的在我周圍巡護，胡翠花和胡天龍也顯得份外警惕。

蓮花山本是深圳市中心區的制高點，站在蓮花山頂向東、西、南三個方向能看得很遠。蓮花山山頂廣場的布局是典型的座北朝南，蓮花山正南方正對著的就是香港。漸漸地，整個深圳的能量場的宏觀布局逐漸顯現了出來。

我感應到，以蓮花山的蓮花寶地為中心的市中心區一帶能量最強，而東、西兩側各有一條強烈的靈動能量帶伸向了南方。更準確的說就是深圳的東、西兩側各有一條靈動帶環抱著香港伸向了大洋。而要知道這兩條靈動活躍的能量帶具體是什麼靈物還是地脈？應在何處？有什麼作用？那就必須得實地考察才能知道。

我從功能狀態中回過神來，轉頭向著虎娃說道：「虎師弟，明天你開一部車過來，陪我好好轉轉深圳吧。」

虎娃高興的大聲回道：「好啊，早就想帶你好好轉轉深圳了，你就是不給機會呀！」

我對著大家說道：「大家回去休息吧，今天都很累了。明天上午十點鐘我們一起去醫院看望老王。」

我們走下蓮花山，回到賓館。虎娃和雷震也在賓館訂了一間房，自然我和虎娃一個房間，陳明和雷震一個房間，楊怡自己一個房間。

回到了房間，我把今晚阿婆羅底護法大童子說的話跟虎娃詳細的講了，要他注意以後的三次磨難。

虎娃嘆了口氣道：「唉，我這一生經歷的磨難可也不少了，也不差這三次了。」接著又說道：「可這以後要去唐古拉山的話，大師兄你必須得陪著我一起去才行啊。」

我笑著說道：「你不是有雪鷹保護著嘛，怕什麼呀？」

虎娃又道：「大師兄，唐古拉山在西藏吧？」

我答道：「是的，唐古拉山脈的主峰在青藏高原上，下面就是美麗的納木錯神湖。我去過幾次了，景色很美，但是往唐古拉主峰各拉丹冬去的話，路上很危險，特難走。」

不過這一天可也真夠驚心動魄，大家上床也就倒頭睡去了。

第二天上午，我們五人一齊來到了醫院看望老王。進了病房，看到老王躺在床上，臉上略顯憔悴、蒼白，可能是昨晚驚嚇過度所致吧。聽到聲音，老王睜開眼看到是我們，掙扎著要坐起來，可他的左腿不聽使喚顯得很費力。雷震馬上上前扶著老王靠在了床頭上。

　　寒暄過後，我問起了老王昨夜的經過。老王蒼白的臉色，還處在戰戰兢兢的狀態下，小聲的說起了昨晚的經過：「我當時和大家一起拿著鏡子站在那裏，不一會就聽到一聲尖叫好像是發自我自己的心底，很恐怖。然後就什麼都看不見了，眼前就是一片血光。等能看見一點兒的時候才發現自己又回到了電梯裏，電梯就停在二十一樓那裏，隨後就看到白裙血頭的女鬼又來了。我這時就覺得左腿一陣巨痛！然後就是窒息的感覺，脖子被緊緊掐住了！後面的事兒我就不知道了。」

　　老王說完又誠懇的盯著我問道：「大師兄，您說我怎麼沒死呢？那血鬼太恐怖了！」

　　我看著他笑道：「老王，你只管放心吧，你遇到再厲害的女鬼都死不了。因為你還是童子身呢，陽氣太盛了！鬼都怕你。」大家一聽都笑了起來。

　　老王一聽，鬆了口氣道：「我想也是這個原因。」又逗的大家笑了一場。

　　我接著對老王道：「老王，你先別說話，閉上眼睛休息一下，我看看你的腿。」

　　我靜了下來，與老王氣息相接，並且查了一下他的靈體。這一看我的心裏咯噔了一下！沒想到傷的這麼嚴重。看來老王這條腿是痊癒不了了，註定得留下殘疾了。

　　我請楊怡幫我倒了杯水，對著杯中的水至誠的念起大悲咒，然後口含大悲咒水噴到老王的左腿上。這時老王的左腿猛的一抖，就聽老

王叫道：「大師兄，我的腿有知覺了，能動了！」說著老王就要下地。

我馬上阻止了他：「老王，現在還不能下地走路，還得靜養幾天，否則容易留下後遺症。」

老王安靜了下來，我又對著老王的左腿誦起了大悲咒，並打起修復靈體的法印，陣陣咒波帶著能量從口中發出，最大限度的修復著老王受傷的靈體。同時白叔也在另一空間加持著。

不一會兒，老王竟沉沉的睡了過去。昨晚的極度驚嚇以及對自己左腿沒有知覺的擔心，搞的老王一夜未眠。現在在大悲咒沉緩的韻律聲中，老王的靈體也得到了極大的安撫，很快就睡著了。

我們見狀，悄悄地退出了病房。走到外面，虎娃大聲的問道：「大師兄，老王的腿沒問題了吧？」

我緩緩的回道：「老王的靈體被傷的太重了，左腿是沒法完全恢復了，以後會留下殘疾的。這也是老王命大呀，要不是白叔及時趕到，阻止了血龍，老王這條命肯定保不住的。」

虎娃急道：「大師兄，那現在的醫學這麼發達，什麼病能治不了呢？我送他到最好的醫院去治療！」

我看著虎娃道：「送老王接受最好的治療，這我非常贊成！無論如何我們都應該先盡人力才行。但是虎娃，你還要認清一個事實，有關靈體方面的恢復與治療，現代醫學確實還沒有這個能力。你看看現在的現實社會中，越來越多的精神病患者、兒童自閉症患者及兒童狂躁症、兒童穢語症的患者，現代醫學根本就是束手無策，甚至連病因都找不出來！其實這些都不是不能治而是涉及到靈體治療的範疇了。為什麼古代的醫學中對『祝由科』非常重視呢？就是這個原因。」

陳明在一旁接話道：「先生，原來古代真有祝由這個治療科目

啊，我一直以為是傳說或者迷信呢，我現在發現自己怎麼這麼孤陋寡聞呢。」

我看了一眼陳明道：「其實這不怪你孤陋寡聞。由於現代科學的飛速發展，人類自己已經看不清楚自己了。人類都把自己當成是全知全能的神，認為自己完全能掌控命運，甚至都能左右大自然了。而實際的真相卻是：人類的一切其實都是由另一個空間的高靈在操控著。人類現在正在向著自我毀滅的道路上飛奔著，而人類自己還不自知，還在夜郎自大呢。

人類對這個宇宙的瞭解真的是太局限了，就像我們的肉眼能看見的光譜一樣非常的狹窄。而最悲哀的是，對看不見的部分我們就自欺欺人的說不存在，而不去接受，不去探索。」

陳明不好意思的看了我一眼，道：「先生，您好像就在說我呢。如果不是在印尼我身中邪術，自己真正經歷了這些事兒，我說什麼都不會相信有鬼神及另一個空間存在的。我一定會把那些事情當成迷信的，而且還會笑話那些相信的人說他們愚昧、無知呢。」

這時虎娃在旁邊大聲叫道：「大師兄，車子來了！我們不是要察看深圳的地形嗎？咱們上車吧！」

坐在車上奔波了一天，基本上把整個深圳的地勢及風水格局認真的勘察了一遍。回到賓館時已經晚上九點鐘了。大家心裏很惦記著老王，就又去了醫院看望他。這時老王的診斷結果已經出來，醫生也很奇怪，老王的左腿沒有任何外傷，照了片子，大腿的筋脈、骨頭、關節等完好無損，沒有一點兒異樣，可就是走路使不上勁，一跛一跛的。

醫生最後給出了「神經性肌萎縮」的結論，具體什麼原因導致的這種疾病？怎樣治療？這些問題，醫生都只能為難的搖頭了。

走出了醫院。我跟大家說道：「今天大家陪我跑了一天了，我基

本上也看清了深圳的風水格局。我想這個話題也是你們大家都很關心的吧？」

虎娃馬上叫道：「那是當然了，我就生活在深圳，我最關心的了！憋了一天了也沒敢開口問你，快跟我們說說吧！」

我笑著對他道：「別急！我們現在再登蓮花山，在蓮花山頂我指給你們看吧。」

陳明叫道：「又上蓮花山？這幾天就跟這蓮花山幹上了，哈哈！」本來這家醫院也就在蓮花山附近，大家有說有笑的來到了蓮花山的山頂廣場。

站在山頂廣場上，扶著護欄向南眺望。我手指著蓮花山正南方主軸線上的一近一遠的兩處大型的正在建設的工地，問虎娃道：「虎師弟，你知道這兩處工地以後是什麼用途嗎？」

虎娃道：「知道，蓮花山腳下近的這一處工地是未來的市政府，聽說要建成大鵬展翅的樣子；正對著的遠處的那個大型建築工地是未來的會展中心，以後大型國際性的展覽招商的所在。再一直往南就是香港了。」

我沉思了一下，點了點頭道：「深圳的風水格局是由自然與人為的兩部分構成的。天然的風水氣脈本就得天獨厚，又加上人為的風水布局的配合，那就更是相得益彰了。深圳是塊寶地呀，而且深圳有高人呀，能把這風水格局配合得如此完美，絕不是一般人所為的，也絕非巧合所致呀。」

虎娃在旁邊急得直跺腳：「大師兄，到底好在哪裏？你能不能具體點兒告訴我，你這是要急死我呀！」大家都拿眼睛盯著我。

我看著虎娃笑道：「好，我簡單的跟你說下，深圳的風水叫做『蓮

托貴人，雙龍出海』的布局。深圳市中心的位置就是這蓮花山上佳的風水寶地，稱做『蓮花寶地』。而人為的又在這蓮花山頂建了這座貴人像以借貴氣。而貴人又雕塑成大步前行的樣子，對面又是香港，出了香港就是廣闊的大洋！這個就是『踏蓮出海』型的風水布局。

而把市政府建在蓮花出海的主軸線上，又是大鵬展翅的形狀，這中間體現著人為的理念與自然相配合的巧妙之處。另外，把會展中心也放在『踏蓮出海』的主軸線上，這更是藉自然之力加強了深圳外向型、開放式格局的形成。

再說東、西兩側。深圳是一座位於山海之間的狹長形狀的城市，背山向海，座北朝南。東側的梧桐山上有一條巨大的青龍盤踞，龍頭朝向大洋，亦呈出海之勢。而巧合的是在它的龍口之處，就是有名的深圳鹽田港國際貨櫃碼頭，每年大量的貨櫃業務進出於鹽田港，跨過大洋駛向全球，這是『青龍出海』。

而深圳的西側，一條頭頂紅珠的白龍的龍頭就在蛇口半島處。而這條白龍的龍口處又是深圳蛇口貨櫃碼頭，也是面向全球的吞吐量巨大的深水碼頭。這是『白龍出海』。這兩處深水碼頭都建在龍口之處，是人為？是巧合？深圳的這種『蓮托貴人，雙龍出海』的風水格局是人為？是巧合？……」

我停頓了一下。大家都用急切的目光看著我，等著我繼續講下去。

我清了清嗓子繼續說道：「雖然深圳是這種得天獨厚的風水格局，但是……」

剛說到這裏，忽然眼前白影飄動，白叔手搖紫金扇笑吟吟的站在我面前，用扇頭指著我說道：「金差子，點到為止吧，莫犯了口誠呀。」

我一聽，心裏一顫。多虧白叔提醒啊，我這兒一時興起，就開始口若懸河了，言多必失呀。這犯了口誠又得受懲罰了。

大家都瞪大眼睛望著我，等著聽下文呢。就見我愣了一下，然後一撇嘴，隨後跟大家一笑，說道：「講完了，剩下的自己去悟吧。」

是的，講完了，「紅樓血影」這個故事也講完了。雖然我講的很詳細了，可還是有很多東西需要大家自己去悟才行。

後面「踏雪尋狐」的故事，講的又是另外一番不同的情景，又有許多新的東西需要去悟，留給大家自己琢磨。

另外，再交待一句，關於老王的事情。虎娃送老王跑遍了全國最好的醫院，可結果並不理想，老王的左腿終身殘疾。後來大家湊了一大筆錢讓老王回老家。他現在已經結了婚，而且生了個兒子。

觀音銅像、
黑獅子、執空

　　紅樓血龍的事情處理好了之後，虎娃帶著老王奔走於全國各大醫院，想辦法要把老王的腿醫好，為此歷時三個多月。虎娃有一股倔勁，雖然我反覆講給他聽，老王是靈體受傷才導致的腿瘸，現在的醫院是治不好這種病的，虎娃還是一直堅持著跑醫院。

　　虎娃就有個死腦筋，認定一個理，一切皆有可能，凡事不輕言放棄。這就是虎娃的性格。

　　人的秉性真的是天生註定的，當年聖山學法時虎娃能以動物身修有所成，成為祖師的五位傳法弟子之一，憑的就是這股堅韌的勁頭。兩千多年過去了，經歷了多少輪迴轉世，可他這秉性卻一點兒沒變。

　　有次虎娃帶著老王從鄭州拜訪一位民間老中醫回來，在我家裏喝茶聊天。我又說起這個話題，勸虎娃別再做這種無謂的努力。

　　虎娃沉思了半天，說道：「大師兄，不是我不信你說的話。我就是想盡人力聽天命吧。老王本與紅樓的事無關，是我硬把他拉進來的，如今受傷腿殘了，不盡力而為的話我這心裏也過意不去呀。」

　　我看著虎娃，心想：「這虎娃憨直勇猛，遇事堅韌不拔，一往直前。雖不知通融圓潤，悟性稍差是其弊端，可卻是修道者不可或缺的品行啊。世上太多那種自詡聰明，變通圓滑的人，做事浮躁不專，遇難而避，遇險則止。這種人別說修道不成，就是人世間的小事業也難有成就啊。」

就在虎娃帶著老王治病這幾個月裏，我和陳明又經歷了幾件事。其中一件事甚是離奇詭異，是一尊千手觀音古像引發的靈異事件。

　　那段時間，大概每隔一個月，就在深圳舉辦一次「修行沙龍」。由陳明組織一些有修行意願、志同道合的人參加的小型聚會，請我來指導大家修行。這是我實在經不住陳明的軟磨硬泡才答應的。直到現在，這種「修行沙龍」還在不定期的舉辦著。效果出人意料地好，不少同修在佛法的修持上已經小有成就了，這是我當時沒有想到的。

　　這個故事就是從這個「修行沙龍」引出來的。

　　那是一個周日的晚上，大概八點鐘左右。我剛從成都回來，下了飛機就直奔陳明深圳的辦公樓，在陳明的辦公樓裏有一個很大的房間，地上鋪著厚厚軟軟的地毯，中間供著一尊兩米多高的青銅千手觀音像，是陳明在香港的一個拍賣會上拍下來的。

　　那次拍賣會陳明也把我找去幫他鑑定。本來我對古董的鑑定是一竅不通的，我那天沒什麼事，就陪陳明去看看熱鬧玩一玩的。可是這尊千手觀音像一抬出來，立馬就把我的眼光吸引過去。乍看這尊觀音像並不太起眼，周身銅跡斑斑，甚至面部都不是很清麗，有些模糊了。

　　可是一見到這尊銅像給我的第一感覺就是，這尊觀音像的來歷肯定不一般。我立即微閉雙目，靜心一照，就覺得滿目的毫光，隱隱間天龍護法環繞上空若隱若現。我心裏明白，這尊觀音像一定是歷史上某位有修有證的高僧大德開光供奉的千手觀音像。

　　這尊觀音像在古董方面的價值我不清楚，可在修行人眼中卻是真正的無價之寶，尤其對修行觀音法門的人來講更是彌足珍貴。

　　這時陳明把頭湊過來向我說道：「先生，我正要請一尊千手觀音的像回去供奉呢，您看這尊像怎麼樣？」

我看著他問道：「你看見這尊觀音像有什麼感覺沒有？」

雖然這尊觀音像對修行人益處很大，可這種事情非常講緣分的，一定要與供奉的人能相應才好。

陳明摸了一下頭道：「這尊觀音像雖然陳舊銹跡斑斑，一看就是在地下埋了很多年，剛剛出土不久的文物，可我感覺很親切、很安詳似的，只有這個感覺，其他的沒什麼了。」

我道：「只要你覺得價格合適就可以請回去了。」

當然，我沒把自己感應到的情景告訴陳明。一是怕他知道以後心裏多想，二是這尊觀音像的具體來歷我還不是很清楚，只是憑第一直覺就下結論不是我做事的風格。我想等回去以後真正靜下來，與觀音像的護法神好好溝通清楚，再跟陳明講也不遲。

而且當時在拍賣會現場也沒有那些時間來認真鑑別，現場氣氛很熱烈，觀音像的價格已經叫到比起拍價高出很多了。陳明是志在必得，以高出對手幾乎一倍的高價請回了這尊千手觀音銅像。我覺得雖然價格高了點兒，可這尊像對陳明來講一定是值得的。要知道，有多少修行人終其一生都得不到一件能與自己相應的法器呀，這不僅僅是錢的問題。

這尊觀音像的現世是可遇而不可求的，又能被陳明看見並得到，這更是需要大機緣才能實現的。我也為陳明高興呀。得到了觀音像，當天晚上大家還小小慶祝了一下。

誰知道，正是這尊觀音像後來差點兒要了陳明的命！

事情是這樣的，請回觀音像的第二天中午，按頭天晚上約定好的時間，我會到陳明在深圳的辦公樓。他在辦公樓的頂層選了一間挺大的房間，把這尊觀音像供奉在這裏。這個房間本來是一間會議室，被

陳明改造成了修煉室，他給這個房間起了個名字「得道廳」。

觀音像按我的要求擺放在「得道廳」中間偏西的位置上。那天中午我就要為這尊觀音像開光落座。

給這種古董文物開光可不是簡單的念念經咒而已，尤其這種曾被歷代大德供奉過深具靈性的古物更是如此。必須要先與觀音像的善神護法溝通好，護法神要接受陳明這個新的供奉者才行，只有這樣才能使護法神與陳明相應，才能使陳明真正的受益。

這是喜歡收藏古董文物的人要非常注意的一點，你要收藏一件古物，不僅要考慮這件古物本身的價值空間，還要考慮到你與這件古物是否「相合」的問題，也就是靈性方面的問題。

一般來講，一件古物歷經千百年仍能流傳於世並且魅力不減，多數都有「靈物」護佑，而這些「靈物」來自於歷代擁有它的人，或者這件古物曾長期處在特殊的地理環境中而具備的。而跟隨這件古物的「靈物」並不一定都是善的，也有煞神、惡鬼等附於其上的。

如果你得到了一件古董，又能與古董上善的「靈物」相應，那我恭喜你，這件古物將帶給你財運、官運，將保你平安，甚至救你之命。這樣的古董你要一代一代的傳下去，保你子孫受益，別人給多少錢都不要賣。如果附在古董上的「靈物」是惡類的，而你又鎮壓不住，那就會擾的你家宅不安，破財破官，甚至家破人亡。

所以在古代，官宦巨賈人家得到一件古物都得請有道行的人來看一下。能相應的留下，不能相應又鎮壓不住的一定要送走才行。所以古代善於收藏古董的人是有一套完整的處理古董的技術的。

可現在的人有幾個懂得這番道理的呢？哪個不是見到古物就收，覺得以後能升值就收？收來之後又不知如何處理，往家中一擺而已。過一段時間就諸事不順，煩惱不斷，災橫之事連連，萬貫家財幾年就

敗光，到最後也不知道到底為什麼會這樣。

這次陳明請的又是一尊千手觀音佛像，一般來講被長期供奉的古物身上的「靈物」都是不一般的。所以我很重視這尊佛像的開光落座儀式。

陳明哪知道這些說法呀，他早就想請一尊這樣的千手觀音佛像了，就是一直遇不到合適的。這回用那麼大價錢請回這尊千手觀音佛像，了了他心裏的一椿心願。明顯的看出來陳明的高興勁，看他樂呵呵的合不攏嘴，我也從心裏替他高興。

陳明一大早就跑來接我，看看時間尚早，就留他在家裏喝茶聊天，也順便給他講講修行方面的道理。

這一聊就不知不覺得過了兩個小時，陳明不斷的看錶，心神不定的樣子。我看著他笑道：「陳明，你哪像個修道的人啊？修道的人哪有你這樣急脾氣的？你要想修行有成還就得從這急脾氣修起才行啊。」

陳明聞言，不好意思的抓了抓頭，道：「我從小就這樣風風火火的，這要慢下來還真不太適應呢。」

我看了一下錶，一看時間也差不多了，一拍他肩膀道：「走吧！」

陳明一躍而起，衝了出去，直奔他的寶馬車。剛在車內坐定，陳明的電話響了。聽話筒裏傳來了很大的急促的聲音：「老闆，不好了！楊總暈倒了！」

「慢點兒說！誰暈倒了？」陳明大聲問道。

「楊怡，楊總暈倒了！還全身抽搐，嘴裏吐白沫呢！嚇死我了，老闆快來吧！怎麼辦呀？」對方焦急的答道。

「楊怡？你趕快叫急救車呀，我馬上就來！」陳明大聲喊道。

一聽是楊怡，我看到陳明的臉刷的一下白了，握著方向盤的手抖了起來，眼睛求助的望向了我。

我拍了拍陳明的手，輕聲說道：「別急，不論在什麼情境下都一定要保持冷靜。楊怡現在在哪裏？在公司還是家裏？」

陳明聞言一拍腦袋：「哎！忘了問。」又打了一通電話，知道楊怡在自己的家裏，汽車向楊怡家裏駛去。

坐在車上，我和陳明久久沒有說話，各自想著心事。陳明表現出明顯的緊張，可見他對楊怡不是一般的關心。

我心裏已經隱隱約約感到不安，心裏已經清楚這尊觀音像絕不是表面上看到的那麼簡單。雖然當時還無法驗證什麼，可從我多年的經歷來分析，這尊觀音像必有問題。

之所以這樣說，是因為我們是在給觀音像做開光落座法事的路上發生這件不好的事，使我們中途改了方向。這是做法事的大忌，這就預示著這場法事會有很大的障礙，會失敗，甚至會有危險。

其實不僅僅是做法事時有這種講究，凡是行軍、占卜、喬遷、簽約等大事正式進行前往往會有徵兆的，而這徵兆的好壞會對這件事的結果有個提前的預知。這其實就是「天人合一」和「宇宙全息場」的道理，宇宙的訊息場是一個完整的結構，宇宙中的陰陽兩界、萬事萬物之間其實是相通相連相互影響的。只要能細心的觀察這些微妙的徵兆，就能提前預知事物發展的結果，提前做一些善後的準備，那在別人的眼中你就是智者。

想歸想，還是得先解決眼前的事情要緊。

我的住處離楊怡的公寓還是有點兒距離的，陳明駕駛著寶馬車風馳電掣的到了楊怡公寓的樓下。我和陳明進了房間，看到楊怡躺在客

廳的長條沙發上，楊怡的助理胡小姐坐在她身邊，焦急的望著她。

陳明一進屋就快步走向楊怡，我則快速的在幾個房間巡視了一圈。這時楊怡已經坐了起來，跟我和陳明打著招呼。我在房間裏也沒發現有什麼異常的氣息，也走過來坐在楊怡的身邊。

據楊怡講述，她是想回家取一份文件，就讓助理胡小姐開車一起回來了。可是找到了文件剛要出門，正在彎腰換鞋時，突然就覺得後脖頸處被狠狠的撞了一下，一陣噁心，頭暈目眩，身上一下子出了一層冷汗就昏迷過去，不省人事了。

胡小姐站在楊怡身邊，看似驚魂未定的樣子，急急的跟我們說道：「楊總正在彎腰換鞋，突然大叫一聲仰面倒在地上，身體還在很痛苦的扭曲抽搐。我大聲叫她也叫不醒，掐她的人中也不管用。但是我不能看著楊總躺在地上啊，就用力的拉她，可她身體好重呀，費了好大的力氣才把楊總拉到了沙發上，那時我覺得楊總的手和身上好冰冷啊。在沙發上，楊總還不停的胡言亂語，說的什麼我也聽不懂。我只是覺得她好像換了一個人似的，挺恐怖的，現在想來還有點兒後怕呢。」

我輕聲的問胡小姐道：「她是什麼時候清醒的？」

「在你們剛要進門的時候。她剛睜開眼睛清醒了，你們就敲門了。」胡小姐答道。

這時就聽得大門處響起了砰！砰！砰！的敲門聲。陳明大步走了過去，打開了房門。幾位醫護人員抬著擔架急匆匆的跑了進來。

一位醫生模樣的中年男子向楊怡和胡小姐仔細的瞭解了情況，又為楊怡做了檢查。之後，站起身來對陳明說道：「你愛人的情況有可能是急性驚恐發作，發作的原因不明。發作期已經過去了，暫時應該不會有什麼危險了，只是病人身體虛弱，要儘量讓她多休息才好。」

陳明邊聽邊點頭道：「謝謝大夫！我會照顧好她的。」

楊怡嘴裏叨咕著：「我不是他愛人……」可醫生已經走出了房門。

看到陳明把醫生送出了門外。我坐在了楊怡的身旁，向楊怡說道：「小楊，我給你號一下脈吧。」

楊怡聞言，把右手伸向了我道：「先生，那就麻煩你了。」

我把二指搭在楊怡的脈門上，靜靜的感覺著，就覺得楊怡體內隱隱約約的有一股微弱的陰寒之氣直衝脈門，除此未見其他異常。

放下了楊怡的手，我心裏基本上有數了。對楊怡說道：「小楊，不必擔心，這次的發作可能就是一種巧合，也可能是你工作壓力所致，好好休息幾天就好了。」

楊怡點頭道：「謝謝先生，我會好好休養的。」

從楊怡家出來，陳明焦急的望著我。我看了他一眼道：「楊怡這種情況並不是醫生說的急性驚恐發作，而是受到邪靈入侵導致的。」

陳明瞪大了眼睛道：「先生，怎麼又是邪靈？這次是什麼東西？為什麼要攻擊楊怡呢？」

「現在具體的情況還不清楚，入侵楊怡的靈體在我們來的時候已經離開了，我是從邪靈殘留在楊怡體內的陰寒之氣中察覺到邪靈的訊息的。」我給陳明解釋道。

「可是呢，只能從這殘留的陰氣中確定楊怡被邪靈侵入過，卻不能進一步確定這是什麼東西和為什麼攻擊楊怡。」我繼續說道。

陳明問道：「那現在怎麼辦呢？楊怡會不會有危險呀？邪靈再來怎麼辦？」

「這點不用擔心，我剛才已經召喚了胡翠花教主，這段時間她會

派黃天霸守護楊怡的。」我說道。

「哦，這樣就好了。」陳明鬆了一口長氣。

「但是沒查明白這邪靈的來歷這段時間，你也要多加注意才好啊。我教你的護身咒一定要多練，你不要著了它們的道兒啊。」我叮囑著陳明。

坐上了車，陳明一拍腦袋，叫道：「哎呀，先生，今天中午要給千手觀音像開光的呀。現在選定的時間已經過了，怎麼辦呢？」

「既然今天選的時間已經過了，那就再選個日子吧。我今天晚上要去四川辦事，等我回來再說吧。」我看著陳明說道。

「那也只能這樣了，有什麼辦法呢？」陳明悻悻道。

當天晚上，我乘飛機到了成都。淨虛師太派來接我的人已經在出口處等著我了。來人是位二十幾歲的年輕人，雖然面目不甚清秀，卻也頗有一種脫俗的氣質。

這年輕人叫張宜山，是淨虛師太的俗家弟子，陝西咸陽人，為了方便修行能隨時向淨虛師太請教，大學畢業之後就在峨眉山腳下的峨眉山市找了份工作。

這張宜山以為我也是千里迢迢，來峨眉山拜訪淨虛師太學法的人呢。一路上滔滔不絕的講著自己修行的感悟，講著淨虛師太的清修及神跡。這樣時間過的很快，不知不覺間我們就到了峨眉山腳下，今晚我就住在這裏，明天一早上山。

回到了峨眉山，我又感慨了一番。是的，每次回到峨眉山我都是這樣。

峨眉山對我來講真的是既熟悉又親切，我就是在峨眉山腳下的那所著名的學校裏度過了美好的大學時光。更讓我感慨難忘的是，就在

這裏上大學期間，就在這峨眉山上，千手觀音菩薩第一次在我面前顯了神跡，我第一次聽到了大悲神咒，見識了大悲神咒的威力、感受到大悲神咒的震撼。那晚的明月，那晚的如幻景色深深的刻在我的心裏，千手觀音的光芒和大悲咒的轟鳴聲時時震撼著我的心靈深處。

峨眉山是我魂牽夢繞的地方，是我得遇千手觀音入門得法的福緣之地。能不令我感慨嗎？

雖然定了賓館的房間，可是我其實並沒有住在那裏。我一個人來到了峨眉山後山河谷裏的一塊平臺上坐了下來。這是一塊巨石天然形成的平臺，巨石四周像蓮花花瓣一樣向外張著，巨石的中間是一個平臺能容坐兩三個人。上大學時，我經常下課後一個人沿著峨眉河向山谷中逆行，有次無意中發現了這塊蓮花巨石，從此這裏就是我的修行寶地了。

坐在蓮花巨石之中，身旁的峨眉河清澈見底細浪滔滔，河谷兩側奇峰千仞雲霧繚繞。尤其在那炎熱的夏季，這河谷裏更是涼風習習，遍體通爽。峨眉山的動物更是極具靈性，山上的猿猴、靈鳥和蝴蝶都是很有名的。那時我坐在蓮花巨石中靜靜的念著大悲咒，旁邊猿啼蝶舞、鳥語花香，清風細雨、綠蔭蔽日，猶如坐在仙境中一樣。

今晚，我又靜靜的坐在這巨石寶座中，念起大悲咒，很快就進入忘我的意境中……

本來到達峨眉山腳下時就已經是半夜，過沒幾個小時天就亮了。我睜開眼睛，早晨的河谷層層薄霧、烟雨濛濛，空氣異常的清新，我腳踏晨露漫步向淨虛師太的結廬庵走去。

淨虛師太盤坐蒲團之上，正面向佛像念經呢。八十多歲的年紀，身型清瘦，雙目還是那樣少有的神采。

見我到來，合掌念了句「阿彌陀佛」。修行人之間本就沒有太多

的禮數，坐下後淨虛師太就直奔主題。

在淨虛師太的靜室中，只我倆對坐品茶，淨虛師太緩緩的對我說道：「范先生，這次老尼請你來峨眉山，有兩件事請你幫忙。其一，我年歲已高，自知在世時日不多，行將往生。本來對我等修佛之人來講，生死是早已勘透，塵世間沒有什麼可留戀的，我只是放心不下對面的黑獅子呀。

自從十幾年前，你我合力收服黑獅子之後，我就一直努力的度化它。總是想著有朝一日能用佛法的力量去其魔性，使其改邪歸正。如果能使黑獅子走上修行正路，若能護持佛法，那更是功德無量啊。可惜呀，我老尼功德不夠，十幾年了只能收服其身未能收服其心。臨走前，我只能把這黑獅子托付給你了。希望范先生能真正的收服它的心，如果它能跟著你，為光大正法盡一份力那也是它的造化呀。」

「黑獅子？就是那個靈山的黑獅護法？當年不是被打下捨身崖，跌入佛光熔爐之中了嗎？它應該被消融了呀，怎麼還在世上？」我驚詫的看著淨虛師太。

淨虛師太道：「是我當時一時慈悲心起，暗中托住了黑獅子，它並沒有真的跌到佛光裏。後來我把它帶回了這裏，壓在對面的山下。唉，本是一番好心救它一命，誰知這頭靈山護法黑獅子魔力太強，十幾年了我都沒能收服它，我真怕給世間留下禍根呀。」

靈山、靈山，又是靈山！那是魔王的巢穴，那是當今亂世的魔力的來源！現在的靈山就是我學法修道的那座聖山。自從兩千多年前，聖山被魔王占據，就被魔王改造成了自己的魔宮，它們稱為「靈山」，魔王自稱「靈山教主」。

魔王更加利用聖山的能量不斷的擴大加強著自己的魔力，看現在群魔亂舞的世道，那居住靈山的魔王就是魔力的真正源泉。兩千年來，

就是從這靈山之中派出了無數的魔兵魔將，擾亂人間、侵蝕人心，並在多次的輪迴中一直追殺著我們當年的聖山五子。而這個黑獅子正是被靈山魔王派來駐守峨眉山並追殺我的靈山護法中的一員。

我不由得想起當年峨眉山頂大戰黑獅子那一幕，驚心動魄呀。本以為黑獅子那一頁已經翻過去了，誰想到它還在世間呢！這黑獅子一旦控制不住，稍有疏忽被它掙脫封印逃到世間，那不又是一場血雨腥風？

淨虛師太的一念之仁到底帶給人間的是福還是禍呢？

現在淨虛師太就要把這黑獅子交到我的手裏，我又怎樣來教化它呢？關鍵是怎樣防止它掙脫封印！淨虛師太身在峨眉，就住在黑獅子身邊，黑獅子一有異動淨虛師太馬上就能採取反制措施。而我遠在千里之外，萬一這黑獅子逃了怎麼辦？……

淨虛師太默默地看著我一言不發。我則思緒萬千，東想西想理不出個頭緒。

我看著淨虛師太遲疑地說道：「師太，對您的要求我本應該義無反顧的答應的，可是我真怕有負師太的重託呀。」

淨虛師太輕聲道：「范先生，渡化眾生改惡從善是我佛門本願。黑獅子雖暴惡異常，卻也是眾生之一。佛言一切眾生皆有佛性，就看我等如何引導了。范先生，黑獅子本來是和你我一樣的眾生，只是它一時誤入了歧途而已，你有責任拉它回正道。」

我猶豫道：「師太，您說的道理我都明白，我只是不知道應該怎麼來引導它。」

淨虛師太柔聲道：「范先生，你本是修千手觀音的大悲法門，千手觀音菩薩最講究的就是慈悲度化、隨緣施教，如果連你都沒有辦法

度化它還有誰能呢？這正是我臨往生前把黑獅子托付給你的原因。」

淨虛師太一提到千手觀音菩薩，我就心裏一亮。是呀，還有千手觀音在冥冥中指引著我呢，我還有什麼可擔心的呢！

我看著淨虛師太堅定的說道：「請師太放心，我一定把黑獅子度化入正道。」

淨虛師太聞言高興的笑了：「范先生，說好了，可不許用殺度的手段喲。」

我也笑道：「師太請放心，不到萬不得已我是輕易不會用殺度的手段的。千手觀音雖然傳我大威怒王殺度法，卻也不會允許我濫殺的。」

「范先生這樣說，老尼就放心了。」淨虛師太含笑點頭道。

「不知師太的第二件事是什麼呢？」我問道。

「哦，這第二件事是有關一位奇特的年輕人。修法心切，已經四天冥坐不言不動、不吃不喝了。山上幾位住持相續探視過，可大家都不知這年輕人入何境界中了，都很擔心。所以老尼想請范先生去看一下，能否有解救之法。」淨虛師太道。

「難道不是某種入定的狀態嗎？」我問道。

「入定的狀態我們還看不出來嗎？真的入定態是能感知外界的一切的，外人持磬一敲即醒。他這種狀態是大叫擊鼓，持磬敲鑼都不醒，就像石頭一樣無知無覺。」淨虛師太答道。

「哦，既然這樣，那我還是先看看這位年輕人要緊。」我說著站起了身。

淨虛師太告訴我那年輕人暫住的寺院，正好那座寺院的住持我也

很熟識，所以就不用淨虛師太送了，我自己向那座寺院走去。

　　到了寺院見到住持，說明來意。住持熱情的把我帶到一座禪堂，禪堂內幽暗昏黑，寂靜無聲。一處角落有個身影盤腿而坐，看樣子此人面目清秀，一派端莊肅穆。

　　住持輕輕的說道：「已經四天了。就是這樣子一動不動的，叫也叫不醒。」

　　我問道：「他一直就坐在這禪堂中嗎？」

　　住持道：「是的。本來這裏幾天前舉行了一次禪七，這位小施主是本寺的掛單居士，每次禪七都會參加的。以前還無異常，只是這次，禪七結束了他還沒有起坐。誰知這一坐就是四天了。」

　　「這青年平時修行什麼法門？」我看著住持問道。

　　「好像是修持《金剛經》。」住持答道。

　　「哦，這樣啊。能拿一個磬來嗎？」我問住持道。

　　「范先生請稍等，我馬上去取。」住持向門外走去。

　　其實經過剛才的仔細觀察，我對這年輕人的狀態已經有點兒瞭解了。這時我看到住持已經走出禪堂，我蹲下身子，把手放在年輕人的頭頂上方，口中念動咒語，隨即一掌向百會穴擊去！年輕人身體一震，第二掌又擊了下去，年輕人身子一軟就要往地上倒。

　　我瞅準時機，第三掌又擊向了百會穴。年輕人百脈俱震，砰然倒地，雖然倒在了地上可還是一動未動。我見狀俯下身來，把嘴貼在年輕人的耳邊輕輕的說幾句話，然後站了起來說道：「小夥子，起來吧！」

　　這時年輕人緩緩睜開了眼睛，眼神渙散，表情木納，有氣無力的說道：「你說的是真的嗎？」

我點了點頭，沒有說話，伸出了手把他拉了起來。年輕人身體極度虛弱，雖然勉強起來可是腿上根本使不上勁，一下子又躺在地上。

正在這時，住持手裏拿了一隻罄走進來。一進來就張大了嘴，瞪大眼睛看著我和年輕人。

「醒過來了？范先生用的什麼辦法叫醒的他？」住持滿臉的疑惑。

我趕緊說道：「哪裏哪裏，是他自己醒過來的。」

「哦，醒過來就好！」住持大聲道。

「他現在還走不了路，還得請住持找兩個人把他抬回房間。」我提醒住持道。住持立刻去安排人了。

我跟年輕人說道：「小夥子，你明天晚飯後到淨虛師太處找我，給你解開心中疑惑。」說完走出寺院，回到了淨虛師太的結廬庵。

遠遠就看到淨虛師太站在庵前向這邊眺望著，看到我回來了，向我招著手。

「醒了？」淨虛師太問道。

「醒了。」我道。

不等師太再問，我接著回道：「太著空相，執著於頑空，勾起心魔，心脈受阻。」

「執空頑空乃禪病的一種，求定求空反著於心魔。唉，宗門不振，正法失傳，邪說歪道，害人不淺。」淨虛師太感慨道。

又拍著我的手道：「范先生啊，護法傳燈其路漫漫，任重道遠，一定要堅持呀。望你不負千手觀音的囑托。」

「放心吧，師太。傳燈護法是我的使命，我會堅持走下去的。」

我看著師太回道。

在庵中坐定，師太與我對坐品茶。

「這個年輕人怎麼樣？是塊修行的材料不？」淨虛師太看著我問道。

「求法心切，毅力可嘉。不知悟性人品如何，尚不敢下定論，還要觀察考驗才行」我答道。

「范先生啊，我知道，現在的年輕人心浮氣躁、急功近利、分別心重、尤其是利欲熏心，執著妄想熾烈難消，現在的世道更是魔患日重，正法難行。可是你千萬不要失去信心才好。如果日後遇到可造之材還是要精心培養啊。」淨虛師太看著我說道。

「千手觀音點你一盞燈明，是要你點明點亮其他的燈啊，燈燈相續，圓成大光明，才能正法長存……」淨虛師太語重心長的教導著我。

這時，山中飄起了小雨，在這清幽的山谷裏，和風細雨中靜靜的聆聽著這位即將離世往生的大德的教誨。

時間不知不覺間過得很快，我們聊了很多很多。淨虛師太好像要把她這一生中所有的所得一次向我傳授。不僅把她所修法門的心得、領悟、境界、誤區……，都講得極其透徹，還把她領悟的佛法中關於做人做事的道理都講給我聽。

淨虛師太的教誨解了我很多的疑惑，使我受益匪淺。

晚上，吃過齋飯，我和淨虛師太沿著山路散步。這是淨虛師太多年養成的習慣。由於時間尚早，山道上行人不斷，不方便這時候去看黑獅子，要到夜深人靜時才行。

一輪明月漸漸升起，今晚的月亮又大又圓。淨虛師太坐在山道旁的石頭上，眯著眼睛靜靜的看著天上的這輪明月，久久望著，一言不

發。

「即將離世的日子，世間的每一分每一秒、每一處場景、每一個人都是非常值得留戀的吧？哪怕是對這位已經勘透生死的大德來講也是一樣的。」我看著淨虛師太的清瘦身影不僅這樣想到。

夜漸深，山道上的行人稀少了。淨虛師太帶著我從一條狹窄的山路斜插進去，走進了山裏。

淨虛師太的結廬庵本是臨河而建，庵下就是峨眉河潺潺流過。我們沿著山間小路走到河的對岸，從結廬庵向對岸看，只能看到一面通天的千仞峭壁。過了河之後，才發現原來峭壁下面竟然別有洞天，一道一人多寬的裂縫隱在峭壁之間，由於樹木繁茂，從對岸根本就看不到。淨虛師太帶著我側身從峭壁裂縫中穿過，在裂縫中轉了兩道彎，眼前豁然開朗許多。一個小小的峽谷出現在了眼前。

峽谷四周山體聳立，向上望去就見一輪皓月、幾點星光和一塊兒天空，月光傾瀉而下把谷底照的通亮。就見谷底中間一塊巨石豎立，黑黝黝的巨石呈三角形狀，上尖下寬。走近細看，巨石的兩側偏上的位置處有兩道明顯的裂痕，裂痕處明顯的燒焦的痕跡。巨石正面一處平滑的石面上隱約的刻著幾個梵文，應該是一句咒語。

這峽谷只有峭壁裂縫這一處出口通向外界，這裏就像一處世外祕境，外人無論如何想不到這裏隱藏著這樣一個世界。不要說外人了，就是本地的山民也不見得知道有這樣一個地方。

淨虛師太輕聲對我說道：「這是我閉關靜修的地方。這塊三角巨石的石質很是特殊，有很強的磁場並且發射出極強的能量，我就是感受到這塊巨石的能量才找到這裏來的。黑獅子就是被我封印在這裏。好在有這樣一塊石頭存在，否則普通的山石根本沒法封住黑獅子。」

我看著巨石上的兩道燒焦的裂痕，向淨虛師太問道：「師太，這

兩道燒焦的痕跡好像年頭不多呀，這是怎麼回事？」

淨虛師太道：「什麼事都是有正反兩面，有利就有弊。由於巨石的特殊能量才能很好的封印住黑獅子，也正是由於巨石的這種特殊能量被黑獅子吸收反而使它法力劇增。這幾年來，黑獅子的力量居然增強到可以召喚天雷來轟擊巨石的程度，那兩處燒焦的裂痕就是它召來的天雷轟擊的結果。為了削弱黑獅子的法力，同時加強對黑獅子的鎮壓，我每個月圓之夜都要來這裏加固封印，以防黑獅子逃脫。」

我一邊聽著一邊觀察著這塊巨石。

「唉，這一年來，老尼已經身心疲憊了，黑獅子的法力越來越大，我封印的力量好像越來越小。我真的擔心終有那一天，黑獅子會轟開巨石脫身而去。到那時，它必定禍亂人間，我宗門必定會血雨腥風。真要那樣我老尼的罪過可就太大了！」淨虛師太憂慮的說道。

看著淨虛師太眼含淚光，深自責怨的樣子，我是真的心有不忍。想到淨虛師太八十多歲的年紀，又馬上要離世往生了，還這樣憂天憂人，也真的令我感動。如果我不把這個擔子挑起來的話，淨虛師太必定不會無牽無掛的往生。想到這裏，我跟淨虛師太說道：「師太請放心，以後就把黑獅子的事交給我吧。我一定會處理好的。不僅不會讓它逃走，還一定讓它改邪歸正做我佛門護法。」

淨虛師太聞言，激動的跑過來拉著我的手，搖晃著說：「范先生，有你這句話我就真的放心了！修行人不打妄語，我相信你一定能做到的！」

說著又喃喃自語道：「現在好了，我可是了無牽掛，可以放心的走了。」

其實即使沒有淨虛師太這樣的臨終囑託，像黑獅子這樣的擔子，我也必須一肩擔起。千手觀音之所以傳我大悲法門也就是要我擔起傳

燈護法的使命，我必須義無反顧的承擔。既然挑起了擔子，那就一定要做好做圓滿才行，可是這時我的心裏真的是一點兒底都沒有。

我這時面向巨石盤腿坐在草地上。這峽谷中的花草樹木都長得極其旺盛，草地濃密而柔軟，坐著很是舒服，這可能跟這塊巨石放射的能量有關吧。淨虛師太也默默的盤腿坐在我的身邊。

慢慢地我靜下心來，雙目微閉，打起千光眼印。一道毫光從玄關扇形射出，直照向巨石。

突然間，就聽得一聲巨吼震盪耳際，一頭巨大無比的黑獅子暴怒異常的向我撲來！巨大的獅爪高高揚起，向我的頭頂拍來。血盆大口張著，獠牙鋸齒清晰可見。

眼看就要撲到我的頭上，豁然間一道光網攔在它的面前，啪的一聲巨響把黑獅子彈了回去。黑獅子一個跟頭倒翻回了巨石中間。它迅速的從地上爬起，抖了抖身上的黑毛，仰首怒吼了一聲！接著向下一蹲，隨後飛身躍起，又向我撲來。光網又一次把它彈了回去。這光網就是淨虛師太封住黑獅子的咒印形成的。

我見光網每次都能擋住黑獅子的進攻，我也就放下心來。用心靜靜的觀察著這頭暴怒的黑獅子。我要找到它的弱點，只有找到它的弱點才能想辦法收服它。這頭黑獅子和十幾年前一樣凶悍，一想起當年在峨眉山金頂與這頭黑獅子的那場惡戰，現在心裏還有點兒後怕。當年差一點兒被這黑獅子把我撲下捨身崖！要不是危急時白叔給了它致命的一擊，我早就成了捨身崖下一堆白骨了。

淨虛師太看到黑獅子拼命的衝擊著光網，害怕它真的衝破咒印，那就不好辦了。淨虛師太緩緩的站起了身，走到了巨石下，雙手合十，口中念著咒語，良久之後就見淨虛師太的身體被一層紅光籠罩。淨虛師太雙掌分開，咒聲急促，雙掌奮力的拍向了巨石下面那印著咒語的

地方。轟的一聲，紅光印入石中。淨虛師太隨後跌坐在地上。

我見狀急忙上前扶住淨虛師太，師太靠在我的肩上，大口喘著氣。過了一會兒，師太艱難地站了起來，向我搖了一下手道：「沒事兒，老尼老了，越來越力不從心了，就快治不住這黑傢伙了。」

「您老不是把這黑獅子托付給我來照顧了嗎？師太您就放心吧，我會想辦法教化它的。」我安慰師太道。

我又對師太說道：「師太，現在已經過了半夜了，太晚了，不然我先把師太您送回庵裏休息？」

淨虛師太搖了搖頭道：「范先生，你要專心對付這黑傢伙，我自己回去就行了。」

看著淨虛師太緩緩的走出石縫，我又面向巨石坐了下來。

此時，黑獅子已經不那樣瘋狂的衝撞了，睜大一雙血紅的大眼憤怒的望著我，喉嚨裏不時的噴出低低的吼聲。我也看著它，大腦飛速的轉動著，考慮著如何才能從心理上征服這個黑傢伙。

我靜靜的坐在巨石前的草地上，封印在巨石中的黑獅子還在怒目瞪視著我。微微閉上了眼睛，把大腦放空下來，漸漸的進入了恍恍惚惚的境界。我要仔細查一下黑獅子的前生往事，我要看一看這黑獅子到底是怎樣成魔的？這黑獅子又是怎樣成為天狼魔君的護法的？

一道靈光從玄關射出，剛與黑獅子的靈體接觸，突然黑獅子體內一股黑霧噴湧而出，彌漫在黑獅子周圍。我這道靈光射不透這片迷霧，靈光照到黑霧中就消失了。這是黑獅子保護自己靈體的防護罩。

有淨虛師太之前的囑咐，我又不能運用法力擊破它的防護罩，因為那樣會傷害黑獅子的，沒法向淨虛師太交待呀。

這可怎麼辦呢？左也不是右也不是，這可真的使我犯難了。

尋思良久，我又想出一個辦法，可以再試一下黑獅子的反應。

　　我立起身子，雙手在胸前結了千手觀音根本印，口中轟轟的念起大悲咒。頓時，靈體周圍毫光四射，光芒大盛。我把自己的靈體幻化成了千手觀音菩薩的形象立在了黑獅子面前。

　　這時在這頭黑獅子眼前突然出現了一尊高大的千隻手臂的菩薩，這尊菩薩全身放射著耀眼的光芒！每只手掌中都有一隻眼睛放著毫光。

　　黑獅子被眼前的毫光一照，嚇得立即向後一縮，瞪大眼睛驚恐的望著我。這時從我的嘴裏發出的轟轟咒聲化成了巨大的能量波罩向黑獅子。黑獅子明顯的感覺到了這毫光和咒波的威力，不斷的向後退著。

　　我看到這種情景心裏開始樂了起來，看來這頭黑獅子被我這幻化的千手觀音的神威嚇住了。只要它害怕就好，知道它對什麼害怕我就能對付它了。

　　可是我高興的太早了，黑獅子向後退著，就快退到最後，猛見它又把身子向下一伏，接著抬起了碩大的黑獅子頭，雙眼又冒出了血紅的凶光，對天一聲長吼，又是一躍而起向我撲來！

　　我見狀不好，雙手手印不散，順勢向外一推，集中了毫光與咒波的能量，一下子罩上了黑獅子。可這一推之力我只使出了三分力，還是要本著不傷害黑獅子的原則才行啊。

　　我這一推之間是加上了意念的，這巨大的能量波推出的瞬間就轉化成烈焰火牆推向了黑獅子。

　　一般來講，動物沒有不怕火的，何況是這咒力轉化的咒火呢。黑獅子一見這烈焰火牆向自己推來，立刻驚恐的睜大眼睛，迅速向後退去。這回黑獅子看來是真的害怕了，黑毛倒豎，全身捲縮的趴在地上。

我見狀，手印一變，換成了大威怒王法門的「金剛火牆印」。口念著咒語走到巨石前，雙手一伸，把手印打在淨虛師太下封印的地方。一片烈焰火一下子隱入了巨石之中。

下好封印，我又走回原地，坐在草地上看著黑獅子。

這黑獅子一看烈焰火牆消失，我還在對面悠閑地盯著它看，我這樣盯著它看好像冒犯了它的威嚴，黑獅子一下子從地上躍起身來，又恢復了雄風和獅王的本性。血紅的獅眼瞪著我，隨著一聲怒吼身形一躍而起，又向我撲來！

誰知黑獅子剛剛躍起到空中，迎面一道烈焰火牆憑空而來擋在黑獅子面前。可是黑獅子這時已經躍起在半空，身形無法轉動，只能向著火牆一頭撞去。就聽得一聲哀嚎！黑獅子已經撞在烈焰火牆上，黑獅子被烈焰一燙，轉身就跑，這黑獅子反應是相當的快，不過身上也被燒掉了一大塊黑毛。

黑獅子定了定神，晃了晃它那碩大的獅子頭，又站起了身。

我在對面靜靜的觀察著它，心想：「難道它還想衝撞火牆？這黑獅子也太桀驁不馴了，要想衝出封印連命都不要了？這傢伙也太難調教了！」

這回黑獅子站起了身，卻沒有向前幾次那樣怒吼一聲一躍而起，而是慢慢的用前爪試探的向前走著。當走到了巨石邊緣，前爪向前一探，呼地一道烈焰火牆憑空出現！黑獅子嚇得一激靈，迅速向後退去。烈焰火牆隨即消失。它又這樣試探了幾次，只要不碰到石壁的邊緣，烈焰火牆就不會出現。

黑獅子知道了規律，只要不碰石壁的邊緣就沒事。它一轉身走回巨石中間趴了下來，斜著頭看了我一眼。

我看著黑獅子的一系列表現，想道：「看來這黑傢伙還不是一味的暴怒莽撞，還是有點兒智慧的。其實只要有智慧就不愁教化不過來，只要找對方法就行。」

黑獅子被這「金剛火牆」封印封住，應該不必擔心它短時間內會逃脫，可這黑獅子不斷的吸收著巨石的能量，自身的功力無形中不斷的提升。這樣下去，有朝一日黑獅子就會震裂巨石逃出升天的，也就是說，用「金剛火牆印」只能封住黑獅子的身體，卻無法感化它的心。

這時黑獅子也在默默地盯著我不知在想什麼，很可能也在想著怎麼對付我呢。

一人一獅就在這小小的峽谷中一動不動的對望著，各自想著心事。峽谷上空依舊是皓月當空，群星點點。雙方就這樣僵持著……

感覺上時間過了良久，黑獅子也有些累了，半瞇了眼睛，可是還沒有放鬆警惕，保持著隨時進攻的姿態。我也微閉雙眼，漸漸進入恍惚的境界。

不知過了多長時間。忽然，就覺得眼前白影一晃！我立即警覺，定睛看去。就見白龍護法，羽扇綸巾，好不瀟灑飄逸，正站在那裏向我微笑。

「白叔？這麼多天沒現身，你到哪裏去了？」我大叫道。

白叔手搖羽扇，沒有回答我的話，看著我微笑道：「怎麼？被這黑毛兒傢伙給難住了？」

我說：「是的，我真想不出辦法如何教化它。」

「白叔是來幫我降服黑獅子來了？」我笑著看著白叔道。

「金差子呀，你哪次有難我白龍尊者沒來幫你？」白叔有些得意道。

「就是呀，白叔對我最好了。」我笑著說。

這時黑獅子一見又來了一個人，馬上警覺的站了起來。瞪大一對兒獅眼冷冷的看著我倆。

白叔回身看了一眼黑獅子，接著對我說道：「這個黑毛傢伙，獅身之時本是稀有的白毛獅王，勇猛異常，可本性並不殘暴。後來被一頭來自遠方的孤身金毛雄獅鬥敗，被驅趕著摔下懸崖。這金毛雄獅成了新的獅王，咬死了這白毛獅王的幼仔，霸占了母獅。

白毛獅王摔下山崖未死，卻也奄奄一息，恰被靈山兩大護法中的黑蓮聖母所救。黑蓮聖母看其可教，就幫它療傷並把它帶到靈山收它做弟子，傳了它黑魔心咒。

白毛獅王身負血海深仇，恨意難控，又見到黑蓮聖母法力無邊，更是傾慕不已，勾起了它重新爭霸之心。

從此後，白毛獅王下苦功勤修黑魔心咒，爭霸野心、無邊恨意再加上黑魔心咒，這三股力量隨時侵蝕著白毛獅王的心。尤其那黑魔心咒，更是激發了白毛獅王內心的魔性。久而久之，白毛獅王逐漸變的殘暴異常，心狠手辣，很快就成為黑蓮聖母身邊最得力的猛將。

那黑魔心咒確實是威力巨大，隨著白毛獅王心性的轉變，它身上的毛也逐漸地由白轉黑，性情更是變得暴怒狠毒，成了現在的樣子。」

我不解的問白叔道：「白叔，那白毛獅王既然知道黑蓮聖母是個大魔頭，而黑魔心咒更是能使其成魔的咒語，難道白毛獅王就為了報仇甘願使自己成魔嗎？」

白叔羽扇一伸，拍了我的頭頂一下，笑道：「金差子，看你這悟性！哪個魔頭會以本來面目示人？所有的魔頭都是以善的形象出現。那黑蓮聖母是我們對她的稱呼，因為我們看清她的本來面目。白毛獅

王一直以為她是位功德大菩薩呢。

黑蓮聖母在傳白毛獅王黑魔心咒時，也不會告訴白毛獅王這是成魔的心咒啊。黑蓮聖母傳白毛獅王這個咒語時會告訴白毛獅王，這個咒語具大功德，多念此咒將來不僅能滿足它所有的願望，而且還能修成大菩薩而利益眾生。但是只要白毛獅王專心修持這黑魔心咒，慢慢的黑魔心咒會把白毛獅王內心深處的貪嗔癡慢疑等魔性激發出來。

這是一個潛移默化的過程，本來這白毛獅王心中充滿了恨意，又有稱霸獅群成為萬獅之王的野心貪念。這黑魔心咒正好可以讓它實現願望，這不是一拍即合嗎。可是隨著白毛獅王不斷的修持魔咒，它的貪心和嗔恨的願望越來越強，越來越難以滿足，以致完全失控，最終成魔。這就是殘暴濫殺的黑獅子成魔的過程。」

我聽了白叔的一番講解，點頭感嘆道：「是呀，這咒語的力量真的是很厲害的。咒語能從人的最根本處使人潛移默化的發生轉變。正能量的咒語能壓制或清除人潛意識中的惡念，導人逐漸向善。負能量的咒語會激發人潛意識中的惡念壓制善念，導人成魔。而最可怕的是所有的魔咒都以善的名義隱藏在佛經佛咒之中，沒有很高鑑別能力的人是無法分辨正邪的。

如今世道，人人學佛，可有幾人越學越清淨？很多學佛的人變得貪心更重、分別心更大、嗔恨心更強、貢高我慢目空一切、越學疑惑越多、越學越迷信失去自我。遍地邪師更是以高僧大德的名義，身披袈裟高居廟堂之上，錯解經意口說邪法，惑人惑眾惑自己。而那些真正的佛法傳人卻只能隱跡於民間，真正是我佛門不幸啊！」

白叔聞言，看著我道：「金差子，如今亂象不僅佛門如此，所有的宗教都是這樣。大多宗教立教的本源都是導人向善的，可後來都被邪師曲解聖意、曲改教宗、暗添魔說、混淆是非。其實佛祖在世時就

已經預見今天的亂象了。這不僅僅是佛門的不幸，應該是整個宗門的不幸。」

「唉，學佛學道學基督，未成仙佛卻入魔。地獄門前僧道多，不如踏實把人做呀。」我心中又感慨道。

這白毛獅王如果摔下懸崖之後沒遇到黑蓮聖母，那它就是一隻鬥敗的獅王。死後隨業力流轉，正常的輪迴不斷。可它遇到了黑蓮聖母，雖然滿足了報仇爭霸的心願，卻失身成魔殘暴濫殺，犯下了滔天罪業。以後時機一到，罪業牽轉入無間地獄受罰永無出期，到那時想參與到正常的輪迴中都不可能了。這樣想來，它當時還不如就做頭普通獅子呢。

「白叔，像黑獅子這樣的魔頭，如何教化它呢？還有可能把它從魔道上拉回來嗎？」我問白叔道。

白叔又向黑獅子望了一眼，回頭說道：「這黑傢伙雖然長期被魔咒侵噬身心，可它本性的善根尚未完全泯滅。在它跌入捨身崖那一瞬間，仇恨及野心暫時熄滅，其本性中的善根流露出來，被淨虛師太感應到了。所以淨虛師太才會心中善念一動，出手救了它。世間的所有事情的發生有時看似偶然，其實都有其必然的道理。這黑獅子命不該絕，也是它尚未十惡不赦，惡貫滿盈，還有一線生機，上天自有好生之德呀。從這點來看，這黑獅子應該還有救。」

「有一句話說，人之將死其言也善。即使是大凶大惡的人，臨死前也有可能會良心發現真情流露的。看來，放下屠刀立地成佛，也不是不可能啊。」我心裏想道。

白叔沉思了一下，說道：「黑獅子是因為長期修習黑魔心咒而成魔。要想削弱其魔性轉惡為善，看來還得從咒語處下手才好。」

說著，白叔轉身面向著黑獅子，逕自走到了巨石前，一抬手，一

道烈焰脫掌而出印到了巨石上。頓時，巨石周圍燃起了熊熊烈火，把黑獅子團團圍在了中間。黑獅子見狀極其恐懼，黑毛倒豎，全身蜷成一團。不一會兒，烈焰的熱浪已經把黑獅子烤的焦躁不安、心煩意亂，不住的低聲哀嚎著。

我在一旁看著白叔的舉動，有些疑惑不解。

這時白叔看看這黑獅子已經被折磨的差不多了，就開口問黑獅子道：「你現在嘗到了烈焰焚心的滋味了吧？我實話告訴你，由於你嗔恨貪婪，殘暴濫殺，當年在峨眉山頂把你打入捨身崖的話，你就將在無間地獄時時受此烈焰焚心之苦永無出期。是淨虛師太一念仁慈救了你一命，給了你一次改過革心的機會。

可是十幾年來，你仍是惡心不改惡念不熄，從今往後你就要天天受此烈焰焚心之苦。可這烈火是你自己控制的，你如果惡念一起則烈焰更盛，會燒的你生不如死。如果你能心地清淨不生惡念的話則烈焰微弱，使你清涼舒適。

另外，我再傳你一個『靜心咒』，從今往後，你只要念起靜心咒烈火就會暫時消失，停念靜心咒則烈火就會再來。如果你能專修靜心咒，那麼時間一到，金剛火牆封印就會自行解開，那時你就恢復自由身了。」

黑獅子此時已被烈焰烤的焦頭爛額，聞言不住的點著頭。白叔向黑獅子口授「靜心咒」——「ong ma ni bei mei hong；ong ma ni bei mei hong……」

白叔囑咐黑獅子道：「黑獅子你要記住，從今往後你不能再念你以前修習的那個咒語了。每念一次那個咒語，這烈焰就會越旺，直至把你燒死為止。你記住了嗎？」

黑獅子低哼道：「記住了。」

「嘿，這黑傢伙終於說話了。從我見到它到現在，它不是瞪眼就是怒吼，沒好好說過一句話。還是白叔有手段，一上來就把黑獅子降服了。」我心裏不覺想道。

這時，白叔已經教會了黑獅子念靜心咒了。

我仔細聽著白叔教黑獅子的靜心咒，這不就是觀音菩薩的心咒嗎？我疑惑的望著白叔。

白叔看出了我的疑惑，說道：「是的，我教它的就是觀音心咒。黑獅子此時的內心深處貪恨之念，已如熱油灼心一樣難以自控。而這觀音心咒如六顆淨珠投於沸騰的濁水之中，久念自會惡念平息，善念現前，一朵紅蓮會護住它的心神不被魔力侵噬。如果黑獅子能從此誠心修持這觀音心咒，那朵紅蓮花會越開越盛，終會帶它修成正果的。這其實也是大慈大悲的觀音菩薩的方便法門呀。」

黑獅子一念靜心咒，那圍著它燃燒的烈焰就憑空消失，它咒聲一停，烈焰火牆馬上憑空出現。

我敬佩的望著白叔，心想道：「還是白叔手段高啊！真的很輕鬆的就把黑獅子這個難題幫我解決了。」

這時白叔回過頭來對我說道：「對付惡人有時候就得用非常手段才行啊，光會講道理是沒用的。」

我說：「是呀，白叔，這叫惡人自有惡人磨呀。哈哈！」

「呵呵，金差子，你說我是大惡人？那就是你理解的不對了。這就叫，慈悲心腸，霹靂手段！對付惡人只知道一味的退讓妥協遷就那是不對的，有時就要用霹靂手段教訓他們才行，這叫止惡的手段。」白叔拍著我的肩膀道。

我哈哈笑著對白叔說道：「白叔，這個道理我是懂的。善不意味

著沒有手段，善不意味著見惡退避，不爭不意味著無能，清淨不意味著無所作為，寬容不意味著無原則的妥協。善人也要具備止惡的手段，見惡不止非真勇，遇弱不助不丈夫。」

黑獅子的事情解決了，我心裏的一塊石頭也落了地。

抬頭向天看了一眼，只見薄雲遮月，月影已斜。看來已經後半夜了，天就快亮了吧。

黑獅子靜靜的斜臥在巨石中間，它的周圍烈焰未燃，看來黑獅子是在不斷的念誦著「靜心咒」呢。

一想到白叔降服黑獅子的過程我就想笑，居然還能使用這種威逼加利誘的手段來教化魔道眾生，這是我以前沒想過的，今天跟白叔又學了一招。

白叔此時靜靜的站在那裏看著黑獅子若有所思。我走到白叔面前，輕聲說道：「白叔，我還有一個疑慮。如果黑蓮聖母找到這裏把黑獅子救出去怎麼辦呢？」

白叔回過頭道：「我剛才就是在想這個問題呢，我也奇怪，黑獅子已經在這裏封印十幾年了，為什麼黑蓮聖母沒把它救出去呢？按理說，淨虛師太的法力根本不是黑蓮聖母的對手。但是我現在明白了，原來是因為這塊三角巨石的緣故。我剛才一直在觀察這塊巨石，這巨石本身的石質很是特殊，巨石本身能量很強，可黑獅子的法力和訊息卻無法透出來。所以黑蓮聖母無法得知黑獅子的確切方位，而且當年峨眉山金頂那一戰，所有的人都以為黑獅子摔下了捨身崖在佛光中溶化了。就是你我不也是剛剛知道黑獅子還活著嗎？」

我遲疑著「哦」了一聲。

隨之又一個疑問在我心裏升起：「白叔，既然這樣，那黑獅子是

透過什麼手段召天雷來劈這巨石的呢？」

「這就是黑獅子的聰明之處了，它雖然自己的法力發不出去，卻巧妙的調動了巨石的能量為它所用，這才召來天雷來轟擊巨石。其實這頭黑獅子悟性很高，聰慧異常，只是被仇恨蒙蔽了雙眼，被魔咒侵蝕了心靈。如果這次真的能使它改邪歸正，那今後必將大有作為。」

此時夜已深了，我也不想在天亮前離開這個峽谷，乾脆我和白叔就在這裏坐到天亮再走吧。

正好趁此時機，白叔順便考察一下我這一段的功夫。我和白叔真的是親密無間，白叔對我而言更是亦師亦友。我所修的大悲法門就是白叔受千手觀音託付對我手口相傳的，所以我的修行境界白叔是最清楚的。

不知不覺間天色已經亮了，白叔就要離開了。

臨行前，白叔叮囑我道：「金差子，這段時間你一定要多加小心。上次你在印尼救陳明那次，我在那附近發現了黑蓮聖母的蹤跡。只是當時事發突然，沒有仔細追查。黑蓮聖母很有可能就在那一帶活動。你要記住，黑蓮聖母和楞嚴咒魔這靈山的兩大護法一直是你們聖山五子的死對頭，他們會不擇手段的致你們於死地的。」

我笑著對白叔說道：「白叔請放心，我會多加注意的。其實有對手也不見得是不好的事，沒有對手自己就沒法提高了。再說了，危急的時候不是有白叔你在保護我嗎？我有什麼好怕的？」

白叔一隻手放在我肩上，有些憂慮的說：「金差子，你要知道，如果對手足夠強大的話，他是有能力屏蔽你和我之間的訊息的。到那時，白叔想幫你都幫不了的。你看這黑獅子不就是一個現成的例子？」

「好的，我知道了白叔，我會留意的。」我輕聲道。

白叔抬頭看了一下峽谷的四周，對我說道：「金差子，等一下你離開的時候把這處峽谷打個封印，以免不知內情的山民誤闖進來，丟了性命。」

　　「好的，白叔。」我看著白叔說道。

　　眼前白影一閃，白叔憑空消失。

　　這時就聽得耳際一聲獅吼，我回頭一看，那黑獅子在巨石中間不斷前撲後跳，吼聲不斷。看樣子它是寂寞難耐、心煩氣躁呀，忽的一圈兒烈火熊熊燃起，把黑獅子團團圍住，灼熱的氣浪衝向黑獅子。黑獅子一聲哀嚎，蜷起了身子。頃刻間，熊熊咒火又憑空消失了。看來是黑獅子不得已又念起了「靜心咒」。

　　看著黑獅子的這番情景不禁使我想起了西遊記中孫悟空身困煉丹爐，結果煉出了火眼金睛的故事。這黑獅子能練出什麼來呢？

　　我轉身從峽谷中走了出來，在通向谷外的那處裂縫中間停了下來。我看到在石壁上有一塊長條形的山石突出來，便口念大悲咒，雙手結成「召神法印」，召來山中的神靈，法印印在條形山石上。我這次召請的是蛇神，有了蛇神在此守護，今後，如果有山民誤闖進這條石縫中，這塊條形山石就會幻化成巨大的蟒蛇嚇退誤入者。其實這種守護蛇神不僅僅只是幻化蛇神嚇退來人，如果有人不顧警告真的要進入峽谷的話，這守護蛇神是真的能傷人的。

　　我尋原路返回淨虛師太的結廬庵，向淨虛師太詳細的講了降服黑獅子的過程。淨虛師太聽後對黑獅子徹底放下心，不住的感謝我對黑獅子的教化之功。其實黑獅子哪裏是我降服的呀，全是白龍護法的功德呀。

　　而且我也跟淨虛師太講了，今天晚上我將指點一下那位修《金剛經》差點兒走火入魔的小夥子，淨虛師太更是高興，不住的向千手觀

音像頂禮膜拜。

我看整個白天也沒什麼安排，就向淨虛師太告辭，準備要上峨眉山金頂，再去領略一下峨眉山的風光。順便再去拜訪幾位隱居在峨眉山的前輩。

傍晚時分，我從峨眉山上下來，回到淨虛師太的結廬庵，和淨虛師太一起吃晚飯。正在閑聊著，那個年輕人走了進來。

他禮貌的向我和淨虛師太打了聲招呼，就默默地坐在旁邊的竹椅上一言不發。年輕人身形消瘦，目光清澈，面色紅潤了一些，只是神情略顯木訥。

吃過了晚飯，淨虛師太照例沿著山路散步，我也叫上年輕人一起陪著師太走出去。今晚散步，淨虛師太沒說太多的話，只是默默地久久地看著天上的明月星空，好像在盡情的享受著微微拂面的清風，盡情的呼吸著山間的清新甘洌的空氣。我們也靜靜的陪著淨虛師太一起感受著這一切。

良久之後，我轉過頭來，輕輕的問淨虛師太道：「有把握？」

淨虛師太微微一笑，低聲吟道：「眼見一切皆幻象，業障現前無須忙；一句佛號萬業消，淨心往生彌陀旁。」

我笑著向淨虛師太一抱拳，道：「恭喜師太！」

淨虛師太拍了拍我的肩膀，道：「范先生，老尼只是先走一步而已。圓融法界終相遇，各憑願力盡虛空。」

我笑著對師太道：「師太已悟輪迴相，一句佛號心中藏。」

淨虛師太拍著我對道：「去後來先一瞬間，師太已登蓮花台。」說罷，我和師太雙手擊掌哈哈大笑。

年輕人坐在旁邊楞楞地望著我倆，一副不知所云的樣子。淨虛師太起身，慢慢地向來路走去。我和年輕人把師太送到了結廬庵。

　　隨後我帶著年輕人，來到峨嵋河旁我練功的蓮花巨石的平臺上坐下來。坐在平臺上，我微閉雙目，默不作聲。

　　年輕人見我許久未動，就主動發話道：「范先生，我給自己取了個名字叫執空。你就叫我執空吧。」

　　「執空？執哪種空？」我反問道。

　　「執哪種空？空不就是一種嗎？」執空不解道。

　　「空就一種？那你說說，你執的那個空是什麼？」我道。

　　「空就是什麼都沒有。空就是無，無就是空。」執空道。

　　「哦，那麼你如何能達到這種空的境界的呢？」我繼續問執空道。

　　執空一聽我這樣問，提起了他的興趣，這是他研究了幾年的東西了，而且他自認為已經領悟到了其中的真諦。

　　「我是專修《金剛經》的，《金剛經》中句句說的都是空，空也就是無相，無相就是無形無相。《金剛經》裏反覆強調一句話，『無我相人相眾生相壽者相』。我就是從這句話起修的，先從無我相開始修起。

　　第一步，先打坐學會放鬆身體，使身體鬆之又鬆，終至於空，先把自己的身體空掉，這樣就感覺不到自己的身體了。

　　第二步，觀察自己的念頭，念頭一出就呸的一聲制止住。這樣就能制止自己雜念叢生。然後用自己的意念看住念頭的發起處，不讓有新的念頭產生。這樣就做到無念了。這是把念頭空掉。

　　如果能做到身體空了，念頭也空了，那我整個人就都空了，就感

覺不到自己的存在了。這樣的話就能入定。根據入定的深淺會有各種不同的境界，當入定修到一定程度時，比如按四禪八定的階段一步步修到後來也就能豁然開悟，見到自己本來面目。到那時眼中所見一切萬物皆是空相，從而神通皆備，永脫輪迴，來去自如了。這種境界就是佛說的涅槃，是最高的修行境界……」這執空說起這些來真是眉飛色舞，雙目泛光，掩飾不住的激動與興奮。

「你認為這些就是修行的真諦？能修到最高的涅槃境界？」我睜開了眼睛，看著執空道。

「是的，這就是修行的方法，當然光明白道理是不行的，必須要實修才行。」執空道。

「你所謂的實修是指打坐入定？把身心放空，以至於無？你認為這就是《金剛經》上說的無我相？」我又問道。

「是的，打坐入定，放空身心是修行的真諦。當然，戒律才是修行的基礎。要想修行有成就必須嚴格的守戒才行。其實，釋迦牟尼佛祖已經把修行的真諦概括的相當好了，即戒、定、慧。要想修行到最高境界就必須先從嚴格的守戒開始，守好戒律，身心就清靜，然後才能更好的入定。入定到了一定的程度自然就會智慧大開，明心見性了。」執空興奮的說道。

「看來你已經很明白。那麼這些修行的真諦是哪位師父告訴你的呢？」我好奇的問道。

「師父？我沒有師父教。我這些都是自己看書悟的。我研究了大量的佛書和道書，最後我發現無論是佛教、道教還是其他的宗教，所有的修行最後都離不開嚴格的持戒和入定。所以我認定這才是修行的正確方法。所謂的修行其實就是找到使自己清靜入定的方法，並且持之以恆的堅持下去，時機一到自然就明心見性永脫輪迴了。」執空自

信的說道。

「哦，看來你很自信呀。那你能跟我說一下你為什麼學佛嗎？」我繼續問道。

「我家住北京，從小到大沒有離開過北京。不瞞你說，我爺爺是個高幹，我又是家中的獨子，所以家人對我一直關愛有加。我大學畢業後，憑爺爺的關係留在北京一個有權有錢的政府部門工作。工作本身很輕鬆，沒有什麼壓力，可是上下級之間和同事之間的勾心鬥角與爾虞我詐卻令我十分的厭煩。我是一個正義感很強的人，見不得歪風邪氣。所以剛上班的那幾年我的心情十分鬱悶，每天上班都很勉強，一想到要與那些勢利無恥的小人一起工作我就受不了。

有一天下午，利用上班時間到書店看書。看到書架上一本《金剛經》註解的書。書的前部分是《金剛經》原文，我本著好奇的心態認真的從頭到尾看了一遍，我要看看佛經到底是說什麼的。結果奇蹟發生了。當我看到『世尊！若復有人得聞是經，信心清淨，則生實相，當知是人，成就第一希有功德。』這一段時，忽然間就像虛空中飛來一道光擊中了我的頭頂！再往下看時不自覺的淚流滿面，無法自控，心情久久不能平復。

但是說實話，那時我根本就沒看懂《金剛經》上寫的意思是什麼。從那以後我就愛上《金剛經》，也是從那時起我開始關注佛法，大量研究佛教的各種經典。越研究我就越受不了單位那些俗人，開始萌生了出家的念頭。《金剛經》是我每日必讀的必修課，我知道佛法要想真正的精進必須依仗實修，僅僅空談理論是沒有用的。所以這三年來，我持戒、打坐、入定、誦《金剛經》。

可是在北京只能用業餘時間打坐修行，俗事纏身不得解脫，往往是剛在打坐時有點兒定的境界，單位的煩心事就找上門來。而且身在

北京，接觸的人多，受到的誘惑也多，根本就無法守戒。我也不能做的太不和群呀，所以修定的功夫進進退退的沒有多大進展。我深深的意識到，如果這樣長此以往，我將身陷紅塵沉淪下去。

所以下決心請了長假，來到峨眉山想找一個清靜的廟宇出家。可是沒有廟宇收留我，我就只好在廟裏暫時住著等待機會。我想，我的誠心一定會感動佛菩薩的，最終一定會有寺廟收留我出家的。」

「哦，好的，我對你的情況基本上有個瞭解了。但是你知道嗎？那些天你在廟裏打坐入定四天時間不醒，那是相當危險的，你已經處於走火入魔的境界中了。」我看著他道。

「我那天跟著大家一起修禪七，先是放鬆身體，觀空身體。然後開始觀察自己的念頭，開始用意念來止念。剛開始時做的很好，已經感覺不到身體的存在，對念頭控制的也很好，基本上沒有念頭蹦出來。那時候就覺得自己清清明明的很是舒服，我想這應該就是定境了吧，心裏很是高興，我心裏想著一定要把這種境界定住才行。

可是好像這種清明的境界時間不長，我就昏沉過去，開始做夢了。各種各樣的夢境，有時我在美妙的天堂裏，周圍鮮花美女；有時在青山綠水間，百鳥靈獸相伴；有時又身為古代高官，權高位重，執掌生殺大權；有時被人追殺，四處逃竄；有時天崩地裂，末日來臨；有時洪水滔天，被激流沖走；有時猛獸追擊，喪身蛇腹；有時身陷地獄，烈火焚心……總之，從一個夢境跌進另一個夢境。也不知道時間過了多久，就好像睡覺時被夢魘了的感覺，想醒卻醒不過來，真是太難受了！」

我看著他道：「你知道嗎，那時大家又是大聲叫你，又是敲磬擊鼓的要震醒你，可你就是不醒啊，把大家急壞了。」

「大家叫我，我在夢境中看到的是虛空中有無數個魔王張著血盆

大口叫我的名字，好像我只要一答應就會被吸進去一樣。大家敲鑼擊鼓，在我的夢裏那就是天雷轟頂，電閃雷鳴，我聽到這聲音就嚇得沒命的逃跑躲避。

本來整個夢境是昏黑一片無明無光的，我正在恐懼徬徨不知所措時。忽聽的一聲巨響從天邊傳來，天邊的一塊厚厚的烏雲被一道強光驅散了，隨後又是兩聲巨響，頭頂的烏雲全散了，陽光普照大地，所有夢境一下子消失了，我這才從夢境中醒了過來。醒來後就聽到先生你說的那幾句話，看到先生站在我的旁邊。」執空擦了擦汗，心有餘悸的說道。

我盯著他認真的說：「這就是你無師自修，錯解經意，執著於空相的結果呀。你誤解空意，執著於頑空，勾起了心魔，你在夢中所見都是心魔變現的境界。你強行止念，急於入定，導致心脈受阻，使你陷於夢魘不能自拔。」

我看他還是一副茫然的樣子，又接著對他說道：「執空，如果當時沒有及時救你的話，你將陷於心魔無法自拔，你今後的結局就是非瘋即傻，那你這個人就徹底廢了。你經歷的這種現象就是古書上說的走火入魔。」

執空聞言內心震動，身上出了一層冷汗，滿臉都是汗涔涔的。

看他的樣子我不僅心生憐惜之情，執空雖然錯解經意，盲修瞎練，可那也是由於他求法心切。雖然他誤入歧途，遭遇大風險，可是這個年輕人卻也毅力可嘉。尤其是他能在即將走火入魔時遇上我出手解救，更說明他福澤深厚呀。對這個年輕人我倒是可以指點一下他，能否有成就那就看他的心態悟性和心性如何了。

我對他說道：「看你這滿臉的汗水，快到下面河裏洗把臉吧。清醒清醒我們再來聊。」

執空道：「好吧，確實覺得有些憋悶呢。」說著，跳下了石台。

執空洗了臉，跳回石台，盤腿坐在我對面。

我看著他笑了一下道：「執空，既然你研究了那麼多佛法方面的書，那咱倆就來論論道吧。」

執空趕緊擺著手，不好意思道：「范先生，您太抬舉我了，我哪敢與先生論道啊。如果先生能對我指點一二，那晚輩就感激不盡了。」

「嘿，看來這小夥兒還具備謙虛的秉性，不錯呀。」我心裏暗暗想道。

要知道，貢高我慢，自高自大，目空一切那可是修行者的大忌。修行界內沒有最高只有更高，山外有山，天外有天，一山更比一山高。修行的境界越高，明白的道理越深就越不敢輕視任何人，甚至連動物都不敢輕視。

街頭跑著的那隻流浪野狗就有可能是大羅金仙轉世，正在這裏轉世度劫呢。街尾那拾垃圾的老奶奶，可能就有很厲害的護法暗中保護著呢。你見人家好欺負，踢人一腳罵人一句，覺得人家不能把你怎麼樣。可後來你身遭橫禍自己都不知道怎麼回事。

所以呀，不畏強權，不欺婦孺，見人謙虛三分，見動物關愛三分那肯定是沒錯的。

就拿現在我對面的年輕人來講，如果他覺得自己悟性奇高，聰慧異常，再擺出一副高傲或者高深莫測的樣子來，那我才不會搭理他呢。不是我不想教他，而是他如果懷著這種心態的話根本聽不進別人的建議的。

自高自大的人像花崗岩，滴水不進；虛懷若谷的人就像大海綿，當然能吸收很多。所以修行者無論何時都應該保持謙虛的心態，爭取

做一個虛懷若谷的謙謙君子吧。

我靜靜的望著年輕人，輕聲道：「執空，你有什麼問題儘管問吧。」

執空低頭沉思了片刻，抬起頭遲疑的問道：「范先生，難道我對《金剛經》的經意理解錯了？」

我馬上回答道：「是的，你的理解是錯的。」

「難道修行不是打坐觀空，止念入定？」執空繼續問道。

「不是！你說的那些都與修行沒有關係！」我肯定的回答道。

執空瞪大眼睛，迷茫不解的望著我。

「其實，你覺得是真諦的那些道理都是從書上看來的。對吧？」我反問道。

「是的，那些知識確實都是我從書上看來的。可是，難道那些書都寫錯了嗎？我看的都是那些歷代很有名望的高僧大德寫的書啊。」執空疑惑著問道。

「你覺得看書也能修成正果？」我反問了一句。

然後接著說道：「從古至今，你看中土整個宗教的歷史，有哪個是自己看書修成正果的？照著幾本經典就能修成正果，那人間不是遍地都是仙佛了？況且佛家道家的經典浩如烟海，如果都看都學那你就徹底糊塗了，書上只能講一些籠統的理論和假設，卻沒有各種境界的詳細描述和應對。而修行完全是從實證中來的，那是一點兒都含糊不來的。

就拿你說的打坐入定之道吧，要想完成四禪八定的境界，你就必須至少要破除十八種空相和五十種陰魔，如果沒有師父的指引和護法，你如何進行？就說你這次走火入魔的發生，哪本書上有自我應對之

法？」

我停了一下看一眼年輕人，見他還在認真的聽呢，就又接著說道：「我大概跟你說說十八種空的名字：一內空，二外空，三內外空，四大空，五空空，六真實空，七有為空，八無為空，九畢竟空，十無前後空，十一不捨離空，十二佛性空，十三自相空，十四一切法空，十五無法空，十六有法空，十七無法有法空，十八不可得空。

以上十八種空，你在修行入定中只要執著於一種空境就會走火入魔。那五十種陰魔你只要有一種破不了就進入魔道。請問，這重重關口誰能有把握安然通過？再說四禪八定吧，除了佛祖你聽說有誰修成四禪八定的最高境界了？而且，我告訴你，即使有人修成四禪八定的最高境界，他也擺脫不了輪迴，達不到涅槃的境界。因為，這條路是錯誤的，按釋迦牟尼佛祖的說法稱這是外道。」

「透過四禪八定解脫輪迴，達到涅槃境界您說是錯誤的？難道佛祖說的戒定慧也是錯誤的？可是釋迦牟尼佛祖本人就是拋棄王位，歷經苦行，最後於菩提樹下入定四十九日終於徹悟成佛的呀。」執空真的急了，用明顯懷疑的目光看著我，並且連珠炮一樣發出了疑問。

看著執空著急的樣子我忍不住笑了起來，停頓了一下跟他說道：「你說的沒錯，釋迦牟尼佛祖確實修習過四禪八定的入定法，可不是四十九天，而是專修入定法修了整整三年時間，修到了最高境界非想非非想處定。當時佛祖為了尋求解脫，他遍訪名師，遇到阿羅陀迦蘭。阿羅陀為沙門師，日後的佛陀按照阿羅陀的教義和教規過梵行生活，這種教義主張透過一系列禪定功夫，達到無所有處定，即是意識上一切空無所有，進入甚深的禪定狀態。

不久釋迦牟尼達到了阿羅陀所教導的一切境界，然而釋迦牟尼卻不滿足於這種學說而選擇退出。仍未成道的他接著又跟隨優陀羅羅摩

子（Udraka Ramaputra）修行，並且破了十八空相和五十種陰魔達到最高的非想非非想處定。但是他認為這仍然不是解脫的境界，然而釋迦牟尼已經找不到老師。」

看執空還在靜靜的聽著，我又繼續說道：「後來佛祖到了摩揭陀國伽耶南方的優樓頻羅村苦行林，開始六年的苦行生活，佛祖的父親淨飯王派了五位侍者與太子一起修行。苦修期間，太子日食一麻一麥，雖至形體枯瘦，心身衰竭，但始終未能成道，遂出苦行林。當時，共修的五位侍者，誤以為太子退失道心，遂捨之而去。

太子來到尼連禪河沐浴，接受牧女乳糜之供養。恢復體力後，至伽耶村畢鉢羅樹下，以吉祥草敷金剛座，東向跏趺而坐，端身正念，靜心默照，降伏諸魔，四十九日後，於十二月八日破曉時分，瞻望明星豁然大悟，成就無上正等正覺。釋迦牟尼佛成道時曾說：『奇哉，奇哉！大地眾生皆有如來智慧德相，但以執著妄想，不能證得。』

執空，你專研佛法已經好幾年了。我以上講的釋迦牟尼佛祖成道的過程你早就應該爛熟於胸了吧？」

執空看著我點了點頭。

我繼續問道：「那麼執空請你告訴我，當年釋迦牟尼佛祖修習入定法已經達到了最高的境界，為什麼最後放棄這種修行方法，並且說這種方法是外道，不得究竟解脫？」

執空低下了頭，沉思著……

我又接著問道：「執空，我問你，釋迦牟尼佛祖是在什麼狀態下覺悟的？是在深深的定境中覺悟的嗎？」

執空點了點頭，盯著我看。

我啪的拍了他肩膀一下，叫道：「我的大學生同學！醒醒吧，

請仔細再聽一遍：端身正念，靜心默照，降伏諸魔，四十九日後，於十二月八日破曉時分，瞻望明星豁然大悟，成就無上正等正覺。」

執空茫然了，遲疑道：「先生，我知道這句話，很熟悉這段話呀。可沒覺得有什麼玄機呀。」

「執空，佛祖是在降服諸魔之後，瞻望明星時大徹大悟的！這句話明確的告訴我們，佛祖的成就是在戰勝外魔與心魔之後得到的。你想過沒有，佛祖是在什麼狀態下降服諸魔的？不可能是在執空入定中吧？而佛祖睜著眼睛瞻望明星而大悟，就是說，佛祖大徹大悟時也沒有在深深入定的狀態中！」說了這段話之後，我看著執空靜默不語，停頓了良久。

執空一直深深的低著頭，沉思著。

我知道，執空此時的思緒是紊亂的。本來，幾年來對修行的執著和他對修行的見解已經深深的刻在他的心裏了，並且要按照這套自己覺得正確的方法修煉一生的。可是被我這頓打擊，使他產生了動搖。可以理解的是，他自己堅持了幾年的東西，被證明是錯誤的，內心深處一定有糾結有掙扎，很難馬上接受。

我理解他的心情，可是為了執空能走上正確的修行道路，我必須還得趁熱打鐵才行。

我又接著說道：「執空，你一直認為執空入定是大徹大悟的必經之路，你又肯定地說，釋迦牟尼佛祖是由於執空入定而最終成道的。那麼我再問你一下，如果釋迦牟尼佛是因為執空入定而大徹大悟的，那他大徹大悟後第一句話應該這樣說：『奇哉，奇哉！大地眾生皆有如來智慧德相，但以執空入定，而能證得』。佛祖為什麼沒那樣說，而是要說：『奇哉，奇哉！大地眾生皆有如來智慧德相，但以執著妄想，不能證得。』佛祖為什麼著重強調了執著與妄想而沒有涉及入定的字

樣呢？」

執空沉思良久，抬起了頭，我看到他的兩眼通紅充滿了血絲，空洞迷茫的看著我。

良久之後，悶聲道：「先生，我心裏知道您說的有道理。可是我現在太迷茫了，我立志以佛祖為榜樣，自度度人，利益眾生。此生能脫離六道，解脫輪迴才是我的心願啊。本來以為自己已經找到了解脫之法，只要脫離塵世，找到一塊清淨的地方，持戒入定，此生終能成就的。可聽先生這樣一說，好像解脫生死並不是從持戒入定中來的。可是晚輩真的糊塗了，到底怎樣做才能了脫生死，度己度人利益大眾呢？」

我沉思了一下，稍微理了理思路，然後對執空說道：「執空，其實佛法的修持是一個系統的工程。一般來講，初學佛法的人應該從八正道和十善業先來起修，八正道是佛弟子修行的八項內容：正見、正思維、正語、正業、正命、正精進、正念、正定。

執空，你別看這八正道從字面上來看很簡單，其實佛法修持的所有東西都包含其中了，包括你說的戒定慧等。

八正道是佛學裏最基礎的東西，而八正道中最根本的就是第一條，正見。

你想學佛法，對佛法的目標和修持方法如果沒有一個正確的見解做指導，那麼你一定是舉步即錯，不僅達不到修身養性、解脫輪迴的目的，甚至還會損害身心、誤入魔道。

就像你對修行原理和《金剛經》的錯誤見解，直接導致你走火入魔的修行結果。你不僅成不了佛，還可能修成一個非瘋即傻的廢人。不僅你自己陷在魔境中無法自拔痛苦萬分，還給你家人帶來無窮的煩惱。這都是錯誤的知見造成的。

其實，《金剛經》確實是指導修行的不二經典，而從無我相無人相無眾生相無壽者相起修也是正確的。可是，何為無我相？難道放空身心，止住念頭，無思無慮就是無我相嗎？」我反問執空道。

「無我相，不就是無身無心無念嗎？就是沒有了我的存在，把我空了。」執空答道。

「那麼你做到了嗎？」我又反問道。

「我正在努力做呀，我每天打坐幾個小時，爭取把自己的身體空掉，同時觀察自己的念頭，把念頭也止住。」執空回道。

「打坐時能短暫的感覺不到自己身體的存在了，那麼不打坐的時候呢？還能保持這種空的狀態嗎？如果你不打坐時也能保持這種無我的狀態，那麼你為什麼還憤世嫉俗，煩惱焦慮呢？你都做到無我相了，就不應該有那些煩惱了。

而且人的念頭就像這石下的河水一樣川流不息，是你用意念能制止得住的嗎？」我問道。

沒等執空回答，我又接著說道：「這峨眉河你想讓它不流，用什麼方法可以做到呢？古人云，抽刀斷水水更流。你越是堵它，它向下的衝擊力就越強。那麼除非你築一道堤壩。但是即使你築了堤壩，河水就真的不流了嗎？不會的，他只是暫時的靜止，其實它在隨時積蓄著力量呢。一旦河水積蓄的力量足夠大，那它總有一天會破堤而出，呈一瀉千里的泛濫之勢！那時就是你真的陷入狂亂崩潰的時候。

其實你上次的走火入魔就是你平時壓制念頭造成反彈的結果。念頭壓制在心裏很久了，會在你入定或睡眠的時候爆發出來。入定或者睡眠時，你的顯意識處於昏沉狀態，無法強力止念的。

這種強行壓制念頭的做法不僅不會使你清淨，反而會導致你平時

欲望更加增強，更加煩躁不安。你每天即使兩個小時處於所謂的入定態中，其他的二十二小時的時間裏都是處於散亂煩惱的狀態，你覺得這樣做對修行有用嗎？」

執空這時使勁的拍著自己的腦袋，叫道：「是呀是呀，我就是這樣，打坐時心裏安靜了，可是一下坐，尤其一到單位看到那些勢利小人的嘴臉就更加的煩躁，總想發脾氣。而且確實欲望也強了很多，總是想著男女方面的事，更使我靜不下心來，我一直在自責自己，可是控制不了啊，我好恨自己呀！清醒時還好自己能強行控制不去想，可晚上睡著了就控制不了了，常常漏身。這也是我想出家的原因。」

我聽到這話，看了執空一眼道：「作為你一個正常的年輕人來講，想男女之事也很正常啊。為什麼恨自己呢？」

「○○上人說的，淫心不除，絕不可能成道。必須徹底斷絕男女之事，甚至念頭都不能動一下才行。」執空回道。

我聞言盯著執空看了半天，沉聲說道：「執空，像你這樣不忠不孝、不負責任、好逸惡勞的人有什麼資格坐在這裏談修行？你如果真的這樣一直修行下去，將來必入魔道，最終的結局就是入無間地獄，永世不得翻身！」

執空一聽這話瞪大了眼睛，楞在了那裏，張大了嘴半天說不出話來。

「你想一想，父母辛辛苦苦把你養大成人，費盡心思的培養你供你上大學，就是想使你長大後成為一個對社會對家庭有用的勇於承擔的人。而你學成之後不安於本職工作，看了幾本佛書就整天以修行人自居，憤世嫉俗，玩世不恭，居然還想放棄工作進山修行。你說，你這是不是不忠？」

說著我瞪了執空一眼，又道：「現在家中都是一個孩子，你若進

山出家了，你想過自己的父母今後怎麼辦？你就忍心看著他們傷心欲絕，老無所養？你這就是不孝！況且不孝有三無後為大，到了一定的年齡娶妻生子，養老育幼此乃人倫之德天倫之道。如果大家都像你一樣為了自己的修行拋棄父母，孤身絕育，為貪清淨，出家避世而不事勞作，那這社會如何發展？人類種族如何延續？你覺得這是正道嗎？照這樣修行能有成就嗎？」

我看了一眼執空，又接著說道：「執空，我在這裏明確的跟你說，如果有人脫離人道而談天理，脫離世俗而談佛論道。那一定是邪說！不是正法正道！」

「我再跟你說一個道理，出家修行比在家修行的難度要大得多。現在的出家人，幾乎不事勞作不能自食其力，坐在巍峨的廟堂裏打打坐念念經，心安理得的受千人供養萬人膜拜。你要知道，受人供養和膜拜那都是要還的呀，那都是欠下的業債。如果今生修行不得力的話反而業債高築。」

「一切仙佛都是從人做起的，人道都做不好還妄談什麼成仙成佛呀？所謂的度己度人利益眾生，那一定是從自己最親近的身邊人度起，如果連自己的親生父母、兄弟姐妹、妻子兒女都盡不到義務照顧不好的話，談何利益天下眾生呢？一屋不掃何以掃天下！不盡人道而談修行，尤如隔山打牛、水中撈月一樣終不可得。」我喘了口氣。

「據我所知，佛祖釋迦牟尼之後，有一人掌握了生死輪迴的真相，真正的大徹大悟，那個人就是唐代的六祖慧能。慧能大師雖然也身披袈裟，可那只是一個形式，是為了當時方便宏法而已。六祖慧能從未說過要出家才能修行，要進山才能修行，也沒說過修行不能工作，修行不能結婚，更沒說過修行必須要斷了淫欲才行。慧能大師反而說，佛法在世間，不離世間覺，離世覓菩提，恰如求兔角。慧能大師又說過：

『善知識！若欲修行，在家亦得，不由在寺。在家能行，如東方人心善；在寺不修，如西方人心惡，但心清淨，即是自性西方。』」

執空此時似有所悟，不住的點著頭，兩眼專注的盯著我認真的聽著。

我繼續說道：「執空，你要從《金剛經》入手修習佛法，這也是可以的。但是你要正確的理解《金剛經》的真意，那就必須從六祖慧能的《壇經》學起。六祖慧能就是由《金剛經》而明心見性，大徹大悟的，《壇經》是對《金剛經》最好的釋義。我現在就給你講解何為真正的禪定，何為無念，何為無住，何為無相，如何是真正的戒定慧，如何布施，以及忍辱的意義，如何在紅塵中修行最高境界的佛法……

禪定非由打坐，修行無需出家，無我必能忍辱，布施方顯真德。

持戒何須吃素，斷欲陰陽阻隔，修心必在紅塵，對境不動最尊。」

時間過得很快，不知不覺間天邊泛白。

執空長出了一口氣，感慨道：「范先生，古人說聽君一席話勝讀十年書，我今天是深深的感受到了。

之前幾年，我天天讀《金剛經》，卻根本沒有明白《金剛經》的意思，誤解經意盲修瞎煉，不僅浪費了幾年時間，又差一點兒走火入魔。我現在深深的知道了，不是經典誤人，而是我自誤啊！平時我自詡聰明又自命清高，總覺得自己是大根性的人，認為現在亂世無名師可循，只以戒律和經典為師即可。

誰知我把戒律和經典的意思都理解錯了。現在我明白這個道理了，修行路上險境重重，沒有明師引路是萬萬成就不了的。」

我看著執空說道：「執空，你求法的決心、毅力和根性都是不錯的。按照我交給你的方法，回北京後按步就班的修煉很快就會有感應

的。但是你也要注意一點，修行一旦上路，有時難免有魔障現前阻礙你的修煉。你要知道應對的辦法才行。」

執空「哦」了一聲，有些困惑的問道：「范先生，可是我不知道怎麼來應對魔障啊。」

「其實魔障不外乎兩方面：一方面是心魔；一方面是外魔。

所謂心魔，就是開始修行時，本來自己相對平靜的心反而煩躁焦慮起來，貪嗔癡慢疑五毒欲望漸漸強烈，甚至難以控制。這時就是用功的緊要關頭了，要學會用智慧心去照破，心不隨欲動。心中五毒欲望一起，念頭就要立即察覺，馬上心中樹起正念並默念經咒來化解。久久行之，五毒欲望漸息，惡念不生，身心安泰。這叫『破心相』。

另一方面，有些人發菩提心開始修行後不久，會發現不僅沒有事事順利，反而煩惱劇增，小人不斷，家宅不安，自己和家人的身體也出毛病等等。有很多發心修行的人不明就裏，就開始懷疑抱怨佛菩薩不靈，從而放棄修行。其實這種現象就是修行界常說的外魔干擾。

凡發心修行者正念一起，身上就會發出光來，這叫性光，也叫心光。正邪不兩立，心光一起邪魔立至，擾亂你的心性阻礙你的修行。這時，你就要奮起精神，更加堅定信心，從兩方面來對治外魔。

一方面，堅信佛菩薩及師父的加持力，勤修護身法。一般來講，修習任何法門開始時，師父都會教徒弟護身法的，護身法的威力一發出來，外魔退避就不敢靠近了。即使遇到厲害的邪魔其實也不用擔心，真的到了危急關頭，師父就會出來為你護法加持了。所以說，修行路上不能沒有師父，沒有師父帶領和護持你就寸步難行。

另一方面，面對不順的境界，你要修煉自己這顆如如不動的心。你能做到面對煩惱、面對小人、面對冤屈、面對天災人禍而能保持自己的心不驚、不怖、不畏、不恨、不怨、不怒、不悔嗎？

如果面對這樣的境界你還能保持自己這顆清淨的本心的話，那你就達到了六祖慧能說的『若見諸境心不亂者，即是真定也』。久久修持下去就會體會到真正的禪定的滋味了。

煩惱即菩提。於世事中煉就自己這顆金剛不動心。到了這個時候，干擾你的外魔都會恭敬你護持你了，都會變成你的護法神了。

心魔是自己無始以來的業障來的，而外魔既是擾亂你修行的障礙，又是成就你修行的助力。

煩惱其實就是鑄煉純鋼的烈火，光耀萬丈的法界紅蓮一定是從紅塵煩惱中綻放出來的。」我看著執空認真的說道。

執空聞言起身對我深深一拜，說道：「先生所言執空一定銘記在心，以前我一直自詡自己是上上根性的人，是塊修行的好鋼。現在我明白了，自己到底是不是好鋼，那要被這紅塵煩惱的烈火歷練了才知道。我想我應該能經受住考驗的。」

我起身扶起了執空，拍著他肩膀說道：「不要怕魔難，記住，無魔不成道。執空，道理給你講清了，修行還得靠你自己，師父領進門修行在個人呀。現在我教你修《金剛經》的護身法⋯⋯」

我倆離開峨眉河谷時天色已經大亮了。雖然一夜未眠，我並沒有感到疲倦，而執空一直處於一種亢奮的狀態。

拜別了淨虛師太，我離開了峨眉山，執空也將返回北京。

坐在回程的飛機上，在峨眉山的這三天的情景像電影般在我的腦中過了一遍，即將往生的淨虛師太、嗔恨成魔的黑獅子、走火入魔的執空⋯⋯到底是何種因緣使大家聚在峨眉山上？

「於諸境上心不染，曰『無念』；於自念上常離諸境，不於境上生心⋯⋯」

心裏默念著六祖慧能的開示，我深深的進入了夢鄉……

陳明到機場接我。寶馬車很快上了高速公路，我念起護身咒語，暗中祭起了手印。因為剛才在機場見到陳明時，我見到陳明臉上一抹黑氣一閃即逝，我知道這是陳明又著了道。

我坐在車上，微閉著雙眼，好像在睡覺一樣，其實是在留意著周圍的動靜。陳明看我閉著眼沒有說話，以為我太累在休息，所以也沒有說什麼，只是在專心的開著車。我忽然感覺到一片徹骨的涼意襲來，同時耳畔聽到陳明「啊」的一聲大叫！

睜開眼一看，就見高速公路對面的車道，一輛大貨車斜著車身撞破了中間的防護帶，顛簸著迎面向我們撞了過來！陳明大叫一聲之後，兩眼發直的瞪著前方，雙手緊握著方向盤不動，腳上繼續踩著油門，逕自向著大貨車撞去！我餘光中見到陳明全身上下籠罩著一團黑氣。我知道，此時的陳明已經控制不了自己的行為了，他被邪靈控制了！

此時我頭腦異常冷靜，危急中自己體內的能量像爆炸一樣向四周射出，同時左手一把抓住了陳明緊握的方向盤使勁向右一拉，寶馬車斜著向右前方衝出去。這時大貨車已經撞了過來，重重的撞在寶馬車的左後側，撞得寶馬車就地一旋，車頭調轉重重的撞上大貨車的尾部。

好在這一撞一旋之中卸掉了一半的衝擊力，轟然一聲！一切都停止了動靜，陳明歪倒在座位上，氣囊彈出來，陳明受傷不輕。巨大的衝擊力使車身整個變了形，我試著開右側的車門，居然打開了。再試著動動雙腿，拼命從變形的前座把雙腿抽了出來，鑽到車外。還好，只是雙腿受點皮外傷，還能站起來。

人站在車外，環視車禍現場，心裏並不慌張，這類事件在我的一生中發生了不只一次。我微閉雙目凝神靜氣，運起千光眼照向四周，已經沒有黑氣，邪靈已經無影無蹤了，陳明生死未卜。

在陳明的辦公室頂層，一場小型的修行沙龍活動正在舉行。今天就是每個月舉行沙龍活動的日子。我在深圳的話一般都會參加活動的，只是這段時間事情太多，已經好久沒有參加他們的活動了。陳明到機場接我，也沒有在場。

大概十幾個人圍坐在那尊古老的千手觀音銅像的周圍，正在默默地打坐。這十幾個人的年齡從二十幾歲到五十幾歲不等，都是陳明的好朋友或者陳明生意上的合作夥伴，他們也可以說是志同道合的一群人，都是在陳明的影響下修習大悲法門的人。

這群人中有一位面目端莊，衣著華麗的中年女士，靜靜的坐在千手觀音像的正對面，口中輕輕念著大悲咒，滿臉虔誠，似乎已經進入了恍兮惚兮的狀態。

這位是章女士，老公是與泰國做外貿出口有名的商人，她是虔誠的佛教徒，最近才參加這個沙龍組織的。章女士滿身的珠光寶氣，最特別的是她胸前掛著的一樣東西。

遠看就是一條金鏈吊著一個大大的吊墜，幽幽的發著神祕的青黃色的光；如果就近細看，會看到那個吊墜其實是個古香古色的非常精緻的小瓶，小瓶中赫然蜷著一個小孩子一樣的東西。黑黑的小小的屍骨浸泡在黃黃濃濃的藥水中。讓剛看到的人會有一種說不出的神祕，恐怖，甚至莫名其妙難受的感覺。再看這十幾個人當中竟有四五個人脖子上掛著同樣的東西。

泰國邪師

一片茂密的原始森林中，一座金壁輝煌的小廟裏，一尊莊嚴的佛像下，盤腿坐著一位面目冷峻有些蒼老的和尚，看著眼前跪在蒲團上的一男一女。男人身材臃腫，大腹便便，一看就是那種庸俗的商人模樣。旁邊跪著的就是章女士。在男人身邊立著一個中等大小的看似非常結實的旅行箱。和尚看了看眼前的男女，沒有說話，只是半閉著雙眼，嘴裏輕輕的念著什麼。

這是幾年前，發生在泰國與緬甸交界處深山密林中一座寺廟中的場景。

「大法師，弟子這次專程來到這裏就是來感謝師父的，弟子是來還願的。」男人向和尚砰砰砰磕了三個響頭，抬起頭說到。

「哦」，聽到這話，和尚抬眼看了一下男人。

「不知大師可曾記得弟子？三年前弟子生意失敗，債主追殺，走投無路時，經人引薦見到了大法師您，求您幫我化解危難，東山再起。您給我做了法事，並且賜弟子夫婦一對古曼童護法，弟子夫婦回去之後誠心供養絲毫不敢怠慢。從去年開始弟子的事業有了轉機，如今已經小有成就了。弟子知道，這都是拜大法師所賜呀！所以這次特攜重金來拜謝師父。」說著，把身邊的旅行箱打了開來。

和尚睜眼一看，只見滿箱子的鈔票，眼睛不禁一亮，隨即低下頭去，還是沒有說話，默默的念著經。

男人一看大法師沒有說話，站起身來，把旅行箱推到大法師身邊，

順勢就近斜坐在大法師的側面。向大法師輕聲說道：「大法師，弟子這次來還有個請求，請大法師一定幫我。」

和尚抬起頭看著男人道：「說吧。」

「弟子知道大法師法力無邊，弟子希望能在生意上大有作為。現在中國大陸正是能發大財的最好時候，請大法師施法助我得到更大的財富，我也一定會重重的謝師父的。」男人臉泛著紅光，激動的說著。

和尚雙眼直視著男人，一動不動的盯著他看了半天。看得男人心裏一陣陣的發毛，迴避著和尚的目光不敢說話。

過了半晌，和尚收回目光，說道：「我看你命中無大財，我勸你還是安分過日子吧，不要貪心太過。本來幫你做法事度劫並且給你古曼童供養助你發財就已經是違背天意了，你還想要求更多，這樣是不對的。」

男子一聽這話，馬上撲通一聲跪倒在和尚座前，又砰砰砰的開始磕頭，嘴裏不住的叨念著：「師父一定要幫弟子呀，弟子知道師父一定有辦法的，師父法力無邊呀。弟子發了財以後一定不會忘了師父的，弟子在大陸人脈關係很廣的，弟子發了財以後會介紹很多富商來供養師父的，弟子一定會讓師父名利雙收的……」

和尚開始表情還很不耐煩的，可是聽著聽著就猶豫了起來，看來還是被男人的話打動了。

和尚對男人說道：「我看你還是很有誠心的，也算你有福，來對地方拜對了人，我還真有一門能助人發財的法術，叫做八鬼運財術。這個法術是非常難練的，最難的地方就是要找到八個符合條件的鬼仔才行。我找了差不多十年才剛剛找齊了八個鬼仔。」

男人一聽這話馬上又激動起來：「師父，我就知道你一定有辦法

的！太好了，太好了，那就請師父馬上做法事吧！」

「哪能這麼著急？這個法事可不是一般的，要做很多準備工作的。而且在給你做法事之前你必須要答應我幾個條件才行。」和尚盯著男人慢慢的說道。

「好，師父請說吧，只要能讓我發大財，什麼條件我都能答應。」

「第一，你必須每年的八月十五前到我的廟裏來一趟。這八個鬼的法力和怨力都相當的強，我每年都得用特殊的方法來壓制他們，否則，一旦他們反噬起來你將會死的很慘，而我也會受到連累。

第二，八鬼運財術將在一年以後起作用。從明年開始，你所掙的錢要分給我一半，每年的八月十五前來我這裏時一併交給我。如果你不守誠信，也將死的很慘。

第三，供養這八個鬼的儀式很複雜，而且每次必須要用你自己身上的血來供養。你一定要嚴格按照儀式的規定去做，不能絲毫怠慢。

第四，你要發誓終身供養我，我讓你做的事情必須無條件去做，不能違背。以上幾個條件你能做到嗎？」

當和尚說到每年要把收入的一半交給和尚時，男人的臉上顯出了猶豫的表情。

和尚看到男人一臉猶豫不定的樣子，又對男人說道：「我能讓你發財，也能讓你破財！如果我現在把古曼童收回來，你很快就會破產。」

男人一聽這話，身上一激靈打了個冷顫，想到了三年前自己被債主追債的情景，一狠心一跺腳，心裏道：「只要能讓我發大財，我什麼都能去做！拿出一半就拿出一半，反正也比現在多。」

「好的，我全都答應了！師父，那就請你做法事吧。」男人大聲

道。

「把你的生辰八字留下，再留下一碗血，你們就可以回去了，一百天後再來這裏，你自己來，到時候我再給你施法。」說完，和尚又閉上了眼睛。

陳明靜靜的躺在醫院裏。楊怡坐在病床旁的椅子上，我站在窗前望著遠處。陳明已經脫離險境，小腿骨和前臂骨折，萬幸的是沒有傷及內臟，現在需要的就是靜養。

「我離開的這段時間陳明的家裏或者公司發生過什麼事情沒有？」我向楊怡問道。

楊怡看著我，略作沉思：「其實這段時間也沒有什麼特別的事情發生，生意上都很正常啊。」

「這段時間陳明去過什麼地方或者見過什麼奇特的人沒有？」我繼續問。

「哦，要是這麼說的話我倒是想起一件事情。先生上次走得很急，沒有來得及給那尊千手佛像開光，陳明就非常著急這件事。正巧章女士從泰國請來了一位大法師正好在深圳，就住在章女士家裏。聽圈內的人傳說，這位大法師佛法相當高深，尤其在破災超度和轉財運方面非常神奇。陳明也對這位泰國大法師早有耳聞。這次就把大法師請到公司來，為千手觀音佛像開了光。」楊怡看著我回答道。

聽到那尊千手觀音佛像，我的心裏激靈了一下，馬上想到了我去峨眉山前本來是要給千手觀音佛像開光的，而當時由於楊怡突然在家暈倒了，所以沒能完成開光儀式，當時我就知道這尊佛像必有隱情。難道真是這尊佛像帶來了邪靈？影響了陳明？我心裏不斷的思索著。

「我本來不同意陳明請泰國大法師來給千手觀音佛像開光的，我

希望等先生回來給佛像開光。可陳明說，先生是沒有宗教或門派之分的，先生一直強調法門沒有高低貴賤之分，是不會反對泰國法師來開光的。」

楊怡頓了頓又說道：「我這段時間其實覺得陳明有些不正常，本來自從紅樓事件處理完以後，我們的事業發展的很順利，可是最近這段時間陳明的心態很不穩定，總是覺得在大陸的事業發展的太慢，整天就想著如何以最快的方式賺大錢。我感覺陳明對金錢和財富的欲望越來越大了。」

「哦？」我回過頭看著楊怡，陳明以前雖然工作起來像拼命三郎，雷厲風行，可那是一種敬業的精神和負責的態度啊，並不是因為對財富的貪婪攫取和獨占的欲望所導致的呀。聽楊怡這樣一說的話，這段時間陳明的變化應該是不小了，我該多關心一下他了。

楊怡看了我一眼，一副欲言又止的樣子。我見狀問道：「小楊，有什麼話就儘量說出來吧。我覺得陳明這次車禍的背後必有隱情，當時陳明已經處於一種失控的狀態中了。你儘量把知道的都告訴我吧。」

「好吧，既然先生這樣說，那我就把知道的都說出來了。本來有些事情也不是很確定，可能只是我的一方猜測而已。」楊怡慢聲道。

「章女士和她老公是陳明生意場中的朋友，前幾年在大陸共同搞了個項目，賺了一些錢。章女士夫婦非常信奉一位泰國大法師，章女士老公曾經破產，就是在這位大法師的幫助下度過難關的，而且這幾年生意越做越大，這件事很多人都知道。

所以在章女士夫婦的引薦下這幾年信奉和供養大法師的人越來越多，大家都想藉助大法師的法力讓自己發大財。陳明聽說章女士夫婦的事，非常感興趣，與章女士夫婦接觸的很頻繁。最近又邀請章女士參加大悲法門的修行沙龍，並且請大法師為千手觀音佛像開光。

我覺得，陳明心態的變化就是從與章女士夫婦密切接觸之後開始的。我對陳明的變化就是感覺不對勁，但也說不好哪裏不對。」

　　「那你見過那位泰國的大法師嗎？」我看著楊怡問道。

　　「見過，有一次陳明領我到章女士家裏見到的。大法師一直在那裏打坐，基本上沒有什麼交流，面目比較莊嚴端正，就是有點兒給人一種陰冷的感覺，不知道其他人對大法師感覺如何。可陳明卻非常興奮，一直求大法師為他做法事，他想求一尊最厲害的古曼童護法。」

　　「古曼童護法？」我盯著楊怡。

　　「是的，章女士夫婦身上常年帶著的，一個小瓶裏裝著一個好像黑色的小孩兒骷髏一樣的東西，看著有點兒嚇人，可聽他們說法力很大，尤其能助人發財什麼的。」

　　「古曼童我知道的，我是問陳明也想求一個古曼童護法？」

　　「是的，大法師已經答應為陳明做法事，賜給他一尊最厲害的古曼童護法。當然，陳明也陸續供養了大法師很多錢，並且求了好長時間才答應的。聽說這尊古曼童護法已經在製作中，大概再有一個月左右就能交給陳明。」楊怡回答道。

　　一聽這話，我吸了一口涼氣，心道：「陳明這小子到底是怎麼了？這麼大的事情也沒問我一下。這不正常呀，這小子財迷心竅了？連古曼童這種東西都敢碰？」

　　我有些擔心的看了一眼躺在病床上正在沉睡的陳明，一股莫名的不安湧上了心頭。

　　「我們還是去公司看一下吧。」我回頭對楊怡說道。

　　我隱隱地感覺，問題可能出在陳明的公司，尤其可能跟陳明請回的那尊千手觀音像有關。

楊怡開車很快來到了陳明辦公樓對面的路口，在這裏已經能看到陳明的辦公樓。看到辦公樓的一瞬間，我的心裏突地一跳！同時一股陰冷之氣撲面而來，身上不自覺的打了個寒顫。這種感覺就跟在高速公路上出車禍前的感覺極為相似。

　　我馬上吩咐楊怡道：「小楊，我們先不到樓裏去了，先把車停在路邊吧。」楊怡疑惑的看了我一眼，隨即慢慢的把車停在了路邊。

　　我靜下心來觀察著這棟辦公樓。現在的天空晴空萬里，陽光也很明媚，本來這棟全鋼化玻璃非常現代的辦公樓應該遍體通亮才對，可是就覺得辦公樓上方和周圍被一層淡淡的灰霧籠罩著，給人一種不是很舒服的感覺。

　　我回頭看了一眼楊怡，問道：「小楊，你靜下心來好好看看你們公司的這棟辦公樓，用心感受一下，有什麼感覺？」我是想知道一下楊怡的身體覺知的能力。

　　小楊瞇起眼，用心的看著辦公樓，過了一會兒，睜大眼睛看著我說道：「先生，我覺得這就是一棟現代的辦公樓啊，跟其他的辦公樓一樣，沒看出什麼不同啊……只是最近在樓裏辦公的時候經常感覺到身上發冷，我一直以為是我這段時間身體有點兒虛吧。確實，這段日子經常加班。先生，不知道這算不算您說的不一樣的感覺？」

　　我沒說話，微微閉上眼睛，用心觀照一下辦公樓，確實黑氣彌漫，邪氣沖天。看這種情景，這裏面的邪靈能量不小啊。我心裏暗道：「我才離開幾天啊，這裏怎麼變成這個樣子了？」

　　我正在尋思間，忽覺得眼前一花，兩個人影站在我的面前。一看，原來是教主胡翠花和黃天霸。

　　一見到黃天霸我想起來了，我走前不是派黃天霸護持楊怡和陳明來著嘛，怎麼現在搞成這樣子呢？

我這裏心念一動，黃天霸馬上就感知到了。看著他低著頭好像有些無奈的對我說道：「這件事說來話長，我還是讓你看看到底發生了什麼吧。」

　　黃天霸話音剛落，我的眼前就出現了畫面，像播電影一樣把整個事件放了一遍。我看後不覺得嘆了口氣，心裏對黃天霸和教主說道：「我知道了，你們也盡力了，不要埋怨自己也不要再自責了，這不是我們所能左右的了。我們現在回營吧。哦，黃天霸，你還要繼續護持楊怡啊，不能讓她受到它們的傷害才行。」黃天霸聞言，點了點頭答應著。

　　我睜開眼睛，看到楊怡還望著辦公樓發著呆，跟她說道：「小楊，我們就不去樓裏了，你現在送我回家吧，我要休息一下。」楊怡好像看出了我心情不好，也沒說話，開動了車子。

　　回到了家裏，我靜靜的靠在躺椅上閉目養神，剛才的一幕又在腦海中過了一遍。

　　我看到，那是一個黃昏，在陳明的辦公樓前來了一輛豪華轎車。車上陸續下來了陳明和章女士夫婦，最後下來了一位身披袈裟的僧人，就是那位泰國大法師。

　　陳明熱情的領著章女士夫婦和大法師走進辦公樓。這時就見轎車後面一團黑霧樣的東西如影隨形的跟著，仔細一看，原來是兩個厲鬼領著一群各式各樣的鬼類跟隨著他們。其中還有幾個滿身血污面目猙獰的嬰靈相隨，一見到這幾個嬰靈的樣子就感覺一股說不出的邪性。

　　這一大群鬼類眼看著就要跟隨陳明他們進入辦公樓了，突然間，黃天霸帶領著一對化作人形的黃仙和蛇仙擋住了它們的去路。這群鬼類一見有人擋住去路，各各露出獠牙利爪撲了上來！這一頓混戰呀，打的是天灰地暗。

辦公樓前打翻了天，可陳明和章女士他們並不知道。看到陳明領著章女士夫婦和大法師乘電梯，一直上到頂層供著千手觀音像的那間會議室。此時辦公室裏早已經有一群人在等候，一見章女士夫婦帶著大法師到了，大家都非常熱情的迎了出來，甚至還有幾個人在大法師腳前跪了下來，不住的磕著頭。

　　辦公樓外，黃天霸等護法仙家拼死擋住鬼類不讓它們進入辦公樓裏。這群厲鬼也是非常厲害，眼看著鬥得不相上下難解難分，又見遠處一團黑霧滾滾而至，一隻吸血僵屍模樣的厲鬼，帶著一大批僵屍鬼蜂擁而至加入了戰鬥。它們一加入進來整個形勢立馬逆轉，黃天霸等明顯處於弱勢，眼看著就要堅持不住，大批鬼類即將破門而入！

　　就在這危急時刻，忽然眼前一花，一大隊狐仙出現在大門前擋住了門口。原來是胡翠花教主帶領著大隊狐兵前來救援，胡翠花一身白衣白甲手持寶劍，威風凜凜。這群鬼類見狀紛紛退下不敢向前。就這樣，辦公樓前，一大隊狐黃護法和一大群厲鬼對峙僵持著。

　　辦公樓頂層會議室裏，一片烟霧繚繞，大法師正圍著千手觀音像一圈圈的走著，手中拿著搖鈴一樣的東西，嘴裏念念有詞，正在做著法事。陳明和章女士夫婦等一大群人規規矩矩的跪在地上。

　　大法師拿出了一塊內嵌嬰靈的牌子，比章女士的那塊嬰靈牌要大一些，虔誠的放在千手觀音像的腳下。又從身旁的小包裏拿了一瓶裝有黃黃液體的小瓶子出來，把幾滴黃黃的液體彈在千手觀音像上，就見這液體一接觸到千手觀音像上呼地騰起了一股怪怪的味道，一道黑烟狀的霧氣騰空而起，包圍了千手觀音像。

　　此時，大法師走到陳明面前，伸出手撫摸著陳明的頭頂，口中還是念念有詞，再從懷裏拿出那瓶黃黃的液體交給了陳明，陳明把小瓶子輕輕打開，用鼻子聞了聞，好像一股刺鼻的味道直沖上來，陳明眉

頭一皺側過臉去。大法師隨即倒出幾滴液體塗在陳明的額頭上，馬上就看到陳明的身上騰地升起一股黑氣圍住了陳明。

這股黑氣又與千手觀音像上的那團黑氣迅速的融為一體。就在兩股黑氣相融之時，大法師突然搖起手中的搖鈴，搖鈴一響，外面的大群鬼類好像身子都是一震，隨即呼地一下子就越過了胡翠花和黃天霸他們直接飄進了辦公樓，上到頂層，附在千手觀音像上面和陳明的身上。

看到這裏，我不禁長嘆了一口氣，心裏想著，陳明這時受到章女士夫婦的迷惑，一心只想著發大財，皈依泰國邪師，被邪師行邪法導致厲鬼上身。教主等一眾護法仙家看著陳明一步步走向邪路卻毫無辦法。

因為天有天規，國有國法。天地間的善神護法雖有保佑良善不受邪靈侵犯的責任，可如果是人們自己為了貪欲或達到某種目的而求來的邪靈惡煞，善神護法是沒有權利阻擋的。

所以，在陳明還沒有發心皈依泰國邪師的時候，胡翠花和黃天霸等護法對陳明負有保護的責任，他們有責任替陳明擋住一切不利於他的邪靈惡煞。可是一旦陳明發心皈依泰國邪師，並且甘願受持了屍油儀軌，那就是陳明為了發財，求著厲鬼上身幫助自己發大財的。在這種完全自願的情況下，任何善神護法是不得干預的，不要說胡翠花他們干預不得，就是我都不應該干預的，因為這是陳明自己求來的。

踏雪尋狐

這個故事起始的時間離現在也有二十多年了，當時我大概十七、八歲，還沒有開始修大悲法門，修行中的功能態也很不穩定，尚處在「通竅」和「築基」的基本功初級修煉階段，主要負責我修行和守護我的是「一吉羅剎」護法大童子。

這個事件的起源說來也巧，就發生在我的出生地附近，那是位於內蒙古大興安嶺崇山峻嶺密林深處，「使鹿部落」鄂溫克族狩獵的範圍。六十年代以前那是人跡罕至的地方，除了偶爾的鄂溫克獵人的足跡，那裏是沒有人居住的，那裏的原住民是黑熊、野豬還有草原狼、狍子等。

那裏是「薩滿」教的發源地，也是草原霸主成吉思汗祭祖興兵的龍興之地。我是漢族，卻出生在這樣的地方。而我的二師弟「北薩」杜牧爾也早我幾十年出生在這個地方。

他是個「隱薩滿」，隱薩滿是帶著祕密使命和特殊神靈的祕密薩滿，普通人是不知道他的薩滿身分的，只有部落中最著名的女薩滿酋長「紐拉」知道他的真實身分。

這個故事讓我也挺感慨的。多少年都不曾回憶起的兒時情景，像電影一樣出現在我的眼前，那大興安嶺上厚厚的皚皚白雪，那茂密挺拔的原始森林，那靜靜流淌著的額爾古納河……給了童年、少年的我多少歡樂呀。

鄂溫克的含義是「住在大山林中的人們」，這是鄂溫克族人對自己民族的自稱。而我也自稱自己是「來自大山中的人」，我愛崇山峻

嶺，我與大山有著深深的不解之緣。

　　大家還記得二十幾年前，發生在大興安嶺深處的那場震驚世界的森林大火嗎？就是因為這場大火，才引出了這段傳奇的故事。大火燒了二十幾天，最後被一場離奇的大雨澆滅了，可是關於這場大火背後的故事卻延續了二十多年，甚至直到現在都還沒有結束。

　　這個故事中交織著古老的薩滿、長白狐仙、鄰近島國的日照大神等神靈之間的爭鬥，又描述了人世間長城之外的朝代的更迭及重大歷史事件的背後的故事。

　　這個故事比較長，請聽山人慢慢道來……

　　時間是 1987 年 5 月 17 日。當時我家已經離開大興安嶺原始森林深處的小鎮，搬到省會城市哈爾濱居住，我正就讀高中。

　　那一天，震驚世界的大興安嶺森林大火已經整整燃燒了接近十天！大火燒毀了漠河縣（西林吉林場）、圖強、阿木爾三大林場，已經有幾百人葬身火海，並且大火有向加格達奇或者根河方向迅速蔓延之勢。這種勢態引起中央的高度重視。在全力安排滅火的同時派出了調查組，對黑龍江省這幾年頻發的重大事件展開了調查。

　　早在 1983 年起的三、四年內，黑龍江省就接二連三的發生震驚全國甚至震驚世界的天災人禍事件：

　　1983 年 4 月 7 日哈爾濱河圖街大火燒毀了整整五條街。

　　1985 年 4 月 18 日哈爾濱天鵝飯店 11 層的神祕大火燒死了 10 個人，其中 6 個外國人，重傷 7 人，其中 4 個外賓。這在當時震驚了世界。

　　1985 年 8 月 18 日，松花江上發生震驚世界的重大沉船事件，171 人遇難。

　　1987 年 3 月 15 日凌晨 2 點 39 分，震驚世界的哈爾濱亞麻廠大爆

炸，死 58 人，重傷 182 人。其爆炸威力之大，造成的後果之嚴重，在中國內外都是罕見的。

而大爆炸後不到兩個月時間，1987 年 5 月 6 日又發生大興安嶺森林大火，幾百人遇難！

而這些事件發生的起因既有其主觀與客觀的必然因素，其背後又充斥著諸多的靈異的、不能公開的、不為常人所能理解的「偶然」因素。引起政府的高度關注，並派出「有關部門」協助黑龍江省對相應事件重新展開全方位的深入調查，以求查出背後真正的真相。

調查組來到後，馬上召集了省內及軍區的有關部門的相關會議。會上聽取對以上事件的調查報告，對其中涉及不可思議的靈異部分，也一併進行分析並引發了激烈的爭論。會議的最終結果是，決定以本地「省氣功科學研究會」的名義邀請特異功能氣功大師嚴大師，協助大興安嶺滅火工作，並參與相關事件的全面調查。

那個時候，全國正處於氣功及特異功能的狂潮中，當時的形勢是把氣功和特異功能推向了尖端科學的領域，所以調查組當時做出這樣的決定也能讓人理解。而氣功大師嚴大師接受邀請之後，向研究會提了一個條件，要想做成這件事必須要邀請到幾位特異功能氣功大師一起「發功」才行。而且這件事情必須絕對保密！

我之所以知道以上這些情況，是因為二師弟「北薩」杜牧爾也在當時受邀之列。

5 月 17 日是個星期日，雖然是休息日，可我從很小的時候就養成早起的習慣，要早起練習吐納法，風雨無阻。

接近中午時分，我正一個人在家裏寫作業，就聽一陣急促的敲門聲響起。我趕緊起身開門，一開門，我楞住了。

只見門外站著一位黝黑精瘦、長髮披肩、衣著怪異的長者。

身上穿著好像百家布做成的袍子，仔細一看又像是用各種獸皮縫製而成的。腳下一雙翻毛皮鞋，看著做工粗糙卻很暖和。個子高挑，腰板挺直，脖頸上掛著一大串粗粗的怪異項鍊，項鍊上掛著各種奇形怪狀的掛件，有虎頭、狼、鷹、骷髏頭等，腰間圍了一條五彩布的粗腰帶，上面斜掛著一把獵刀。最引人注目的應該是他的眼睛，精光四射，好像一眼能洞穿一切。只要與他的眼神一對視，心中不免一震，彷彿會被他的目光牢牢的抓住不放。

這不是牧爾叔叔嗎？我是萬萬沒有想到，他會出現在我面前！我激動的上前抱住了他！

是的，這位就是「北薩」杜牧爾，我在聖山修道時的二師弟。

1987 年見面時他也就四十來歲的樣子吧，大了我二十幾歲，我一直叫他「牧爾叔叔」。由於常年居住在山上，風吹日曬、寒風侵蝕，他的臉上飽含滄桑的感覺，打眼一看好像五、六十歲的年紀。

牧爾叔叔平時話少的很，不苟言笑。但我心裏知道，牧爾叔叔對我卻非常的好。可以這樣說，在我小時候的記憶中，除了父母、奶奶、姥爺（外公）之外，對我最好的就是這位牧爾叔叔了。

說起這位牧爾叔叔，他本身就是一個傳奇式的人物。即使現在我都覺得他是個謎一樣的人，我永遠都猜不透他。

牧爾叔叔是哪一族的人，沒人知道，是漢族？鄂溫克族？鄂倫春族？滿族？蒙古族？好像都是又好像都不是。我只知道他經常出沒於大興安嶺「使鹿部落」鄂溫克人的狩獵區。

跟牧爾叔叔相處了這麼多年，從來就沒聽他談起過任何的家人。記得小時候，我經常問他這類問題，牧爾叔叔總是笑著看著我，用他

那大大的手掌輕輕的摸著我的頭，卻並不回答。有時被我逼的緊了，就輕描淡寫的說一句：「以後你就會知道了。」把我應付過去。

　　長大以後我也不再問他了。我知道，既然牧爾叔叔不願意說他的身世，那一定有他不說的理由。每個人在自己的心底深處都會有一塊祕密的空間，承載著一份只能自己獨享的隱祕。不去刻意揭開這些隱祕，也是對人的一種尊重。

　　但是這牧爾叔叔身上的隱祕也太多了，他就像那大興安嶺深山密林深處的幽靈一樣，藏踪匿影、飄忽來去，卻又總是能在我最需要他的時候，出現在我的身邊。

　　我看不透他，猜不透他，可他好像總能洞察我的一切。

　　長大之後，我曾經回到故鄉，到附近的鄂溫克族人居住地專門調查過牧爾叔叔的身世。我認為牧爾叔叔在當地一定是非常有名的。

　　因為在大興安嶺的各個部落中，薩滿被人們認為是能與神靈溝通的人，是神靈派在人間的使者，是傳遞神靈旨意、保佑部落平安的神靈的代表。所以，薩滿在部落中都享有崇高的地位和名望的。

　　可是，讓我非常不解的是，故鄉部落中居然沒有人知道有牧爾叔叔這個人！

　　我只有進入深山，去「使鹿部落」的馴鹿放養場尋找薩滿女酋長，看來只有她才能知道牧爾叔叔的身世及其他真相了，可不巧的是女酋長沒在那裏。

　　那一次我無功而返。

　　又過幾年，當我為了尋找「胡三太爺」再回故鄉時，聽說女薩滿酋長已經仙逝，這樣牧爾叔叔的身世真的成了個謎。

　　我為什麼知道鄂溫克薩滿女酋長一定會瞭解牧爾叔叔呢？

原因就是因為這起大興安嶺森林大火時，氣功大師嚴大師所邀請的特異功能大師名單中就有這位德高望重的鄂溫克女薩滿。

而這位女薩滿酋長卻在去年（1986年）10月份，為敖魯古雅鄂溫克族民族鄉舉行最後一次「祭天儀式」後遣散神靈，卸下了薩滿服。因為這時的女酋長已近80歲高齡，打不動神鼓也跳不動神舞了。這位女酋長薩滿，為了整個鄂溫克族雅庫特人的平安與幸福，用自己的身體承載著大山的神靈賦予自己的使命，為此貢獻了自己的一生。

當軍方人員帶著邀請函祕密找到薩滿女酋長時，她又向軍方祕密推薦了牧爾叔叔，她稱這位默默無聞的杜牧爾為「薩滿王」。

所以我才認定，這位鄂溫克族薩滿女酋長應該是真正瞭解牧爾叔叔的人。

牧爾叔叔見到我也很激動，緊緊的抱了抱我，摸了摸我的頭，把兩手搭在我的肩上，上上下下打量著我。

「幾年不見都長這麼高了！大小夥子了。」牧爾叔叔激動的說。

「叔叔可還是那樣，沒什麼變化。」我也看著他說道。

我把牧爾叔叔請進了屋裏，好奇的問道：「牧爾叔叔，你是怎麼找到我家的？我沒告訴過你地址呀。」

「你個小鬼頭，跑到天涯海角我都能找到你！」牧爾叔叔笑道。

「唉，小鬼頭，你父母沒在家嗎？」

「哦，他們參加同事婚禮了，下午才能回來。」我答道。

這時牧爾叔叔看了下牆上的掛鐘，說道：「你馬上給父母寫張字條，就說你跟我一起出去了，要晚點兒才能回來。」

我好奇的問道：「牧爾叔叔，你要帶我出去？去哪裏呀？」

「去見幾個人，到時候你就知道了。快寫字條吧，我們得抓緊一些了。」牧爾叔叔著急的說。

我寫好了字條，拉著牧爾叔叔就向外跑。到了門口，牧爾叔叔一伸手在門旁衣架上抓起了我的棉絨大衣，披在我身上：「小鬼頭，外面冷，快穿上再出去！」

我穿上了大衣，心頭暖暖的。

牧爾叔叔給人的感覺從來就是原始、粗獷、神祕、冷漠的，可對我卻不一樣，一直都在細心的呵護著我。這種感覺從我四歲時第一次見他，我就能強烈的感覺到。我與他之間有一種天然的親近感，一種濃濃的發自心底的親情感覺。按他的說法，這是來自前世的緣分。

我和牧爾叔叔下了樓，就見路邊停了一輛軍用吉普車，兩名軍人一前一後的站在車旁。看到牧爾叔叔出來了，其中一位軍人向牧爾叔叔敬了個軍禮，大聲道：「杜大師，請上車！」說著打開後車門。牧爾叔叔讓我先上車，他隨後坐了進來。

我被這種場面震住了，我怎麼也想像不出，牧爾叔叔這來自大山裏的神祕狩獵人竟然和軍方還有關係？怎麼還成了「大師」了？

我滿腹疑問的看著牧爾叔叔，張開嘴剛要發問，就見牧爾叔叔把右手食指豎在嘴前做了個噓聲的樣子。我明白了他的意思，看看前排的軍人，只好把疑問硬咽了回去。

吉普車一路開進了花園村賓館。

花園村賓館雖說位於市中心區，卻是院大庭深，這是政府接待賓館，保安措施很嚴格。

我和牧爾叔叔在一位軍人的帶領下，穿過大堂上樓，來到走廊盡頭的一個房間。軍人剛在門口立定，舉手要敲門時，房間的門已經打

開了。

門內站著一位文質彬彬的中年男子，這位男子雖然是在室內卻帶著茶色墨鏡，給人一種很和氣、親切的感覺。奇怪的是在他剛開門的瞬間，我明明清楚的看到他的身後站著一位白髮白袍、仙風道骨的老者，可是再仔細看時又什麼都沒有了。

這時中年男子笑著向牧爾叔叔一握拳道：「這位一定是杜牧爾大師了？歡迎！歡迎！杜大師能應邀前來，嚴某榮幸之至呀。」

牧爾叔叔也向中年男子一抱拳：「這麼說你就是嚴大師了？久仰大名啊！」

隨後一拍我的肩膀介紹道：「這位是我的小師兄，還未出道呢。帶他來見見世面。嚴大師不介意吧？」

嚴大師大笑道：「哈哈，牧爾兄帶來的人必定非同凡響，哪有不歡迎之理呀！二位快請進吧，大家都到齊了。」

這時我瞥眼看到牧爾叔叔向嚴大師身後又一抱拳並彎腰鞠了一躬，嚴大師笑著對牧爾叔叔道：「不必多禮了，我師父已經心領了。快進來見見大家吧。」

我倆這才一前一後走進了房間。這是一間很大的套房，客廳超大，裝修豪華。沙發上早已坐了四個人，見到牧爾叔叔進來都站起來迎了過來。

嚴大師馬上上前一一的給大家介紹了起來。房間內除嚴大師外共四個人，兩男兩女。

左手第一位滿臉皺紋，消瘦身材的六七十歲的長者，身穿少數民族服飾，表情略帶羞澀。聽了介紹才知道，這位居然是鄂倫春族著名的大薩滿孟銀富。看到牧爾叔叔和孟銀富薩滿相互抱拳行禮，我在旁

邊就覺得很好笑，他們見面都不握手的，抱拳行禮好像又回到了古代的樣子。

第二位看穿著像是一位山區種地的老奶奶，也是六七十歲的樣子，長相很普通，滿臉皺紋，也是飽經風霜的樣子。聽嚴大師介紹，這位老太太叫永慶花，她竟然就是現存人數很少的錫伯族裏唯一的「依勒吐」大薩滿。

「依勒吐」薩滿就是上過刀梯，通過了嚴格的薩滿考試合格的薩滿。永慶花是近年錫伯族唯一一個上過刀梯，通過考試的正規「依勒吐」薩滿。

我小的時候就聽大人們提起過這位永慶花薩滿。據說她是在新疆時跟著當地錫伯族最有名的帕薩滿學成的，是帕薩滿的關門弟子。學成後她又回到了東北大興安嶺的深山中，為錫伯族來服務。

聽了嚴大師介紹永慶花，牧爾叔叔向她一抱拳道：「慶花薩滿也來了，幸會，幸會！」永慶花薩滿也向牧爾叔叔點頭致意。

第三位一看就是一位蒙古漢子，叫色仁欽薩滿。嚴大師介紹說他常年遊走於室韋與莫爾道嘎一帶的深山與草原之間，進行著他的蒙古薩滿先靈的尋根之旅，據說他的祖上是協助成吉思汗統一蒙古草原的著名的大薩滿。在色仁欽與牧爾叔叔打招呼時，我隱約的感覺到色仁欽薩滿的頭頂上方好像盤旋著一隻碩大的鷹，白色的。

最後一位介紹的又是位女子，三十歲左右的年紀，長相端莊，有幾分漂亮，穿著乾淨利落，很有城市的時尚氣息。聽了嚴大師的介紹大概知道了，原來這個女子叫張金鳳，家住吉林長白山腳下的長白縣，好像是長白仙府狐仙總堂什麼的。

可是我有點兒困惑了，狐仙堂應該是供奉狐狸的才對呀，可這女士身邊跟著的也不是狐狸呀。黃色的，比狐狸小，大貓那樣大的趴在

她身邊。

因為那時我對修行界的事情還不是瞭解太多，牧爾叔叔只是監督我練基礎功，不講其他門派的事給我聽，也不許我看這方面的書。所以我當時聽著嚴大師介紹的什麼薩滿呀，什麼狐仙總堂呀，是沒什麼概念的。

我甚至都猜不透牧爾叔叔為什麼會把我帶到這麼重要的會議中來？還介紹這些重量級的人物給我認識？因為那時我還是個小孩兒。可是過了多年以後，當我長大再次踏入故鄉這片土地，來延續當時未完成的使命時，我才終於明白了牧爾叔叔的用心。

牧爾叔叔，你真是一個永遠都猜不透的人啊。

介紹完畢，大家陸續入座，我拿了把椅子坐在牧爾叔叔的身後。

嚴大師在大家對面的單人沙發坐了下來，面對著大家說道：「嚴某不才，今天有幸召集各位大師來此相聚。嚴某是受政府之託，有幾件難題很是棘手，嚴某一人之力實在微薄，這才請各位大師出山相助。有勞各位了，嚴某在此深深謝過！」

話音一落，嚴大師從沙發上站起身，向大家鞠了一躬。大家急忙起身還禮，不住聲的道：「嚴大師客氣了！」

蒙古大漢色仁欽大聲的道：「嚴大師，客套話咱就別說了。有什麼事情需要我們做，你先講給我們聽聽吧。這國家的事兒可都是大事呀，不知我這點兒能力能派上用場不啊？」

大家一聽，都點頭稱是：「是呀，還是請嚴大師先說事情吧。」

嚴大師坐了下來，看著大家講道：「那我就直奔主題了，簡單的說現在有兩件事情請大家協助。

第一，大家都知道，大興安嶺的森林大火已經燒了十天。政府和

軍隊已經派了五萬多人上山滅火，可大火沒有減弱，反而有越燒越大的趨勢。而且火藉風勢有燒向鄂倫春、鄂溫克、錫伯及蒙族祖地室韋和莫爾道嘎的勢頭。

如果這場大火持續燒下去，不僅大興安嶺的森林資源會受到嚴重的破壞，會給國家和大興安嶺地區人民的財產帶來巨大的損失。更可怕的是，倘若大火燒向上述人口密集的縣鎮的話，必然會對當地人民群眾的生命帶來極其嚴重的威脅！

大家可能還不知道，5月6日漠河縣西山上的古蓮林場發生火情，當天人們已經撲滅了明火。可5月7日下午突然刮起了八到十級的大風，把尚未撲滅的暗火又點燃了起來，巨大的火球飛向天空，迅速蔓延成了大片火海，無情的撲向了漠河縣城。幾個小時的時間，漠河縣城就被大火燒成了廢墟，幾百人遇難！

大火隨後藉著風勢向塔河方向燒去，一路上已經燒毀了三個林場！現在正在向你們的居住地燒來！

我嚴某不才，臨危受命。嚴某決心要用平生所學為國家及當地的人們盡自己的一點微薄之力，可是面對如此大面積的火情，嚴某確實感到心有餘而力不足啊。所以這才想到邀請各位大師共同對付火魔。」

嚴大師說到這裏停了下來，看著大家。

這時錫伯族女薩滿永慶花說道：「大興安嶺森林大火的事情我們都知道，這場大火就發生在我們家鄉的地盤上，其實我們比誰都關心都要著急！而且大火已經燒到了我們的家門口，如果真的燒過來了，那我們的所有財產，甚至親人可能都無法倖免。所以我們才是最應該盡力的才是。」永慶花停頓了一下。

這時在座的幾位薩滿聽了這話都不停的點著頭。永慶花薩滿又接著說道：「可是我們薩滿也有薩滿的規矩，我們錫伯族薩滿老祖宗傳

下的規矩是，不得與天爭，不得逆天，更不得抗天！

既然老天給人降災，那一定是人們做了違天的事情，那是天神對人們的懲罰。我們做薩滿的只能把天神的旨意傳達給部落的人，告訴大家不要做違天的事，否則天神會發怒的，會降災的。

當天災真的來了之後，我們做薩滿的也只能是帶領部落的人們給天神獻祭，向天神承認錯誤，向天神懺悔，請天神減輕災難，饒過我們這些無知的人。我們絕不敢用自己的法力來與天神對抗！我們只有敬天！不敢抗天！」

慶花薩滿的普通話顯然很一般，這段她說了半天才表達明白，也累的夠嗆。還好大家都聽明白了。

永慶花說完，大家聽了這些話都沒作聲，一齊望著嚴大師，氣氛稍顯沉悶。嚴大師這時也皺著眉坐在那裏，眼睛望著地下，半天都沒說話，好像在思索著什麼。

而這時牧爾叔叔向前挺了挺身子，發言了。

牧爾叔叔看著慶花薩滿道：「慶花薩滿，聽說你的師父帕薩滿曾經用法力制止了一場針對錫伯族的大範圍的雪災？還因此受了重傷。難道說是因為帕薩滿抗天了，所以才受傷的嗎？」

慶花薩滿扭頭望向牧爾叔叔，有些詫異的道：「哦，牧爾薩滿也知道這件事？」牧爾叔叔只是有些冷漠的點了點頭，沒有說話。

慶花薩滿回身喝了一口茶，緩緩的講道：「說起這件事，我做為帕薩滿的弟子真是既自豪又悲傷啊。

那是解放前的事情了，我們西遷戍邊伊犁的錫伯族人都居住在伊犁河谷附近的察布查爾縣的八個鄉，也叫八牛錄。那一年冬季已經結束，春天剛來。山坡上的草已經冒出了新芽，綠濛濛的一大片了。

可一場突如其來的大雪，在某天半夜撲天蓋地的襲來。這場大雪覆蓋了整個伊犁河谷，覆蓋了我們錫伯族人居住的察布查爾縣的八個牛錄（即鄉，當地稱牛錄）。由於這場雪來的突然，毫無預警。搞的族人措手不及，連準備的時間都沒有。

而更可怕的是，因為春天已經來了，我們為牛羊準備過冬的乾草已經沒有了。我們的族人只能望著漫天的大雪，祈求著心中的神靈，讓這場大雪快快過去吧。可鵝毛大雪持續下了兩天還沒有停止，成群的牛羊已經開始逐漸的倒斃。大雪封住了山路，八個牛錄與外界斷絕了聯繫。

這是西遷新疆的錫伯族人百年未遇的大災難。

當時統領八個牛錄的大總管（錫伯族八大鄉的行政長官）緊急召集了每個牛錄的章京（即鄉長）商討對策。大家一致認為，天神發怒必有原因，只有請帕薩滿出面舉行祭神儀式，以求天神息怒，才能終止暴雪。

當天晚上，在帕薩滿居住的一牛錄外一片樹林中間的空地上，舉行了隆重的祭神儀式。帕薩滿穿上神服，胸前掛著托裏（即神鏡），二神敲起了神鼓，唱起了請神歌，帕薩滿隨著咚咚的鼓聲跳起了激烈的神舞。

空場中間一堆篝火熊熊燃燒……」

慶花薩滿用她那不標準的普通話，斷斷續續的講著她的師父帕薩滿的傳奇故事。她講的東一句、西一句的，缺乏邏輯性。我努力的聽著，逐漸的在腦海中拼湊著當時的情景。

而其他幾位都在認真的聽著。我想這也是對慶花薩滿的一種尊重的表示吧。能看得出來，慶花薩滿已經完全陶醉在自己的故事中，她還在努力的講著……

我現在沒法用慶花薩滿當時的原話複述給大家聽，那樣的話大家一定看不懂的。

　　所以我只能用自己的語言把自己當時聽懂的部分和我頭腦中顯現的情景描述給大家。

　　夜色沉沉，烏雲密布，漫天的鵝毛大雪紛紛揚揚的下著。熊熊閃爍的火光，激烈的鼓聲，高聲的吟唱，瘋狂的舞者……

　　忽然，舞者全身顫抖，砰然倒地，帕薩滿陷入了昏迷狀態。周圍的族人一陣歡呼，神靈終於被請下來，附在帕薩滿身上了！

　　二神迅速跑到帕薩滿身邊，跪在地上，向請來的神靈詢問著、祈求著……

　　半晌，二神起身，拿起了神鼓，開始唱起了送神歌。人們紛紛把準備好的祭品擺上了供桌，配合著二神敬奉著神靈。過了半天，帕薩滿悠悠醒轉，起身跳起了送神舞。整個祭神儀式結束了，大雪還在無情的下著。

　　連夜，八個牛錄的章京（鄉長），帕薩滿及他的幾個徒弟又聚在大總管的家裏。慶花薩滿是帕薩滿最後收的弟子，剛剛出道不久，也參加了這次集會。

　　大家都落坐以後，帕薩滿講了與神靈溝通的過程，並且對大家說出發生此次大雪真正的原因。

　　帕薩滿對著大家沉重的說道：「祖先的神靈告訴我，這次大雪不是正常的自然現象，也不是因為錫伯族人違背天神而降臨給我們的懲罰之災。真正的原因是，一個來自阿爾泰山的雪妖，來向我們要祭品！」

大總管聽到這話，一下子站了起來，走到了帕薩滿的身前。焦急的問道：「它要什麼祭品？只要我們有的，一定滿足它！」

　　帕薩滿望著大總管，緩緩的道：「一對童男童女。」

　　一聽這話，大總管一下子坐在了椅子上，慶花等人也都面面相覷，既驚訝又震驚！大總管低著頭一言不發，其他人也都沉默著不敢發言。良久，大總管抬起了頭，沉聲問帕薩滿道：「還有其他辦法嗎？」

　　這回帕薩滿沉默了，皺著眉沉思著。半天，帕薩滿抬起頭望著大總管道：「只有一個辦法，跟它鬥！」

　　「有把握嗎？」大總管的眼睛亮了，著急的問道。

　　「沒把握。」帕薩滿幽幽的說。

　　大總管眼中掩飾不住的失望：「可在族人心中你是代表神靈保佑我們的英雄，驅邪除魔的法力你是最強的了。而且我們錫伯族人年年供奉的祖先神、山神、河神和天神會保佑我們的呀。帕薩滿你為什麼這麼沒有信心呢？」

　　「我以前驅除的都是附體在人身上的小仙小鬼，哪鬥過這千年的雪妖啊。再說要鬥這種妖魔，必須得請全七十二路神靈才行，可是以我現在的法力只能請下祖先神和山神與河神，卻請不來天神。而要鬥勝這個雪妖，就必須得請來天神之主『衣散珠媽媽』才行。」

　　眾人一聽到「衣散珠媽媽」的名字，立即都合掌低頭，滿臉的虔誠之態。可見天神衣散珠媽媽在錫伯族人中的至高威信。

　　慶花薩滿在那裏閉著眼，搖晃著頭，斷斷續續的講著那幾十年前的故事。她甚至把雙腿盤坐在了沙發上。看這架勢，慶花婆婆是要把這個她親自經歷的傳奇事件詳細的講給大家聽了。

我看著慶花婆婆（這是我後來當面稱呼她的名稱）的樣子不禁覺得有些好笑。

慶花婆婆好像忘記了現在的場合和背景人物，她好像又回到了她的錫伯族領地，正在以本族大薩滿的身分，給她的子孫和弟子們口述著祖先的傳奇故事。

親身經歷的事件被傳頌成傳奇故事，眾多的傳奇故事積累成歷史，久遠的歷史隨著時間的推移變成美麗的傳說，悠久的傳說又被後代傳頌成了飄渺的神話故事。其實人類的歷史就是這樣一代代的傳了下來，它就藏在那些膾炙人口的神話故事之中。

這時我抬頭看了一下大家。就見色仁欽薩滿坐在那裏抓耳撓腮，急躁得坐不住的樣子。嚴大師還是面帶微笑的靜靜的看著慶花婆婆，其他幾位都平靜的聽著女薩滿的講述。

這時，色仁欽終於坐不住了，站了起來，好像要走過去制止慶花婆婆繼續講下去。嚴大師見狀立馬迎了過去，小聲的對色仁欽耳語了幾句。色仁欽點著頭向嚴大師彎了一下身，退了回去，安靜下來坐在沙發上。

對於慶花婆婆的講述，當時的我真的是聽不懂多少，尤其是她提到了錫伯族供奉的那些神祇的名字對我來講更加陌生。

比如現在，慶花婆婆講到的衣散珠媽媽，就好像是位極厲害的大神，可是我當時就沒聽說過。後來，我和牧爾叔叔單獨在一起時，我問了牧爾叔叔，是他給我做了詳細的解答。

原來，這個衣散珠媽媽真的是很有來頭的，在薩滿世界中那是大名鼎鼎的。

衣散珠媽媽是錫伯族薩滿的共同主神和巫祖，她居住在錫伯族薩

滿教聖地——薩滿場院。在錫伯族薩滿教神靈中，她是至高無上的主神，主宰著一切。錫伯族各姓氏的祖先神、各種薩滿神靈，都是她的下屬、臣僕。他們懾於她的威力，聽從她的調遣。

在錫伯族薩滿神圖中，衣散珠媽媽高立在刀梯之端，周圍簇擁著眾多神靈，各姓祖先神、各種薩滿神按照等級分列左右。

根據薩滿歌「十八卡倫」，人間的錫伯薩滿只有通過充滿艱難險阻的十八個關口，才能觀見她，經她恩准，正式登記入，才能獲得薩滿資格。以後才能跳神行術。

可是這些規矩都是古老的薩滿的傳統了，現在已經沒有哪個薩滿肯通過十八關，甚至現在已經沒有人知道真正的十八關是什麼。說白了，如果按照古代流傳下來的薩滿規則，在解放前錫伯族人裏就已經沒有真正得到主神衣散珠媽媽正式承認的薩滿傳承弟子，更不要說現在了。

可聽到慶花婆婆的講述，看來六十年前的帕薩滿好像必須得向阿爾泰山雪妖宣戰了，否則就得獻出童男童女來祭祀雪妖。

到底帕薩滿會怎樣抉擇呢？

慶花婆婆閉著眼，搖著頭，繼續講著……

大總管又接著問帕薩滿道：「帕薩滿，如果與雪妖鬥法失敗了，後果會怎樣？」

帕薩滿低著頭，沉吟了一下道：「雪妖震怒，雪災會更加嚴重。到那時雙倍的祭祀可能都難以平息雪妖的怒火。搞不好以後會年年發生雪災。」聽了這話大家又陷入了沉默。

這時，一牛錄的章京站起來走到帕薩滿跟前，向帕薩滿深深鞠了

一躬，說道：「尊敬的帕薩滿，只有你才是我們錫伯族人的希望。你是神靈的主宰派來人間的使者，你是保佑錫伯人免於災難的先知。你的智慧就像那呼倫湖那樣深廣，你的法力就像那托木爾峰那樣高不可攀，你的勇氣就像那崑崙山上的白鷹。

尊敬的帕薩滿，我只是一個卑微的錫伯族人，我在這裏向你和你的神靈行此大禮，求主神衣散珠媽媽賜予我們至高的法力，幫我們錫伯族渡過難關。」

說著，章京跪在地上，對著帕薩滿咚咚咚磕了三個響頭，又把身子轉向了門外，咚咚咚……磕了九個響頭。帕薩滿的一個弟子馬上上前扶起了章京，章京額上已經一片青紫了。

在章京向帕薩滿磕頭時，帕薩滿不能動，也不能回磕還禮。因為章京是給神靈在行禮，帕薩滿只是在代神靈受禮。

這時帕薩滿真是心如刀割，卻又深感無能為力。

大總管站了起來，向帕薩滿問問題：「我聽說要請主神衣散珠媽媽賜予最高的神力，必須要最勇敢、最虔誠的薩滿闖過十八難關，才能觀見主神獲得至高神力。但是要過這十八難關要經歷很多事情，得很長時間。

可我們眼下時間非常緊迫，山路被封，我們已經與外界隔絕了。暴雪再下幾天的話，不要說牛羊死光，就是人也倖存不了啊。

尊敬的帕薩滿，你現在是我們全錫伯族人唯一的希望了。你有沒有辦法儘快觀見主神衣散珠媽媽賜予你至高的神力戰勝雪妖啊。」

大總管話音剛落，門外忽然狂風大作！狂風像千軍萬馬般怒吼，就聽得喀嚓！轟隆！兩聲巨響。隨後啪的一聲！房門被風推開了，屋外的暴雪瞬間就隨風灌滿了大廳。狂風刮進室內，雪片打在臉上，刮

的大家東倒西歪，眼前一片白茫茫的雪，什麼都看不見！

永慶花一下子就被風雪吹倒在地上，她坐的位置離門較近，她頂著風雪奮力的向房門爬去，眼角餘光中看到其他幾個弟子也在爬向房門。連慶花一起有三個人爬到了房門旁，奮力的推著房門。

就在房門即將推上時，慶花向房門外看了一眼，就見屋外漫天的風雪中，好像有一個巨大的黑影在舞動！慶花嚇得心裏一激靈，閉上眼睛用盡力氣推上了房門。

大家紛紛從地上爬起，趕快搬了一張沉重的桌子頂住了房門。房間裏桌椅翻了一地，遍地的雜物，大家都是驚魂未定。

帕薩滿還倒在地上沒有起來呢，慶花見狀馬上跑過去扶起了帕薩滿。就見帕薩滿已經失去了往日的模樣，臉色蒼白，嘴唇哆嗦著，兩眼空洞無神，手腳都軟了！慶花看到師父這樣子，眼淚一下子流了下來。

她的師父帕薩滿平時是多麼的德高望眾啊，是多麼的威風啊。他是錫伯族人眼中的神。有了帕薩滿在，不管誰家發生了什麼事都不用擔心，因為有帕薩滿這個依靠。帕薩滿是全族人的精神寄託呀。

可帕薩滿現在這個樣子，明顯的是被雪妖嚇壞了。倘若連帕薩滿都倒下了，那錫伯族人可怎麼辦呢？越想慶花就越怕，哭的就越傷心。大家圍站在帕薩滿周圍，也都低頭不語，有的也在暗暗流淚。

這時大家都望向了大總管，大總管沉吟了半天，緩緩說道：「看來剛才是雪妖來了，雪妖知道我們要對付它。而帕薩滿是能見到雪妖的。他這是被雪妖嚇壞了！」

他們的精神支柱倒了，錫伯族人千年來的信仰受到了巨大的衝擊和質疑。難道這就是族人平時奉若神明的帕薩滿嗎？難道這就是錫伯

族的祖先神為族人選的薩滿嗎？難道這就是代表天神護佑錫伯族人的大薩滿嗎？傷心、不解、失望、質疑……

帕薩滿癱坐在椅子裏，還在發著抖，眼睛無神的望著地下。嘴裏不住的嘀咕著：「獻祭，獻祭，快獻祭吧！童男童女，童男童女！快，童男童女！……」

三牛錄的章京大聲的說道：「既然帕薩滿都這樣子了，再請他鬥雪妖那是不行的了。大總管，不然我們請其他薩滿吧！」

大總管瞪了他一眼大聲道：「說話也不動動腦子！帕薩滿是我們錫伯族第一大薩滿，光緒年間就通過了刀梯考驗。最高49級刀梯，帕薩滿登上了47級！登刀梯考試，考的不僅僅是法力更重要的是勇氣和智慧。

我們錫伯族上千年的歷史上只有兩位薩滿登上過49級刀梯，成為了尊貴的『通神薩滿』。而帕薩滿只差兩級刀梯就登頂通神了，他是百年不遇的大薩滿！連他都嚇成這樣，還用問別人嗎？

你數數看，自從熊薩滿二十年前登刀梯摔死後，到現在連敢登刀梯的年輕薩滿都沒有。你說誰有資格替換帕薩滿？」

大總管一頓訓斥，三牛錄章京低下了頭不敢作聲，大家都沉默著。外面的風聲更大了。

帕薩滿還在那裏嘟囔著：「童男童女，快獻祭！……」

大總管看了帕薩滿一眼，狠狠的嘆了口氣！回身坐在椅子上，一擺手讓大家都坐下。

大總管深深吸了幾口氣，沉聲宣布：「明天早晨八點鐘，集合全族所有人。你們八個章京把家中有九歲以下的兒童的名單準備好，所有人家必須到齊，尤其是童男童女們，若少了一個，我拿你們開刀！

明早抽籤選童男童女，明天晚上給雪妖大神獻祭！獻祭儀式還是由帕薩滿主持。」

大家一聽，都震驚的望著大總管！

一牛錄章京大聲道：「大總管！誰家能願意把自己的孩子拿出來獻祭呀？那可是兩條人命呀！」大家都激動的嚷嚷了起來！大廳裏叫成了一片！

等大家聲音小了點兒，大總管說話了：「我知道那是兩條性命，我也有孫子和孫女今年也不到九歲！我理解把自己的孩子拿出去獻祭是什麼心情！可現在我們怎麼辦？是獻出童男童女還是讓全族人遇難？帕薩滿是肯定指望不上了。你們告訴我，我做為大總管應該怎麼決定？」

說完這話，大家看到大總管已經是老淚縱橫。大家聽了這話，面面相覷，嘰嘰喳喳了半天誰也拿不出個主意來。

大總管低著頭，捂著臉，跪在供奉祖宗的西牆前喃喃自語的祈求著。過了半天，三牛錄的章京對著大總管道：「大總管，你怎麼說我們就怎麼做，我們都聽你的。」大總管從悲痛中回過神來，擦乾了臉上的淚水，轉身坐回到了椅子上。

三牛錄的章京向前道：「但是大總管，這童男童女選誰家的呀？誰家捨得自己的孩子犧牲啊？」

大總管沉聲道：「選童男童女還是用老祖宗留下的老規矩辦。『抽紅牌』的辦法。」

章京又問道：「大總管，是所有人家九歲以下的孩子都來抽紅牌嗎？」

大總管大聲答道：「所有的童男童女都得來抽，少一個都不行！

251

我自己的孫子和孫女也參加抽紅牌！」

這時一牛錄的章京大聲道：「大總管，你的孫子和孫女就別參加抽紅牌了，他們的父母都不在了，得給他們留個後啊！」

大總管只有一個兒子，前年出山辦事遇到了洪水，夫妻倆人雙雙遇難，留下一對兒女由大總管撫養著，這對兒孫輩自然是大總管的心頭肉。

大總管一揮手道：「行了，別說了！誰家的孩子不是心頭一塊肉！生死有命，那都是天註定的。我做為大總管如果自己首先藏私的話，今後還怎麼領導族人？」

大總管頓了頓，又道：「都是為了救全族的人呀，既使犧牲了也是有價值的，全族的人都會永遠記住他們的。」

大總管顯得非常疲憊，說完後向大家揮了揮手道：「大家散了吧，快回去連夜通知各家各戶，明早八點在三牛錄外的空場集合。」

第二天早上八點鐘，全錫伯族男女老少都聚在三牛錄郊外的大型空地上。在這空地中央已經用木頭搭起一座高臺，今晚的獻祭活動就在這個檯子上舉行。大總管此時站在高臺上，鵝毛大雪紛紛下著，大家都站在沒膝深的雪裏，聽大總管的喊話。

事情的過程族人們也都知道了。看著下了三天的暴雪，大家也真的沒有別的辦法，牛羊已經死了三分之一，很多家已經斷糧，生病的人也運不出去，只好在家裏挺著。

人到了這時候，想法是非常複雜的。家裏有孩子要參加「抽紅牌」的，一大家人幾乎都是一夜未眠，都在祈禱祖先別讓自己的孩子抽到紅牌。而家裏沒有孩子的人家心情又不一樣了，有的還在盼著趕快舉行獻祭儀式，好讓這漫天的暴雪馬上停歇，以保住自家的牛羊和家人

的性命。

這時，高臺上已經開始「抽紅牌」儀式。

所謂抽紅牌就是，錫伯族的祖上留下的一個大籮筐，籮筐的質地非常的密實，筐的邊緣上 64 個鋸齒狀的小口；另外有 64 塊木質的小腰牌，其中 56 塊烏黑的牌子，8 塊朱紅色的牌子，牌子上畫著各種神靈的像，並刻滿了咒語；還有 64 根黑色的細繩，這些細繩是特殊材料製成的，傳了這麼多代了都沒有一點兒破損，每根細繩的一端繫著一個銅指環，而另一端有個圓鈎與腰牌連接。這一整個套件合在一起被稱作「籮標」。

當有涉及本族大事，需要抉擇或選人時則拿出祖傳的籮標來，大家來抽，誰抽到了紅色的腰牌誰就必須得去。任何人都不能改變結果，因為這是老祖宗及保佑本族的神靈決定的。如果誰家抽到了紅牌而不承認，那這家人必遭神靈的報復及族人的遺棄。

現在，檯子上抽紅牌的儀式馬上就要開始了。籮標已經擺好了，高臺中央一塊平整的方形木板上扣著大籮筐，連著黑繩的腰牌扣在籮筐下，每個腰牌的黑繩上的銅指環留在籮筐的鋸齒外面。到時候只要一拉外面的銅指環就能把裏面的腰牌帶出來。如果拉出的腰牌是紅色的那個，那這個人就是被選中的人。

這種方法是在眾目睽睽之下進行的，用的又是祖宗傳下的神靈之物，所以這種方式很公平，也非常讓族人信服。

這時，抽紅牌的童男童女已經都到齊了，共 38 個孩子。其中男孩 20 個，女孩 18 個。分兩組進行，一組選童男，一組選童女。

抽紅牌儀式由大總管主持，旁邊有五位錫伯族德高望重的長者監督著。先開始的是選童女這組，臺上的籮標已經擺好，籮筐下扣著 18 個腰牌，其中一個腰牌是紅色的，籮筐外 18 個銅指環露在外面，小女

孩子們只要上來拉一下銅指環就行了。

18個女孩子排好了隊，嘰嘰喳喳的吵成了一片。她們並不知道這是決定命運的時刻，18個女孩子中必然得有一個在今晚被犧牲。她們把這當成了遊戲。

18個孩子圍成一圈，同時拉出了腰牌。一個胖胖的女孩拉出了紅牌，當看到自己拉出的是紅牌而別人拉出的都是黑牌時，小女孩跳了起來！歡呼雀躍著：「我的是紅牌！」

就聽台下一聲尖叫，孩子的媽媽大聲哭喊了起來！隨後就向臺上衝，要拉回女兒！女孩被帶了下去，她已經不屬於原來的家庭了，薩滿要給女孩沐浴更衣，獻祭前還有很多事情要做。從這時開始一直到獻祭完成，女孩是不能與家人接觸的。

下一組選童男也開始了，20個漂亮的小男孩興奮的站在一起，看到台下這麼多人都在望著自己，他們都挺激動。

抽紅牌開始了，一個漂亮的男孩子高高的舉起了一塊紅色的腰牌！這時就聽臺上撲通一聲，一位老人捂著胸口倒了下去……大家上前一看，原來倒在地上的正是大總管。而手裏舉著紅牌的小男孩正是大總管唯一的孫子。

小男孩被帶下去沐浴更衣做祭祀前的準備去了，人們蜂擁著上前抬起了昏迷過去的大總管。一位部族的長者向著年輕人高聲喊著：「快去找帕薩滿來！快把帕薩滿請來！」

這時人們才注意到，原來帕薩滿沒在集會現場！而且不僅帕薩滿沒來，他的四位徒弟也都不見蹤影。這倒是從未有過的事情。幾十年來，這種大型的集會場合，是缺不了帕薩滿的，尤其今天這集會是與祭祀儀式有直接關係的，帕薩滿更應該來參加呀。

人群中開始躁動了起來，大家都在交頭接耳的議論著，每個人的臉上都帶著不安和惶恐。帕薩滿早已經是錫伯族人的精神支柱了，是他們值得信賴的導師和長者，是錫伯族神靈的代表。

尤其在這個時候，錫伯族人正面臨著滅頂之災，冥冥中那個殘暴而又威力巨大的雪妖，在威脅著錫伯族人的生命，正是最需要帕薩滿的時候。他們多麼希望帕薩滿能夠像以往那樣，鎮定的出現在大家面前，告訴大家神靈會保佑錫伯族人的。

可是，大家希望看到的場面沒有出現。人群中卻悄悄地流傳著關於帕薩滿被雪妖嚇破了膽的傳聞，這更令大家惶惶不安了。而現在，大總管又倒下了。錫伯族人開始躁動了，不安、恐懼、絕望充斥著人們的心裏，有的人已經開始嚎啕大哭了起來。

臺上的五位長老見狀，馬上商量了一下。一位長老站了出來，向大家喊道：「今天選童男童女的儀式已經完成了，請大家各自回家。今晚九點還在這裏，將舉行祭祀儀式，到時所有人準時到場。現在請八個牛錄的章京帶領各自牛錄的人離場！」

人群漸漸散去了，五位長老一起向帕薩滿家中走去。

帕薩滿的家在一牛錄中心的位置，院子很大。院門右側立著一根高高的圓木，圓木上刻著各種神靈的圖案，圓木頂一串銅鈴隨風發出清脆響聲。這是帕薩滿家獨特的標誌。

進了院子，在帕薩滿居住的房間門的旁邊擺了一張很大的弓箭模型。弓弦是拉開的，箭在弦上，箭頭被塗成了朱紅色，箭杆上面刻著符號和咒語。這張弓一看就知道是流傳了很多年代，造型古樸，弓身黝黑。

關於這張弓，這幾位錫伯族的長老可不陌生，這弓叫「魂箭」。不知道是古代的哪位錫伯族薩滿製造的，傳說是得自於錫伯族的保護

神海爾罕。這個魂箭可是一般的薩滿夢寐以求的法器，據說只要魂箭在，邪靈惡鬼就會逃的遠遠的。

其中一位女長老，看到了魂箭，馬上走上去跪在魂箭前，拜了拜隨後磕了三個頭。這個女長老與魂箭之間還有一段淵源的。原來她的大兒媳婦在生第二個孩子的時候，不知犯什麼禁忌，惹來五鬼鬧宅，攪的是家宅不安，怪事頻發。沒辦法了，女長老只好求到帕薩滿這。帕薩滿聽後，自己都沒有出面，只是叫兩個徒弟把魂箭抬到女長老家裏擺三天。從此女長老家就此安靜，直到現在都是平安無事。所以女長老一直就認為這魂箭一定是有靈性的，有神靈附在魂箭上的。每次見到魂箭都要拜的。

帕薩滿如今把這魂箭擺在房門外，箭頭又沖著天，看來是在防備雪妖啊。

帕薩滿的老伴把五位長老帶進了帕薩滿的房間，只見帕薩滿的臥床被一層黑色的布帳簾遮著。帕薩滿老伴打開了帳簾，就見帕薩滿捲曲在床上，閉著眼睛，臉色還是那麼蒼白。聽到有人來了，帕薩滿緩緩睜開眼睛。帕薩滿兩眼通紅，顯然是一夜未眠，眼神閃爍不定，不時變換著恐懼、不安、愧疚、疲憊、無奈的神態。

五位長老看到帕薩滿這個樣子，都在深深的嘆息著，一股股悲傷湧上心頭。為首的長老向帕薩滿說道：「剛才抽紅牌儀式已經結束，童男童女已經選出來了。童女是奇車善家的小女兒，童男是大總管的孫子。現在大總管承受的打擊太大，身體不支昏了過去，已經送他回家了。看這樣子，今晚的祭祀雪妖的儀式大總管就不能參加了。誰都沒法親眼看著自己的子孫死在自己的面前呀。」

聽了這話，帕薩滿瞪大了眼睛道：「大總管的孫子抽到紅牌了？他就這麼一個孫子呀！」說罷，又痛苦的閉上了眼睛。

長老又道：「帕薩滿，現在大總管已經這樣，我們也是無能為力的了。可是你要堅持住啊，如果你也撐不住，那我們全族的人可就沒有主心骨了。」

帕薩滿喃喃自語道：「但願雪妖收了童男童女後能放過我們錫伯族人啊。放過我們吧……」

長老看著帕薩滿道：「帕薩滿，晚上的祭祀儀式還有什麼要準備的嗎？請你詳細告訴我們吧。」

帕薩滿微弱的聲音道：「不用了，我已經告訴徒弟們去準備了。你們只需做一件事情就好了。就是請大總管今晚一定要參加祭祀儀式！他不參加的話，我怕雪妖發怒，到時禍及全族啊。」

五位長老答應著，退了出去。

夜幕降臨，大雪依舊紛紛揚揚的下著。錫伯族的人們陸陸續續的來到了空場處。空場中央的高臺上各種祭神的用具都準備好了，而這次的祭祀又與以前的祭天、祭祖、請神等不同，這次的儀式是用童男和童女來祭祀雪妖。整個兒的儀式都要按照雪妖的要求和喜好來做。

用童男和童女來做祭祀的事情，對錫伯族的年輕人來講還是非常陌生的。最近的一次用童男童女做獻祭的儀式也是在三十年前了，那一次是因為伊犁河水泛濫成災，由州裏舉行的祭祀河神的儀式，犧牲了童男童女祭獻給伊犁河神。

而錫伯族人自己舉辦的用童男童女的祭祀活動，清亡以後接近五十年間還沒有過。

而這一次也確實是迫於無奈，暴雪已經持續下了三天三夜，錫伯族人居住的八個牛錄已經完全與世隔絕。再這樣持續下去，錫伯族人即將面臨的就是滅頂之災！

而最痛苦的莫過於帕薩滿，他是全族人唯一的希望，是全族人的精神寄託。可帕薩滿即使選擇與雪妖搏鬥也是心有餘而力不足啊，即使帕薩滿沒有被嚇破膽，充滿信心的與雪妖鬥法，由於請不來天神，戰勝雪妖的機率也是微乎其微。一旦鬥法失敗，那麼雪妖暴怒，錫伯族人馬上面臨的就是滅族的後果。這種情況下帕薩滿不敢冒險與雪妖拚搏的，所以只能滿足雪妖的要求犧牲兩個小孩兒以保全族人的平安。

這其實就是錫伯族人向雪妖的一種屈服和妥協，可是為了保住全族人的性命卻又不得不這麼做。

儀式要由帕薩滿來執行，他要親自揮刀刺向兩個天真可愛的孩子，可想而知帕薩滿的心中將是怎樣的痛苦啊。

九點鐘到了，高臺下的空地上的雪已經被大家清除了，空地的中央燃起了熊熊的篝火。高臺上擺了兩張寬大的鋪著紅布的木桌，三個大香爐擺在高臺前端，每個香爐旁各擺著三支粗粗的香。

用於祭祀的一隻羊和一頭牛拴在高臺旁邊的木樁子上，童男童女則在不遠處的一座小屋子裏。

帕薩滿在四個徒弟的攙扶下，顫顫巍巍的來到高臺上的椅子上坐下。這時大總管也坐在一張大椅子上，由四個年輕人抬著停在帕薩滿的座旁，一天時間，大總管好像一下子衰老很多，錫伯族的五位長老依次站在大總管身後。

雪下的明顯的小了，風也和順的多了。大總管向帕薩滿點點頭，示意祭祀儀式可以開始。

帕薩滿由徒弟們扶著走向為童男童女沐浴更衣及做法事的小屋子。好半天，帕薩滿身著寬大沉重的神服，戴著高高的神帽，二神手中拿著鼓走出木屋。

帕薩滿身後跟著兩隊人，一隊四人四個年輕男子，全部身穿白衣，抬著一塊鋪著紅布的木板，上面坐著童男；另一隊同樣的四個白衣女子抬著童女，緩緩的跟在帕薩滿的身後。

二神敲起了神鼓，帕薩滿手裏拿著神鞭，邊緩緩向前走著邊揮舞著神鞭，帕薩滿高聲唱道：

「天神神最高，山神風雨調，

河神賜我糧滿倉，祖先神靈照四方；

神鞭一響金童來，神鞭再響玉女到；

金童玉女伴雪神，保我錫伯代代康！

………」

就這樣邊走邊揮動著神鞭邊高聲的吟唱著。雪更小了，風更柔和了。

帕薩滿帶著隊伍走上了高臺，把神鞭猛的一抬，啪！啪！啪！三聲爆響。再向上一揮手！二神鼓聲立馬停了下來。鼓聲、吟唱聲一停，周圍馬上一片寂靜，只能聽到篝火偶爾發出劈啪的響聲。

族人們都靜默的看著臺上，望著即將被獻祭的兩個純真的孩子。大總管艱難的從椅子上站了起來，使勁的抬眼望著臺上的孫子，滿眼都是淚水！

台下族人中傳來了一片哭聲，兩個孩子的親友長輩們哭成了一片。雪基本上停了，頭頂上厚厚的烏雲逐漸散去，久違了的月亮也時隱時現。

帕薩滿嘴裏叨念著咒語，點燃了台前的九支香，分別插入了三個大香爐裏。這時細心的人會注意到，臺上二神手裏拿著的鼓並不是以

前常用的神鼓，而是一面普通的鼓。而帕薩滿的四個徒弟也沒在帕薩滿身邊。而更多的人還都沉浸在悲痛之中，竟沒有人注意到漫天的大雪已經停了。

帕薩滿上好了香，站到高臺中央，向著抬童男童女的八個人吩咐了一聲。就見四人一組把男孩和女孩各放到了一張鋪著紅布的大木桌上。兩個孩子不知他們要做什麼，掙扎著要坐起來，可馬上就被四個大人死死的按了下去！並且用早已準備好的粗的白布條把手腳綁在大木桌上。

這時兩個孩子才意識到危險，拼命的亂蹬亂踹，聲嘶力竭的叫喊！可馬上就被大人們制服了，捆住了身體並且捂上了嘴。

看著這樣的情景，台下更是哭聲一片！有的人已經哭倒在地上了。

帕薩滿這時站在前臺，向二神一揮手！馬上二神的鼓聲又咚咚的響了起來。再向下一揮手！馬上從族人中走出了四位身穿白衣的年輕小夥子，走到場外，兩人一組，把一牛一羊牽到了空場中央的篝火旁。

這時帕薩滿在高臺上跳起了請神舞。寬大的神服，沉重的神帽隨著帕薩滿的瘋狂舞動而上下起伏，神服及神帽上的各種掛件叮叮噹噹清脆的響起。

這時台下牽著白羊的兩個年輕人，一個人掀翻了白羊並用身體壓住羊身子，另一個人一手按住羊頭一手握著尖刀，向著羊頸動脈一刀刺了下去。羊頸處一股熱血噴濺了出來，馬上有人過來用大盆接著羊血。白羊掙扎著，掙扎著，血流了一大盆。白羊抽搐了幾下漸漸的不動了。

這時站在旁邊的公牛，突然前腿一彎，膝蓋著地跪了下來，兩隻牛眼中充滿了恐懼，好像還含著淚花。

那邊已經卸下了羊頭、四個羊蹄，剝下了羊皮。

帕薩滿在高臺上舞動的更瘋狂了，嗷嗷叫著，嘶聲呼喚著！

兩個白衣小夥子，上來高臺上把羊頭、羊皮、羊蹄在香爐前擺成了全羊形狀。隨之跪在香爐前低頭祈禱著。

下面牽牛的兩人這時已經斬下了牛頭，正在切著牛蹄子。

帕薩滿還在瘋狂舞動著，看到了臺上擺好的全羊顯得更興奮了，匍匐著圍著全羊一圈圈的舞動，嘴裏不斷的哈著氣，叨念著請神享供的祕密咒語。

這時另外兩位白衣男子把已經斬好的牛頭、牛皮和牛蹄了按順序擺在了香爐前。

帕薩滿更加興奮了，圍著牛、羊癲狂的舞動，二神的鼓也敲得震天的響。此時高臺猛然刮起了一股大風，一下子把帕薩滿推向了牛頭。帕薩滿一個趔趄撲在了牛皮上，嘴裏不斷的哈著氣，好像在大口大口的吸著什麼。

風息了，帕薩滿也從牛身上站了起來，由於剛才趴在了牛皮上，頭臉都著了地，帕薩滿的頭髮上、臉上、手上和身上都染上了牛血，給人的感覺異常的恐怖！

這時二神的鼓聲也慢了下來，咚、咚的緩緩的鼓聲就像敲在所有人的心裏。大家都瞪大眼睛盯著臺上恐怖的帕薩滿，大家知道，最痛心的一刻就要到了。帕薩滿緩緩的走到香爐前跪下，低著頭，嘴裏念動著禱告詞。不一會兒，帕薩滿向天上一伸手，一位紅衣男子上得台來，走到帕薩滿面前，單膝跪下，把手中捧著的一把古樸鋒利的腰刀雙手捧給了帕薩滿。

篝火熊熊的燃著，鼓聲咚咚的敲著，族人低聲的哭泣著……

帕薩滿隨著鼓聲咚咚的節奏聲，緩步的走向了童男。這個孩子是大總管唯一的孫子，活潑可愛，聰明伶俐，也是帕薩滿看著他從小長大的。而現在帕薩滿卻要把這把尖刀刺透孩子的胸膛，這讓帕薩滿如何下手啊？

　　帕薩滿在大木桌前猶豫著，遲遲未動。

　　這時風又刮起來了，風中還夾雜著大片的雪花，又開始下起了雪。帕薩滿知道，這是雪妖要吃童男童女，等得心裏不耐煩了。

　　二神的鼓聲突然急驟的響了起來，只響了一通就嘎然而止了。

　　帕薩滿知道這是催促自己動手的信號！帕薩滿把心一橫，牙一咬，心想：「不能再猶豫了！為了全族人的平安我帕薩滿必須得這樣做！」

　　帕薩滿舉起了尖刀，用盡力氣向著孩子一刀刺了下去！就聽「砰」的一聲！隨後就是孩子的大聲尖叫！

　　大總管腦袋嗡的一聲，差點兒又暈倒過去，旁邊的長老馬上向前扶住了他。大總管痛苦的閉上了眼睛，臉上老淚縱橫！這時就聽得一陣急促的鼓聲響起，聲音卻是從空場外的樹林中傳來的。

　　然後就聽得人群一片大亂，腳步聲亂糟糟的響起。

　　大總管正心如刀割呢，自從自己的孫子抽中紅牌以後，自己這眼淚就沒斷過。大總管這時眼睛又紅又澀又痛，他不願意睜眼。

　　孫子一直都是自己唯一的希望和寄托，是自己這家族的血脈唯一的延續。可是這麼聰明可愛的心肝寶貝卻在自己的眼皮底下，被帕薩滿一刀刺穿了心臟，結束了幼小的生命！自己卻只能眼睜睜的看著，完全無能為力！

　　大總管的心在滴血！對於周遭的紛亂已經無心顧及了，無論發生

什麼事情他也不想再管了，他的心已經隨著帕薩滿那一刀死去了，徹底的死了！

大總管正在極度悲痛仰頭擦淚呢，就感覺一雙小手在拉自己的一隻手。

這感覺怎麼這麼熟悉呢？大總管霍然睜開眼睛！向下一看，自己的孫子正俏生生的站在眼前！忽閃著黑亮的大眼睛望著他呢。大總管照著自己的臉就狠狠的打了一巴掌，確定一下自己是不是在做夢。沒在做夢啊。大總管彎下腰一把抱起了孫子，舉了起來，來回的看著，看孫子身上是否有刀傷。沒有，一點兒都沒有啊。

這時，孫子一下子摟住了大總管的脖子，嫩聲說道：「是帕爺爺用刀割斷了白布條放我下來的，他讓我到這裏找你的。」

一聽這話，大總管心頭一喜隨即又是一驚！是帕薩滿！他到底要幹什麼呢？不給雪妖獻祭童男童女，那全族人怎麼辦？

大總管看到孫子完好無恙，心裏敞亮了，精氣神也來了。

放眼向四周望去，只見空場邊的樹林中又燃起了一堆更大的篝火，激烈的鼓聲就是從那裏傳來的。火光中好像豎著一架高高的梯子。人們正紛紛的跑向那裏。

這邊的空場已經沒有人了。

大總管見狀馬上抱著孫子奔了過去，他知道一定是出大事了，天大的事！

大總管跑到人群外，大家一看大總管來了，馬上主動讓了一條道出來。大總管領著孫子很快穿過人牆來到了篝火旁。只見林間的空場處這堆大篝火後面，豎著一架高高的刀梯，帕薩滿這時已經沿著刀梯在向上一級級攀爬。

大總管抬頭向上一看，不禁倒吸了一口涼氣！這次架的刀梯是最高的 49 級！

　　「這帕薩滿不要命了！還要攀 49 級刀梯。」大總管心裏驚訝道。

　　上刀梯儀式，錫伯族稱作「察庫蘭」，它主要是錫伯族薩滿的領神儀式，或說是薩滿的通神的資格的考驗場。錫伯族中上刀梯儀式是決定「布徒薩滿」（實習薩滿或學徒薩滿）成為「依勒吐薩滿」（正規薩滿或出師薩滿）的關鍵考驗。

　　這是一種嚴峻、艱難的考試，過了這一關薩滿才能通達上界神靈，才能得到各界神靈的加持和法力，成為法力高強的神靈的使者，代替上界神靈在人間賞善罰惡。

　　刀梯其實是宇宙樹的變體，世界上很多民族在其原始的神話傳說中都有宇宙樹的說法，認為宇宙樹以地為根，其靈氣卻能通達最高層的天，所謂的頂天立地。

　　繩子是靈魂通道的象徵，從梯子兩側底部一直纏繞著直達梯子頂上。中間的梯子是由刀刃向上的極其鋒利的鋼刀架成。刀刃向上的鋼刀代表著修行的道路是充滿著艱難險阻的，每前進一步都有可能付出血的代價甚至犧牲生命、以身殉法！

　　這刀梯就是在告誡世人，修法修道那是給有勇氣的人準備的，給隨時為求道能捨棄身家性命的人準備的，只有大捨大勇之人才有資格站到這刀梯之上。

　　登刀梯，那是對自己最大最難的挑戰，尤其這流傳了千年的薩滿通達神靈的登刀梯儀式，這其中充滿了驚險與通靈的奧祕。最大的驚險和難度並不是對付外在的鋼刀，而是自己內心的魔礙。

　　刀梯從下到上分人界、地界、天界三個層次。從第一級到第十七

級是人界，登上十七級就登到了人界的頂頭。

人界十七級刀梯相對來講比較好登，登人界十七級主要溝通的是祖先神靈，而一般的祖先神靈是會保佑自己的子孫的。但是如果登刀梯的人是個不忠不孝、目無尊長、大逆不道的人，那他想登上十七級刀梯是絕不可能的。祖先神最看中的就是人倫道德這一塊，人都做不好的人想登刀梯來與天地祖先的神靈相通那是不可能的。

所以，人界刀梯主要考驗的是登梯者人倫道德這方面。人品不好的人登上刀梯的話，腦海中自會出現很多幻象，都是怨恨、仇殺、背叛等，會使登梯者心神大亂，從而精神不集中，導致鋒利的刀刃割破手腳而掉下刀梯來。

人品道德好的人就不同了，腦中也會出幻象，但多是祥和安寧的景象，偶爾也會有惱人的魔障出現，可是只要一聽到下面傳來的陣陣鼓聲就會破掉魔障，頭腦恢復清楚。這種人就會在祖先神靈的保佑下迅速登上十七級刀梯。

成功登上十七級刀梯的薩滿，就具備祈請祖先神靈的能力，可以給人查事、治病。

人界以上是地界，地界刀梯是從第十八級到第三十一級，共十四級。這十四級地界刀梯主要是代表山、河、湖、樹、妖等等，這地界刀梯考驗的是登刀梯者的勇氣與薩滿修煉的能力和技巧。

此時的登梯者，每登一級刀梯就出現一種境界，每種境界都是山、河、湖、妖等化現的，而出現在登梯者腦海中的幻象就跟真實的一樣，登梯者必須運用從師父那裏學來的薩滿技巧——勘透幻象，並成功破解才能再上一級刀梯。

而這些幻象多是以妖魔或惡獸或天災等形象顯現，登梯就如身臨其境一般。反正就是你怕什麼就來什麼！你怕蛇就來蛇，你怕惡鬼就

來惡鬼，你怕山洪就來山洪……

登梯者能否克服心中的恐懼而勇往直前，能否熟練運用薩滿技巧來破關前行是突破地界刀梯的關鍵。而歷史上，很多登刀梯的薩滿都是在這地界刀梯階段失敗的，因為他們克服不了自己心中的恐懼，面臨內心深處巨大的恐懼時不能冷靜下來，勇敢的運用薩滿的知識去面對和破解。

而在地界刀梯上失敗就意味著非死即殘。

三十年前的那個熊薩滿就是在二十九級刀梯處突然大叫一聲掉下來的，當場摔死了，摔死的時候眼睛裏好像布滿著恐懼，不知他在刀梯上看到什麼可怕的景象了。

一般來講，能登到地界頂頭三十一級刀梯的薩滿，除了能請來祖先神靈，還能請來山神、河神、湖神、樹神、各種動物神等。這個層次的薩滿除了具有查事、治病的能力，還具備降妖驅魔的能力，當然這種能力發揮的大小就跟薩滿自己的前世的來歷和自己的修行法門有關了，還和與什麼神靈有緣關係很大。請下的神靈威力越大，這個薩滿的辦事能力就越強。

天界刀梯是第三十二級到第四十九級，共十八級刀梯。

當攀過了地界的第三十一級刀梯向天界攀登時，登刀梯者面臨的又是另一番更為恐怖的場景。說是叫天界刀梯，可並不是攀向天堂，而是折下了地獄！十八級刀梯就代表著十八層地獄。

而這十八層地獄正是人們內心深處的十八種妄想、欲望、執著，是十八種潛藏在人性中的最見不得光明的邪惡。那麼人性中的這十八種欲望和邪惡什麼時候才會充分的表現出來呢？那就是面對十八種誘惑的時候！

所以說天界十八級刀梯是最難登的。人界與地界的天梯針對的都是外在的行為與恐懼，而天界刀梯所面對的是最深刻的自己的內心。

　　每天每時每刻，我們的眼光都是向外看的，看外面的環境的好壞，看別人的品德的優劣……我們從不會認真的深刻的反觀自己，反省自己，我們會為因為自己的自私與卑劣所犯的錯誤找各種各樣的藉口。絕大多數人這一生中從來就沒向自己的內心深處、潛意識的深處觀照過一下，一輩子隨波逐流，得過且過，渾渾噩噩的過了一生又一生。

　　那內心的黑暗何時會充分的爆發出來呢？那就是當你面對巨大的誘惑時，內心的貪婪、欲望、醜惡都會暴露出來。這十八級天界刀梯其實就是十八種針對登梯者內心深處的欲望而相應幻化的十八種巨大的誘惑！

　　如果你用理智、光明、意志戰勝了內心的貪婪和欲望，那你就能破了幻象、擺脫了誘惑，這樣你就可以順著刀梯走向天堂。如果你貪圖誘惑、被誘惑俘虜，那你內心的貪婪和邪惡就會顯露出來並占據，那你就破不了幻象，你就會迷失在幻象中不能自拔。刀梯就會直接把你送到相應的地獄！

　　所以，為什麼錫伯族千年來只有兩個薩滿成功踏上了 49 級天界刀梯之頂？為什麼主神衣散珠媽媽親自在刀梯的頂端等著勇敢、純潔的薩滿勇士的到來並賜給他神一樣的力量？

　　因為，能登上刀梯頂端的人必是大孝、大智、大勇、大捨的純潔的勇士，只有這樣的勇士才配衣散珠媽媽親自接見並賜與神的力量。

　　這就是錫伯薩滿登刀梯的真正的奧祕，可惜其中真諦已經失傳了。49 級刀梯其實就是整個修行的 49 個階段和關口，就是整個修行的全過程。

　　如果你是一位立志修行，發誓今生就要解脫輪迴、跳出三界的修

行人，那你就悟透這 49 級刀梯的祕密吧，這其實也是輪迴的祕密。只有悟透了輪迴的祕密，才能談得上解脫輪迴跳出三界呀。

帕薩滿上次登刀梯，登過了人界、地界，當登到天界第四十七級情關這一關時，沒能戰勝誘惑破不了幻象，最終敗退了下來。雖然沒能成功登頂，可登到 47 級刀梯也夠讓人敬仰的了。但是帕薩滿畢竟沒能達到頂端，也就沒能獲得天界的力量。否則，也不會讓雪妖如此猖狂了，就不會讓錫伯族面臨滅頂之災了。

可這一次帕薩滿能成功嗎？大總管擔憂的望著刀梯上的帕薩滿。

二神在刀梯下拼命的擂著神鼓，高聲的念著請神咒語，呼喚著天、地、人三界的神靈。而帕薩滿的四個徒弟，正忙著用紅布和紅繩把樹林這塊空地圍了起來，並且用黑狗血澆在了紅布上，這是在做防範惡靈的結界。

做好了結界，他們又把魂標搬來了，立在了空場中央，箭頭向上。永慶花拿來黑狗血塗在了箭頭上。然後，帕薩滿的四個徒弟分東、西、南、北各站了一個角，手拿法器，面朝外，護住了四個方向。

大總管緊緊拉著孫子站在結界內的篝火旁，而永慶花正好守在這個位置上，就站在大總管身旁。大總管見狀，馬上向永慶花問道：「慶花，這一切到底怎麼回事？」

大總管發問，永慶花哪敢不答，馬上回道：「大總管，是這樣的，昨晚師父帕薩滿的驚嚇和生病其實都是故意做給雪妖看的。散會後師父把我們四個叫到了他家裏，那時師父就已經做好和雪妖拼命的準備了。但是要制服雪妖就必須登上 49 級刀梯頂端，請來天神之主衣散珠媽媽賜予的力量才行。

可這雪妖也是神通廣大，如果知道我們要架刀梯跟它鬥，它一定會施法術阻止的。所以師父才裝病，而且要獻祭儀式正常舉行，都是

為了瞞天過海吸引雪妖的注意力。而我們四人在你們舉行獻祭儀式時偷偷搭了刀梯，做好了結界，師父就可以馬上登刀梯了。」

慶花頓了一下又說道：「師父也說了，其實上次登了刀梯以後他已經不想再登刀梯了。他沒把握能破了最後三關登上頂端，可也不能眼睜睜的看著兩個孩子犧牲啊，他還擔心雪妖以後年年來要童男童女怎麼辦，所以他這次必須豁出命去和雪妖鬥。剛才師父上刀梯前還跟我說了一句話。」

大總管盯著慶花道：「帕薩滿說了什麼？快說！」

慶花道：「師父說，如果他失敗了，全族人就全完了！」

慶花話音剛落，馬上瞪大眼睛看著半空中，向著大總管爺孫喊道：「快站到我身後！雪妖來了！」

大總管抬頭向空中一望，只見半空中黑黑厚厚的烏雲迅速的凝聚著，翻滾著。向著刀梯這方向遮天蔽日的壓了過來。剛剛還是和風細雪，星月隱現呢，突然間就烏雲蓋頂、狂風大作！這一陣狂風吹得人們東倒西歪，天地間一下子陷入了一片昏天黑地之中。

大風刮過之後，鵝毛般的雪花劈頭蓋臉的砸了下來，細小的冰雹夾雜在雪花打在人們臉上一陣陣發痛。阿爾泰山的雪妖怒了！它的憤怒體現在翻滾的烏雲、凜冽的狂風和漫天的大雪中！

而錫伯族人也不再退縮，不再逃避了。他們站在刺骨的寒風中，手挽著手，肩靠著肩，頂風冒雪的大聲吶喊著為帕薩滿助威。

殘酷的獻祭儀式深深的觸動錫伯族人的心，就在帕薩滿揮刀刺向小男孩兒時，那種場景衝擊著所有人的心啊。誰家沒有孩子？犧牲別人的孩子來換取自己的平安，這樣做對嗎？就在那一刻所有的人都在反思著，內疚著。

當後來大家看到帕薩滿所做的一切，立刻明白帕薩滿要幹什麼。帕薩滿是不惜犧牲自己，在拯救族人，拯救孩子！他在拿自己的性命去搏雪妖！雖然獲勝的希望很渺茫，可帕薩滿知道這才是自己應該做的。帕薩滿這種捨己為人的無畏精神，喚醒了錫伯族人的良知，更激發了錫伯族人的鬥志。

獵獵寒風，漫漫飛雪，熊熊篝火旁，鼓聲、吶喊聲響徹雲霄。面對千年雪妖，錫伯族人選擇了抗爭！

高高豎起的刀梯，在狂風暴雪中搖曳。帕薩滿已經攀過了人界刀梯，登在地界第二十八級處。此時的帕薩滿正全神貫注的對付著自己腦中的幻象，在他的體內體外都在激烈的廝殺著。

帕薩滿這次登刀梯實在是太倉促，之前的各項準備都沒法做。本來，錫伯族勇士決定登刀梯前的二十一天，就得開始各種請神、祭祀、結界等活動。要做足二十一天的準備才行。可這次帕薩滿一點兒提前的準備都沒做，而且登刀梯時還得應付雪妖憤怒的攻擊。

在這種情形下，其實帕薩滿真能登上刀梯頂端戰勝雪妖可以說是毫無勝算。帕薩滿卻沒想那麼多，他只有一個信念：「我失敗了全族人就完了，我絕不能失敗！」

雪妖發威，狂風夾雜著冰雪不斷的向刀梯襲來。可怒吼的狂風和刺骨的冰雪只能圍著結界周圍旋轉打轉，就是攻不進結界內，無法直接進攻刀梯和帕薩滿。看來提前做的黑狗血結界是起了作用，至少能抵擋一陣，給帕薩滿多留出一些時間。

帕薩滿此時已經登過了地界三十一級刀梯，進入天界刀梯。他攀登的速度很快，畢竟他已經登過一次了。他這次主要的考驗在於最後的三道關能否戰勝自己順利通過，當然那是在沒被雪妖擊落的前提下。

烏雲越聚越厚，星月無光，如果不是篝火的火光照耀著，這時一

定是漆黑一片，伸手不見五指。面對雪妖的猛烈攻擊，永慶花等四個徒弟奮力抵擋著。狂風暴雪無情的擊打在他們的身上、臉上，臉上的皮膚像被刀割一樣的痛。

狂風中夾雜而來的不僅是冰雪，還有一股巨大的氣壓，重重的撞擊著胸口！帕薩滿的四個徒弟之中，永慶花是入門最晚的，相對來講功力也是最弱的。雪妖經過一輪搶攻之後已經找到了這個結界的最薄弱環節，那就是永慶花！狂風暴雪忽而減緩了攻勢，慢慢靜了下來。

永慶花四人趕快趁機調整，都深深的喘了幾口氣，重新站穩了腳跟，等著雪妖下一輪的進攻。

稍頃，風聲再起，獵獵寒風夾裹著冰雪再次發狂般襲來！而這次卻不是漫天飛揚，而是凝聚成了巨大的螺旋狀風窩從遠處向著結界奔雷般攻來！永慶花手握法器，眼睛緊緊盯著半空中，嚴陣以待。

這時她就聽得耳旁巨大的呼嘯聲響起！滿眼都是白茫茫的冰雪在飛舞。隱約間就見半空中的冰雪好像凝結成了一隻巨大的拳頭，向自己砸來！

永慶花還未來得及舉起法器，就被一股無比的大力重重的砸在自己的胸口！

慶花被打的向後踉蹌了兩步，一張口，一口鮮血噴了出來，頭一暈，倒了下去。

黑狗血結界被雪妖破了！狂風暴雪吹進了結界，二神被這突如其來的大力一下子撞倒在地，神鼓也從手中撞飛了出去。結界用的紅布條、紅繩漫天飛舞。好在篝火被特殊的鐵罩罩住了，才沒被狂風吹散。

只有那架魂標還沒被吹倒，在堅守著刀梯的最後一關。

二神倒下了，鼓聲停了。可錫伯族人的吶喊助威聲卻從那漫漫飛

雪中高昂的傳了出來。整個錫伯族人都在頂著狂風暴雪給他們的英雄帕薩滿加油鼓勁。

而帕薩滿此時也來到登刀梯的關鍵時刻，他正在登 47 級刀梯，正經歷著最後三關。47 級刀梯是情關，帕薩滿上次就是敗在了情關之下。

上次失敗之後，幾十年來帕薩滿一直在破解著這個「情」字。這個「情」字，說著容易破著難呀。就在他登上 47 級刀梯時，腦海中湧現出了生生世世的他與當時的愛人恩愛纏綿的情景。那其中有多少的浪漫回味，有多少的情深意切，有多少的刻骨銘心呀。

那些生生世世以來，自己曾經深深愛過的人好像都在用那種深情的目光望著他，都在用心語跟他說著：「別去修煉了，還是回到我的身邊吧，我在這裏等著和你再續前緣呢。」

而上一次，帕薩滿就是在幻象中見到了那個在自己某個前世，令自己極其刻骨銘心的愛人時，想起了當時的山盟海誓後，才長嘆了一聲敗下刀梯。

現在在他面前就兩條選擇：一條是敗下刀梯，回到紅塵，投入愛人的懷抱繼續恩愛纏綿，再續前緣；一條就是狠下心來，推開千嬌百媚的愛人，斬斷情絲，永斷前緣，繼續向上直至攀升到清淨的「薩滿場院」與主神衣散珠媽媽永恆相伴。

這時的帕薩滿早已勘透了情關，狠下心來擺脫了曾經摯愛的情人幽怨的目光，登上了 48 級刀梯！帕薩滿破了情關，立在 48 級刀梯之上。

站在 48 級刀梯上，腦中的幻象突變，他生生世世的仇人一一出現在了他的眼前！

殺妻奪子之仇、逼女為娼之恨，殺父擄母之仇、害己奪妻之恨，

栽贓陷害之仇、恩將仇報之恨……自己生生世世被仇人相害的慘景全都浮現在眼前，帕薩滿頓時熱血賁張，仇人相見分外眼紅！帕薩滿見到仇人一一出現，立馬就要衝過去用最殘酷的手段、最惡毒的詛咒來報復仇人！

帕薩滿剛要衝下去，突然想起了師父的話。當時帕薩滿曾經問師父一個問題：「師父，怎樣才能成為最優秀的薩滿？」當時師父只答了一句話：「寬恕你的仇人，放下一切仇恨。能做到這點就行了。」

帕薩滿在這最關鍵的時刻想起了這句話。不能放下仇恨的薩滿一定是惡毒的，不能寬恕仇人的薩滿永遠解脫不了。想到這裏，帕薩滿坦然了，他心裏向著他們說道：「仇家們，我帕薩滿寬恕你們了，我永遠不會再和你們糾纏了，我要去清淨的薩滿場院了！」

帕薩滿寬恕了仇人、放棄了仇恨，心胸坦然了，邁步向最後一級刀梯登去！

可是這腿就是抬不起來，像大山一樣重！帕薩滿正在疑惑間，腦中的幻象又變了，就見無數雙怨恨的眼睛死死盯著他！他們緊緊的拖著帕薩滿的腿不讓他走。

帕薩滿的腦中出現了一幕幕的畫面，都是他生生世世間有意無意害過的人和動物。所有的情節瞬間在他腦中過了一遍，這其中有很多都是深仇大恨呀！

怎麼辦？歷代的冤親債主找來了。本來這些債主要找機會世世報復的，可是如今帕薩滿要解脫了，要進「薩滿場院」了，這筆帳找誰算去呀？所以這時候就全來了，緊緊抓住了帕薩滿不讓他走。

看到了畫面中曾經十惡不赦的自己，害的別人家破人亡……帕薩滿深深的向他們懺悔著，淚水嘩的流了下來。帕薩滿真誠的懺悔並且承諾，即使自己進了「薩滿場院」也一定會回來償還罪業並助他們解

脫。

看到帕薩滿真誠的懺悔，大部分的冤親債主釋懷了，原諒帕薩滿，放開手走了，可還有一部分深仇大恨的仍不釋懷，非得要帕薩滿碎屍萬段才能放過他的樣子，緊緊抓著他的腿不放！

正在帕薩滿和債主們糾纏的時候，破了結界的雪妖又發動了一次猛烈的進攻，要把刀梯直接刮倒。

一股狂風向著刀梯撞去，可這股狂風卻在魂標前停了下來，被魂標擋住了！這股狂風逐漸加強，和魂標僵持著。

就聽喀嚓一聲，魂標的箭杆從中折斷，魂標廢了，這保護刀梯和帕薩滿的最後一道屏障被突破了！

大總管和小孫子也被那股狂風吹倒，他們爬起來時看到躺在旁邊的永慶花仍昏迷著，臉上、衣服上都是血跡。大總管過去坐在地上抱起了慶花，呼喚著她。

這時，二神也從地上爬了起來，茫然的看著四周，扭過頭又趴在地上開始尋找他的神鼓。

雪妖又一次積聚著力量，要直接向帕薩滿發起一輪更猛烈的進攻！

帕薩滿身處 48 級刀梯處被冤親債主纏住脫身不得，百般懺悔無用。如果用法術驅趕他們或者打傷他們也許能脫身，可那不是又造新的罪業了嗎，正在懺悔中的帕薩滿不能那樣做的呀。

正在這僵持不下之時，雪妖的進攻開始了！一股狂風刮起，攜帶著巨大的氣壓和凝聚成形的冰雪，擊向了帕薩滿！

身處刀梯 48 級處的帕薩滿，耳中聽到呼嘯之聲大作，知道是一股強勁的攻擊來了，可他兩手握著上面的利刃，兩腿又被冤親債主拖住，

全身都動彈不得。沒辦法，只好封住全身氣脈，受這雪妖的一擊吧！

「砰」的一聲大響！雪妖這一擊重重的落在了帕薩滿的後心上！

帕薩滿就覺得胸口一悶，嗓子眼一甜，哇的一聲，一口鮮血噴了出來！同時頭一暈，身子一晃，差點兒從刀梯上掉了下來。

還好，帕薩滿及時清醒了，雙手一用力，腳再一登，居然又上了一級刀梯！

原來，剛才雪妖那一擊，帕薩滿一口鮮血噴向了怨靈，它們可受不了這修行人的靈血呀，所以紛紛放手逃避。而且帕薩滿被這重重一擊也打成了重傷，解了它們的怨氣。

帕薩滿用自己誠心的懺悔和身受重傷的代價，才過了 48 級刀梯的「仇恨」這一關。

現在帕薩滿已經登上 49 級刀梯了，這是最後一級刀梯，過了這關帕薩滿就能請來衣散珠媽媽，帶著 72 路神靈並賜予帕薩滿天神的力量，那就能擊敗阿爾泰山雪妖，拯救全錫伯族的人了。

「這最後一關是考驗什麼的？我已經身負重傷能否完成使命？」此時帕薩滿在心裏默默的問著自己。

帕薩滿身受重傷，頭腦也一陣陣昏沉。雖然他攀上了最後的刀梯，可是他還得過的了這最後一關才行。而以他現在的狀態，無論是身體上的還是心理上的，他已經無法承受更重的打擊了。

自從雪妖來襲到現在已經幾天的時間了，帕薩滿基本沒有合過眼，為了全族的安危，他勞心費力，鬥智鬥勇。本來就身心俱疲到了極點了，又受到雪妖這致命的一擊！

如果不是拯救全族人的信念支撐著他，帕薩滿可能已經放棄或掉下刀梯了。現在他只能咬緊牙關堅持下去，為了全族幾千條性命！

帕薩滿的腳登在最高的 49 級刀梯上，他在等待著，他不知道這最後一關將出現什麼可怕的場景。

　　他用自己堅強的意志拼命的積蓄著最後的一絲力量，來應付即將出現的恐怖場面。他嚴陣以待著。

　　頭腦中的幻象開始出現了。可令人意外的卻不是山崩地裂，也不是血腥殺伐的恐怖場面，而是一股暖暖的深深的愛意從心底流出。這種愛不同於男女之情愛，比男女之情愛更深更廣。這是一種廣義的愛，是一種相互的愛，是一種濃濃的親情，是一種源自血緣的無法割捨的深情。

　　這時的帕薩滿頭腦中出現了生生世世與自己的父母、子孫、兄弟姐妹、愛人，一家團團美美的天倫之樂的場景。歷代的父母、子孫、兄弟姐妹、愛人與自己同在輪迴、隨緣相聚、相依相伴。自己早已是這濃濃的血緣至親不可分割的一部分了。

　　歷代的經歷，像電影一樣一幕幕的呈現在自己的眼前。自己前世中曾經多少次顛沛流離，甚至家破人亡時，都是在這血緣至親或陌生人的無私大愛中找到了療傷的港灣。

　　滾滾前世紅塵中，多少養育之恩要報啊，多少救命之恩要報啊，多少臨危救難之恩要報啊……滾滾前世紅塵中，多少的孝子賢孫曾經是自己的心頭最愛呀，多少忠肝義膽的朋友曾經陪著自己出生入死呀，多少紅顏知己的海誓山盟，發誓世世代代不離不棄……

　　這一幕幕溫馨的場景真實的浮現在自己的眼前，這些浮現在眼前的一切並不是幻覺，而是自己的前世今生曾經經歷的一切，在這即將得道的最後一刻全都在自己的腦中重新經歷了一遍。

　　其實這時帕薩滿經歷的就是「瞬間即萬年，萬年即瞬間」這個階段。這深深的親情，濃濃的愛意，像春天的陽光一樣暖暖的包圍著帕

薩滿。此時身心俱疲，又身負重傷的帕薩滿真想一頭扎進這溫暖的愛的海洋，回到千百世來自己最親的親人、愛人的身旁。

這時的帕薩滿正面臨著一個修行人得道前最後的考驗。

你可以放下心中的仇恨，你可以饒恕累世害你的敵人，但是你真的能拋下那些愛你和你愛的人，一個人得道而去嗎？

仇恨你可以壓制，可以強迫自己忘記。可是愛呢？你能割捨的掉嗎？這修行的最後一關，比恐怖、仇恨 業障更難過的一關竟然是愛，難割難捨的愛！

帕薩滿此時沉浸在這溫暖的愛的海洋中，好像躺在軟軟的大床上，不想也不願意再動了。此時已經進入一種昏昏欲睡的狀態了。如果這時他真的睡過去，那他就再也醒不過來了。

雪妖第一次對帕薩滿的進攻奏效了，正在重新積蓄力量準備最後一擊呢。帕薩滿依舊沉迷在愛鄉不願自拔，這其實也是人類與生俱來的一種天性。

雪妖這次彙聚的是全部的力量，它很清楚，它只有一次進攻的機會了。這一次進攻必須把帕薩滿打下刀梯！否則帕薩滿真的一步登天，得到了天神的力量，那被滅亡的就一定是自己了。

帕薩滿面臨著巨大的危機。其實走到這一步對帕薩滿來講已經沒有什麼其他的選項了，只有生和死的抉擇了。

帕薩滿如能割捨對愛的沉迷與執著，就會通過最後一關一步登天！對自己則修行圓滿，恆居薩滿場院與衣散珠媽媽永遠相伴；對全族人來說，帕薩滿獲得了天神之力必能戰勝雪妖拯救全族！這就是生路。

否則，帕薩滿執著、沉迷於愛，那他就過不了最後這關，隨之而

來的雪妖這最後一擊將是致命的。這樣的結果就是帕薩滿自己的修行路功虧一簣，並且從這麼高的刀梯上被打下來必死無疑，還將連帶全族的人面臨滅族之災。這就是死路。

就在這生與死的關鍵一刻，咚咚的鼓聲又重新響了起來。二神找回了神鼓，跳起了神舞。震天的鼓聲穿透了風雪傳上刀梯之顛。

癡迷中的帕薩滿被這鼓聲一驚，意識稍微清醒了一點兒，想起自己的使命。意識一醒，現實的知覺又回來了。就見一邊是狂風怒吼、暴雪紛飛；一邊是鼓聲、吶喊聲，聲聲震天！

可帕薩滿腦海中的幻象並未消失，他還對那濃濃的親情之愛難割難捨，他不想捨棄親人、愛人，一個人去薩滿場院。但是此時的他已經稍微清醒，意識到了危機與責任。

就在這時，一個人的形象出現在帕薩滿的腦海中。那是一位仙風道骨的道士。

帕薩滿第一次登刀梯敗在情關之後大概二十年的時候，帕薩滿一直勘不破情關，一想起與前世深愛的人的山盟海誓尚未實現，他的心就隱隱作疼。就在這個時候，帕薩滿在天山中麓偶然的機會遇到了道人。二人相見恨晚，徹談了三天三夜。這道人是來天山尋一件東西的。

就是拜這道人所教，帕薩滿才真正的勘透了情關，破了情癡之魔。道人臨別之前，又贈了帕薩滿兩首偈，讓他先別管這偈什麼含義，一定牢牢記住就行了，以後自有用處的。

這兩首偈是這樣說的：

「人倫小愛，障道之魔，愛魔不破，難成道。」

「小愛必除，大愛得出，替天行道，方得見珠。」

一直以來，帕薩滿都沒有參透其中的含義。而現在在這生死攸關

的時候，帕薩滿一下子想起了道人留下的兩首偈。而這兩首偈不就是預言的今天的事情嗎？以前苦苦參悟不透的偈語，在今天這特殊的情景之下，帕薩滿突然的有了感悟。

剛剛在頭腦中一直纏綿、割捨不斷的愛，其實都是圍繞著自己，以自己為中心的愛。這種愛應該就是道人所說的「人倫小愛」吧。愛本無錯，可過於癡迷於人倫小愛不能自己拔，則會因一己之私而癡愛成魔。一己之愛為小愛，惠澤天下之愛為大愛。人倫小愛太過癡迷則成魔，無疆大愛普照萬物方成佛。

小愛不捨，大愛不生……

眼前與雪妖的戰鬥，既是為了自己、為了全族人也是為了不讓雪妖繼續害人，這就是替天行道的大愛。而要實現這種大愛，就必須拋開自私的小愛才行。

帕薩滿的神志徹底清醒，無疆大愛之情從心底蓬勃而出，一下子就把卿卿我我的小愛之情淹沒了。

帕薩滿終於擺脫這愛魔的纏綿。帕薩滿戰勝了愛魔，在那震天的鼓聲及族人激昂的吶喊聲中，帕薩滿向著刀梯最高處的橫杆攀去，攀上了橫杆也就意味著帕薩滿最終的勝利。

而此時雪妖也做好了攻擊的準備。

帕薩滿兩手攀上了橫杆，全身奮力向上一拔，上半身就已經過了橫杆。帕薩滿的頭一過橫杆，就覺得眼前光華一片！上面的景象與下方截然不同，下方狂風暴雪妖氣沖天，上方卻祥雲繚繞、風和日麗！

頭頂的祥雲之上，無數的神仙簇擁著一位高大慈祥，身披瓔珞，頭頂金色光環的女神。帕薩滿心中一陣激動！這就是傳說中的衣散珠媽媽呀！

只要帕薩滿再加把力，雙腳踩上橫桿，他就能來到衣散珠媽媽的身前，接受接見了。帕薩滿剛要發力，卻看見衣散珠媽媽向他微微一笑，手一揮，一道閃電向自己射來！

等這道電光到了近前，帕薩滿才看清，原來是一把發著銀光的寶劍。帕薩滿一伸手，銀光寶劍咻的一下隱入了帕薩滿的掌中。帕薩滿與銀光寶劍之間，有了一種自然的心靈感應。

此時，帕薩滿就聽得腦後隆隆的呼嘯之聲大作，雪妖向他發出了驚天動地的最後一擊！雪妖那千年的功力何等厲害，更加上它在暴怒中積聚全部力量的一擊！那是何等的威力！

就聽得半空中哳嚓一聲炸雷般的霹靂聲響起，隨之這股能量居然化做一道閃電擊向了刀梯！

帕薩滿此時正在挺身全力的向上拔，要站到橫桿之上呢。雪妖的這道閃電正擊在橫桿上！在這巨大的能量猛烈的撞擊下，刀梯倒了下去！

帕薩滿站在刀梯的頂端，隨著刀梯狠狠的摔向了地面！此刻，帕薩滿心中一聲哀嘆，完了，全完了！從這麼高的刀梯上摔下去任何人都得粉身碎骨啊！

刀梯向著火堆方向狠狠的砸了下去！帕薩滿的兩手還是緊緊的抓著橫桿。這一刻天地間忽然靜了下來。鼓聲停了，族人的吶喊聲也停了。二神和全族人都楞楞的站在當地，看著正在倒下的刀梯。

這是大家最怕看到的場景，隨著刀梯的倒下所有人的心都冷了下來。

刀梯的倒下意味著向雪妖挑戰的失敗，也意味著錫伯族人心中的英雄和精神支柱帕薩滿將命喪當場，永遠離開了族人。

刀梯倒下，人們心中的希望破滅了。錫伯族人即將面對的就是滅族之滅了。此時此刻人們的心徹底的涼了。可大家沒有辦法，只能這樣眼睜睜的看著。

篝火旁，大總管蹲在地上抱著永慶花，永慶花還昏迷著。大總管的小孫子站在旁邊。小孩子看到了刀梯倒下的情景，而大總管和永慶花卻渾然不知。而更可怕的是，帕薩滿抓著刀梯正對著大總管和永慶花砸了下來！

大家只能目瞪口呆的看著這一切。帕薩滿帶著沉重的刀梯，從那麼高的空中砸下來，刀梯上的人和地上被砸的人必然都不能倖免。刀梯眼看就要砸到大總管的頭上了，說時遲、那時快，就聽一聲嬌嫩的叫聲，隨後一個小小的身影撲了上來，小小的身子向著大總管拼命一撞，撞開了大總管和永慶花。

這時刀梯和帕薩滿已經從空中呼嘯著砸到了！

就聽「砰」的一聲大響，隨後一道銀光從帕薩滿身上發出，就像一道閃電直奔空中烏雲的最黑最濃處刺去！

銀光一閃之後，大家恍惚中好像看到頭頂的烏雲痙攣著、顫抖著，濃濃的烏雲深處隱隱的傳來了陣陣隆隆的雷鳴聲。

隨後，滿天的烏雲開始旋轉，向著雲層深處的一個點呈大面積的螺旋形彙聚。雲層旋轉彙聚的速度很快，頃刻間，雲散風停，雪過天晴，星月復明。錫伯族人都被這眼前的奇景驚呆了。剛剛還是狂風肆虐，暴雪紛飛，一轉眼卻雪過天晴。如果不是地上留下的厚厚積雪，過去的一切真的就像幻覺一樣。

就在大家一呆之際，篝火旁傳來了哭聲，大家馬上趕了過去。就見火堆旁躺著兩大一小三個人，分別是永慶花、帕薩滿和大總管的小孫子。永慶花依舊昏迷不醒，帕薩滿滿身滿臉是血一動不動，不知生

死，而大總管的小孫子，一看就不行了。

帕薩滿的重量加上刀梯整個的重量，重重砸在了孩子的身上。這麼大的重量又從那麼高的空中砸下來，不要說是一個孩子了，既使是個大人也承受不了啊。況且最致命的卻是刀梯上鋒利的刀刃在砸到孩子身體時，切斷了孩子脖子上的左側大動脈。

當族人們趕過來時，孩子的周圍已經流了一大灘的血了。大總管坐在那裏，懷裏抱著自己的孫子，痛苦的放聲大哭著。

二神坐在帕薩滿的旁邊，握著帕薩滿的手，正在一聲聲的呼喚著他呢。族人們圍了過來，看著孩子和帕薩滿。大家一起呼喚著他們。

很明顯，孩子已經不行了，已經沒有了呼吸。孩子臨走前連一句話都沒有來得及跟大總管說，大總管抱著孩子低著頭一言不發，滿臉淚水。

過了半天帕薩滿悠悠的醒了過來，醒來後的第一句話就問：「孩子怎麼樣了？」二神輕輕的搖了搖頭。

帕薩滿深深的嘆了口氣，又緩緩的說道：「多虧了這孩子呀！」

原來，帕薩滿當時在刀梯之上，剛剛接過了衣散珠媽媽賜的銀光寶劍，就被雪妖打下了刀梯。在這刀光火石的瞬間，帕薩滿根本就沒有機會向雪妖發出攻擊。如果就這樣直接落到了地面，那麼帕薩滿必死無疑，那樣的話就真的是前功盡棄了。

但帕薩滿落地時卻砸在孩子的身上，在孩子身上緩衝了大半的力道，也給帕薩滿贏得了寶貴的一瞬間。就在帕薩滿落地到昏迷前的一瞬間，他向半空中的雪妖揚起了手掌。銀光寶劍隨心相應、脫手而出，刺向了雲層深處的雪妖⋯⋯

這是衣散珠媽媽的天神之劍！帕薩滿雖沒有得到衣散珠媽媽的親

授神力，卻得到了這把天神之劍。

神劍穿胸而過，雪妖重傷逃走！

整個事件最大的轉折點和最關鍵的環節竟體現在這個孩子身上，在最關鍵的時刻，以犧牲自己的性命為代價，不僅救了大總管和永慶花的命，也拯救了帕薩滿和全錫伯族人的性命。孩子才九歲呀，年齡雖小卻蘊含著一顆偉大的心。人生的價值有時就體現在一瞬間，人性的光輝就在那一瞬間裏得到徹底的綻放！有些人看似平凡，碌碌無為，可在某個瞬間所做的壯舉，卻足以照亮他的一生！

人的一生，能做多少有意義的事呢？其實一件即可，那瞬間綻放的光芒足以驚天地泣鬼神！有的人就是為了這瞬間而生。

就像這個活潑可愛的小男孩，瞬間的壯舉就拯救了幾千條人命！他雖然只活了九年，可這是多麼有意義的一生啊！

雪妖被戰勝，雪災停止了，錫伯族人得救了。大總管的孫子犧牲了，大總管從此失去生存的動力，辭去了大總管的職務，整日以淚洗面無法自拔。

帕薩滿身負重傷，下肢永遠癱瘓，從此就沒能站起來過，而且法力全失，神通不在。自從那件事情之後，帕薩滿閉口不再提薩滿，也從未再請過神了。

錫伯族的薩滿絕技到帕薩滿這裏失傳了，帕薩滿之後沒有人能登上 49 級刀梯了。可族裏人卻傳說，帕薩滿從衣散珠媽媽那裏得來的天神之劍還在。因為，每年到了大戰雪妖的那天晚上都會看到帕薩滿的屋頂銀光環繞。

帕薩滿癱瘓之後，永慶花接替帕薩滿成為了族裏的大薩滿。負責錫伯族人的請神祭祀活動。十年之後，永慶花在族裏舉行了登刀梯儀

式，她僅僅攀到了第 17 級刀梯人界之頂就下來了，因為她沒有掌握薩滿絕技，進入不了地界和天界的境界。

直到現在，這麼多年過去了，永慶花還是唯一一個登過刀梯的薩滿，雖然她只登上了 17 級。帕薩滿是錫伯族真正意義上的最後一位薩滿了，從此後薩滿絕技失傳了。

錫伯族的薩滿絕技真的失傳了嗎？

當年，我一遍遍追問二師弟牧爾叔叔這個問題時，他總是笑笑不語。

帕薩滿戰雪妖的故事，我從當年開會的永慶花那裏只聽到了個大概。她講的沒有那麼詳細，而且斷斷續續，甚至最後帕薩滿登刀梯的三層境界永慶花根本就不知道，那才是錫伯族薩滿真正的奧祕呢。

其實把整個事件詳細講給我聽的，是我的二師弟牧爾叔叔。那是在帕薩滿大戰雪妖三周年後的第二天晚上，帕薩滿一個人靜靜的躺在家裏。

自從帕薩滿癱瘓之後，他的生活起居就由永慶花負責照顧，而永慶花也把帕薩滿當成親生父親一樣的照顧。所謂一日為師，終生為父，這種尊師重道的傳統現代社會已經見不到了。

那天，永慶花的母親病了，她要回家照顧母親一天，伺候師父吃完晚飯，慶花就回家了。

就在那天晚上，一個衣衫襤褸的十幾歲的流浪孩子拜訪了帕薩滿。帕薩滿一見到這個孩子就笑了。兩人從未謀面，又相差幾十歲，卻像老朋友一樣交談了一整夜。這個流浪的孩子就是牧爾叔叔。

當時牧爾叔叔的頂門尚未全開，他那次是在山神的指引下，到天山南麓去尋找他以前的法器「通靈寶杖」。路過伊犁河谷時，在半夜

見到帕薩滿屋頂上方銀光閃爍，光華大盛。知道此處必有高人，所以夜裡特去拜訪。

牧爾叔叔就是這樣知道了錫伯族登刀梯的奧祕。本來，牧爾叔叔累世以來所修的方便法門就是薩滿法門，所以牧爾叔叔和帕薩滿相談甚歡，於法門之間相互印證，所言皆是薩滿的精髓與奧祕。

帕薩滿雖然身體癱瘓，精神卻非常的安詳與平靜，並不以癱瘓為苦。他跟牧爾叔叔說，他其實每天都和衣散珠媽媽在一起的。

當時，帕薩滿向雪妖揮出了銀光寶劍之後就昏了過去。在昏迷中，他的靈體被一股強大的祥和之力帶離軀體向天上飛去，衣散珠媽媽帶著眾神在祥雲之上歡迎著他。衣散珠媽媽伸出右手摸著帕薩滿的頭頂，給他做了加持，並授予他天神之力。

隨後，衣散珠媽媽慈祥的聲音在心裏響起：「你現在靈歸薩滿場院，可肉身陽壽未盡，還需回到人間。並且需要等一個人，完成一件使命。之後你就可以回到薩滿場院，回到我的身邊了。」說著，衣散珠媽媽一揮手，一片濃濃的祥雲裹了過來，帕薩滿迷了過去。

帕薩滿被這片祥雲裹住之前，向衣散珠媽媽望了一眼，這一望之下，帕薩滿心中驚嚇不已！他清清楚楚的看到，在衣散珠媽媽身邊站著一位神采飛揚的小童子，這個小童子正是大總管的孫子。

帕薩滿在人間等著衣散珠媽媽說的這個人等了三年，這時終於等到了。這個人就是牧爾叔叔！

牧爾叔叔為了找前世修行的法器「通靈寶杖」歷盡了千辛萬苦，這件寶器就藏在天山南麓的一處祕境，帕薩滿的使命就是要幫助牧爾叔叔找到祕境並且告訴他戰勝靈獸的方法，關鍵正是當年帕薩滿戰勝雪妖的銀光寶劍。帕薩滿稱這把藏之於掌，揮之即出的銀光寶劍為「神珠媽媽劍」。

就在這天晚上，帕薩滿把這把神珠媽媽劍交到牧爾叔叔手中，完成衣散珠媽媽囑咐的使命。後來牧爾叔叔就是帶著這把神珠媽媽劍，在護法山神的幫助下，獨闖天山祕境，大戰靈獸，奪回通靈寶杖，打開頂門，恢復了前世的記憶和功能。

　　當我知道這整個事件的來龍去脈後，我迷茫了。

　　慶花婆婆講的這個帕薩滿大戰雪妖的故事，其實就是一個獨立的事件而已呀。可是，由此引出帕薩滿受命於衣散珠媽媽和得到神珠媽媽劍，卻是牧爾叔叔尋找通靈寶杖的關鍵，難道阿爾泰山雪妖來錫伯族降雪災害人也是冥冥之中安排好的？

　　想到了雪妖，我向牧爾叔叔問道：「牧爾叔叔，那個阿爾泰山來的雪妖後來被消滅了嗎？」

　　牧爾叔叔望著我：「被消滅？為什麼要被消滅？」

　　我理直氣壯地說：「如果這次不消滅它，那他以後再出來害人怎麼辦？」

　　牧爾叔叔摸著我的頭柔聲道：「你僅僅想到怕他以後出來害人怎麼辦？那你想過沒有，雪妖有沒有可能改惡向善呢？即使是十惡不赦的惡魔雪妖，它的前世意識之中也有善的種子，只要有這善的種子在，就有可能在某一時刻被激發出來。其實，在這場錫伯族人大戰雪妖的過程中還成就了兩個人。」

　　「成就了兩個人？什麼意思呀？」我迷惑的望著牧爾叔叔問道。

　　我心裏僅僅想到，這大戰雪妖的結果應該是兩敗俱傷才對呀。大總管的孫子慘死了，帕薩滿身受重傷癱瘓了，阿爾泰山雪妖也身負重傷逃走了。這結果多慘呀。

　　牧爾叔叔緩緩的答道：「帕薩滿戰勝了雪妖突破了自己，從而修

行圓滿；小男孩一念成神，永居薩滿場院。」

　　牧爾叔叔頓了頓，又說道：「其實正與邪之間，既對立又相輔相成。無魔不成道，道是在與魔障不斷的鬥爭中成就的。」

　　慶花婆婆在會上講述她的師父帕薩滿鬥雪妖的事跡，其實並沒有用多長時間，她只是講了個大概而已。其中有些當時發生的那些細節，慶花婆婆也不是很瞭解的，比如刀梯的奧祕，帕薩滿登刀梯時戰勝心魔的過程等。

　　雖然慶花婆婆發音並不標準，而且講述的斷斷續續。可她師父帕薩滿勇鬥雪妖，和大總管的小孫子捨身救人的精神，著實令大家非常感動！

　　聽完了慶花婆婆的故事，大家都陷入了沉思中。牧爾叔叔看著慶花婆婆說道：「帕薩滿的行為才是一位修行人應該具備的呀。他這樣做其實是真正的替天行道啊，而並非是逆天行事。」

　　這時蒙古壯漢色仁欽薩滿站了起來，大聲的說道：「帕薩滿，好樣的！護我族人，斬妖除魔，替天行道，這才是我輩修行人的本分呀！」

　　坐在牧爾叔叔身邊的張金鳳聽到大總管的孫子捨身救人、不幸身亡那一段時，忍不住雙肩抽動，輕輕的哭了出來。鄂倫春的孟銀富低頭望地，一言不發。

　　嚴大師望著大家說話了：「其實，慶花薩滿剛才說的很有道理。我們修行人講究的的是順天行事，凡事不可逆天而為。但是當我們面對那些為了自己一利之私，而以妖術邪法害人的妖魔，我們修行人也必須站出來匡扶正義，還天道之公允才行啊。

本來山川林海之間，風雨雷電、山洪林火都應該是正常的天道生滅的自然循環，我們人類就應該靜觀其變，順天而自保，不應該干涉大自然太多。可是，此次發生在大興安嶺的森林大火卻非同尋常，並不是大自然的循環生滅那麼簡單的。」

色仁欽在旁邊叫了起來：「嚴大師，你到底要說什麼呀？我是個粗人！聽不懂你那些文謅謅的詞兒！」

牧爾叔叔接過話來：「嚴大師說的意思是，大興安嶺的這場大火是人為的，有人或者妖魔用法力操縱的，就像慶花薩滿講的當年錫伯族的那場雪災一樣。」

色仁欽張大了嘴，驚訝道：「我的乖乖！不會吧？誰有這能耐放這麼大一把火呀？」大家也同樣疑惑地把目光望向了嚴大師。

嚴大師道：「本來我接到這個邀請時也挺疑慮，我非常清楚如果這真的是一場天火的話，我是不應該插手的。如果是由於人類的惡業而引發天降懲罰之火的話，那嚴某怕是有天大的膽子也不敢出手。

所以嚴某只有就此事請示師父，師父卻發話讓我參與此事。我想這其中必有隱情，因此，我在前幾天去了一趟大興安嶺，到了漠河的古蓮林場和其他幾個發火點都去看查過了。」

一直沉默不語的孟銀富抬頭問道：「有什麼發現？」

嚴大師看了他一眼繼續道：「這場大火絕不是自然界引發的天火！而是人與神靈共同作用下引發的特大邪火，就像錫伯族遭遇的特大雪災一樣。這場大火與錫伯族那場雪災的不同之處在於，那場雪災僅僅是阿爾泰山的雪妖發動的，而這場大火有人的參與和操縱！」

大家聽到這些話都露出了驚訝的表情，這種說法令人難以置信呀！要知道，這麼大的火情若想做法來發動的話，那不僅僅是一個或

幾個法師法力大小的問題呀，還需要天、地、人三界諸多因素的配合才行啊。若有一個環節配合不到位那就得前功盡棄、功虧一簣呀。

這種千年不遇的大火，火燒面積如此之大，燃燒的時間如此之長，都是歷史罕見的。如果這場大火真的是人或者神靈來發動的，那得具備多大的法力呀？這絕不是僅具備千年法力就能做得來的呀。在座的人可都是修行界中的行家，他們深知這其中牽扯的力量有多大。

其實這時嚴大師從大家的眼神中是能看出來，大家對他的說法不相信，深度的懷疑。這種懷疑與不相信是完全可以理解的，嚴大師自己在剛開始時也是這種心態。剛接到邀請時，他確實不是很想插手這件事，就怕牽扯到眾業的因果當中，可師父卻堅持讓他參與此事。

接受這個任務的當天晚上，嚴大師就在當地祭起了法壇，嘗試著向大興安嶺上空使起了呼雲喚雨之術。可是派去的神兵天將卻根本接近不了火場上空，都被一個巨大的能量罩給擋住了！

而這種強大的能量罩必是人為施法布局形成的。這時，嚴大師才相信了師父的判斷，知道這場大火不是天災而是人禍。

此時嚴大師心裏明白，必須開誠布公地把話跟大家說清楚，才能打消大家的疑慮，獲得大家的支持。所以，他馬上把自己施法救火受阻的事情經過詳細的告訴了大家。

隨後又對大家說道：「我嚴某深知，此事關係重大，不敢輕下結論，所以第二天我就跟前線吳總指揮一起到大火的始發地漠河，在那裏確實發現了人為施法的證據。」聽了這話，大家都吃驚的望著嚴大師。

嚴大師接著說：「5月7日下午的大火來勢非常突然。本來漠河西山上古蓮林場的著火點在頭天晚上已經被撲滅了。可5月7日下午，突然一場八到十級的大風刮起，居然五個起火點同時起火！

風向又正面吹向漠河縣城，一瞬間，整個縣城一片火海，不到兩個小時就燒毀了整個縣城！

可奇怪的是，有人在大火燃燒之前就在漠河縣的不少地方設下了護法結界。這些地方分別是：林苑公園、一座清真寺、一座醫院和城外的墳地以及城內的所有廁所。

據我實地探查的情況來分析，應該是有四個法師帶領一批陰靈所為。四個法師分別位於上述四處地方施法呼風喚火，而無數陰靈藏匿於城內的廁所內伺機害人。所以大火無情的焚毀了漠河縣的一切，只有這些布了結界的地方保留了下來。」

這時張金鳳插話說道：「這樣看來確實是人為的了，可是這是誰做的呢？為什麼要這樣做呢？」

嚴大師望著大家，說道：「其實我邀請大家來這裏，就是想大家幫我做兩件事。第一，幫我破掉這層保護罩，使我的呼風喚雨術能在林區施展。只有下場大雨，這場大火才能熄滅。第二，就是拜託大家協助我查清發火的人、神及目的。嚴某在此謝謝各位了！」

說著，嚴大師站起來向大家鞠了一躬。大家一看嚴大師如此客氣，全都慌忙站起來回禮。

色仁欽大聲道：「嚴大師，何必這麼客氣！儘管吩咐就是了。大火就發生在我們的家鄉，我們能盡一份力那是理所當然的。」

「是呀，是呀。」大家都一起點頭稱是。

嚴大師看著大家問道：「各位能否想到自己所認識的人當中有能施這種大法的人嗎？」大家面面相覷，同時搖著頭。

牧爾叔叔看著嚴大師問道：「從他們結界的手法上看不出是那個法派的嗎？」

嚴大師沉吟道：「看不出來，非佛非道，很怪異的法門。」

牧爾叔叔剛要說話，旁邊的蒙古大漢色仁欽憋不住了，大聲道：「這有啥可捉摸的？我們現在就去，跟他們鬥一場不就知道了？敢在我們的地盤放火，管他什麼門派！讓他們先嘗嘗我們幾個大薩滿的厲害再說！」

嚴大師對大家一抱拳，道：「看來只有辛苦幾位大薩滿了！時間緊急，那就請各位薩滿今天就返回大興安嶺，召請各路神靈，打個先鋒，破了保護罩吧。我嚴某就坐鎮在此，一旦你們那邊成功，我就可以施展呼風喚雨的法術。有勞諸位了！」大家紛紛點頭說好。

臨走前，嚴大師又叫住了大家，看著張金鳳問道：「張堂主，胡三太爺今天沒來呀，不知他可安好？這件事情辦完以後，嚴某定去長白山拜會於他！」

張金鳳向著嚴大師施禮道：「多謝嚴大師問候。這事兒說來話長，以後有機會再向大師細說吧。」

嚴大師笑道：「好說，好說。只是張堂主千金之軀，就不要去大興安嶺身赴險地了吧？回到長白老家或者在這裏居中調度狐兵就行了。」

張金鳳瞟了一眼身邊的牧爾叔叔，回頭笑吟吟的答道：「多謝大師關心，我也想去湊湊熱鬧，我就跟著杜牧爾薩滿了，有他保護我您就放心吧。」

牧爾叔叔聞言，頗感詫異的望了張金鳳一眼，沒做聲。

嚴大師笑道：「那好吧。牧爾兄可一定要保護好張堂主啊，你這責任可就大了。」牧爾叔叔笑了笑沒說話。

嚴大師又說道：「大雁不能無頭，群龍不能無首。這次大家結伴

同行也是難得的緣分呀。我看還是請牧爾兄做個負責人吧。」

張金鳳一聽，跳了起來：「好啊，好啊，牧爾哥哥，我們都聽你的！」其他幾位也都點頭說好。

牧爾叔叔一聽這話，馬上搖著頭道：「這可使不得，幾位薩滿都是德高望重，哪裏輪到杜某負責呀？」

這時永慶花說話了：「你們年輕人不負責，難道讓我這老太太負責嗎？」

嚴大師接話道：「牧爾兄就不要推拖了，是我師父選你負責的，我師父不會看錯的。」

色仁欽在旁邊叫到：「牧爾薩滿，怎麼那麼婆婆媽媽的？讓你負責你就負責唄！」

牧爾叔叔向著大家一抱拳道：「既然大家信任杜某，那杜某就勉為其難了。還請各位薩滿多多指教！」

接著牧爾叔叔陪著我回到家，跟我父母說明情況，幫我請好假。有牧爾叔叔帶著我，父母當然放心了。我小時候幾次經歷危險，都是牧爾叔叔及時出現幫我化解。在我父母眼中，牧爾叔叔就是我的救命恩人、我的師父、我的守護者。

告別父母，我和牧爾叔叔踏上返回故鄉之路。

出發前，大家商量了一下路線。最後一致通過，先到火場第一線去看看情況再說。我們乘坐著軍方的直升機，當天晚上就到達了大興安嶺密林深處的塔河。

塔河位於大興安嶺中心地帶，大興安嶺山脈伊勒呼裏山北坡，北抵黑龍江右岸與俄羅斯接壤。塔河附近的山林，傳統上是鄂倫春族狩獵的地盤。

下了飛機，我們分乘兩輛吉普車直奔火場前線，一位軍官楊參謀陪我們一起前往。

吉普車在夜色中，沿著山間公路極其顛簸的向前行駛著。走了大概一個鐘頭，翻過一個高高的山頭，就見前方的天空一片火紅。

小楊看著映紅的夜空，嘆了口氣說道：「大火又向前推進了，看這火勢，不用三天就得燒到塔河。」

我看著窗外，好奇的問小楊：「楊叔叔，我聽說調動了五萬多人上山撲火呢，那還擋不住嗎？」

楊參謀回過頭來笑道：「小夥子，人的力量在大自然面前真的是太渺小了。就說這森林大火吧，人的作用只能是兩樣，一是開隔火帶，二是拍滅餘火。可你這邊剛開出幾十米寬的隔火帶，那邊只要一起風，火藉風勢，那些大火球馬上就從對面的樹梢上飛過隔離帶燒到這邊來。一旦火球飛過來，那速度是相當的快，跑不及的人就很容易被火海包圍、燒死。我們不少的官兵就是這樣犧牲的。」

我還真沒想到原來救火是這麼回事，「我還以為救火是幾萬人一起上，把正在燃燒的大火撲滅呢。原來只是拍打餘火呀。那還有沒有其他方法有效救火呢？」

楊參謀接著道：「迎面把大火撲滅？那是不現實的，人離大火 50 米遠的時候就已經被火烤的受不了了，哪還能再靠上前去打火呀，早就把人烤焦了。其實對森林大火而言，最有效的辦法就是降雨了，大面積的降雨能很快的抑止火勢。」

我一聽，又問道：「現在不是已經可以人工降雨了嗎？為什麼不用上呢？還要派那麼多人去危險的火場。」

「人工降雨？那要有條件的，必須有密集的帶有大量水汽的雲在

上空凝聚才能進行人工降雨。其實，所謂的人工降雨，也就是向高空中的雲層中發射化學物質，起一個催化的作用。把雲層中的水汽提早凝固、聚成顆粒催下來。像現在這樣的大晴天，萬里無雲，是不能進行人工降雨的。而如此大範圍的火勢，乾燥的熱浪不斷的吹向天空，哪能聚的起來烏雲嘞，什麼樣的雲來到這裏都得被這熱浪吹散呀。」楊參謀耐心的給我解釋著。

說話間，吉普車又翻過了兩個山頭。一大片火海出現在眼前，漫山遍野、紅彤彤的無邊無際的火，火舌噴射，烈焰騰空，濃烟升騰。

在火光的映射下，隱隱約約的看到離火頭大約三公里遠的地方，很多人都在奮力的砍伐著樹木，把樹木一片片的放倒。在茂密的樹林間伐出了長約一、兩公里寬約幾十米的空地。

楊參謀指著那群人說道：「那些就是我們連隊的戰士了，正在開隔離帶呢。但願別起風啊。」

我們都從吉普車上下來，大家站在山頭望著遠處的漫天大火，誰都沒說話，都在靜靜的看著。這時牧爾叔叔站在我的旁邊，輕輕的對我說道：「小鬼頭，念起護身咒，徹底放鬆身心，靜靜的感應。」

我按照牧爾叔叔說的，念起護身咒語，感覺著層層紅光從體內發出，在身體周圍漸漸形成能量罩，團團的護住了自己的身體。

然後慢慢的將意識投向遠處的火海，突覺得一陣熱浪襲來，自己好像已經置身於火海上空。就見火海正上方的空中，一個巨大的犀牛一樣的怪物，全身帶火，在空中來回奔跑著，嘴裏不斷的吐著一股股的火焰！

而在遠處的更上方的空中，一個高大人形模樣的黑影子站在高空中，黑影子身披一個大大的黑斗篷漫天飛舞著，一陣陣的狂風從碩大的黑斗篷中吹出。火藉風勢，風助火威。

黑影子好像看到了我，向犀牛一招，左面黑斗篷向我一揮，巨大的火犀牛銅鈴般的大眼睛向我看來，隨即雙蹄刨地，向我衝了過來！

我一看，見狀不好，馬上撤退，回過神來。牧爾叔叔就站在旁邊看著我笑呢。他說：「嚇到了吧？再看一下火場周圍。」

我又進入那種恍惚的狀態，只是這次把意識點放到火頭的前方，就見大概在火頭前方 50 米處，黑影綽綽，好像正在聚集。可是看不清具體是什麼東西。

我回過神來，回頭疑惑的望著牧爾叔叔。牧爾叔叔看了我一眼，什麼都沒說，向大家一揮手道：「上車吧，我們到隔離帶那裏看一下。」

吉普車衝下了山坡，轉眼來到了戰士們跟前。眼前就是幾十米寬的隔離帶了，此處距離火海不到一里距離，已經能清楚的聽到燃燒的樹林發出的劈劈啪啪的聲音，明顯的感覺到巨大的熱浪一波一波的湧至。

這時一位灰頭土臉的年輕人快步跑了過來，向楊參謀立正，敬了個禮：「歡迎楊參謀來視察。」

「王連長，現在情況怎麼樣？」楊參謀回了個軍禮，向年輕軍官問道。

「今天下午風勢較小，我們打了兩條防火帶，今晚準備再打一條防火帶出來，只要沒有大風刮起，在我這個陣地控制住火勢應該沒有問題！」王連長大聲的回答道。

這時，我正出神的望著火海的方向，忽見一片黑影從火海的方向飄了過來，迅速的翻下山頭，衝下山坡，黑影越聚越多，前面的已經能看到身形了。我趕緊靜心閉目細看，就見一批武士裝扮的人，頭纏著白布條，手中揮舞著長長的戰刀，大聲的嚎叫著向這邊衝了過來。

前排武士已經衝到了第一道隔火帶。

這時就聽牧爾叔叔向著楊參謀大聲的叫道：「小楊，快讓戰士們撤到後面的山頭上！馬上！大火就要燒過來了！快！」

楊參謀一楞，馬上反應了過來，向王連長大聲命令道：「全連戰士，馬上以最快速度退到後面山頭！」戰士們開始迅速後退。

牧爾叔叔轉頭面向幾位薩滿道：「大家馬上各自結界！祈請護法神，必須擋住陰兵，不能讓他們衝過隔離帶。陰兵是火犀牛的前鋒，陰兵一到，火勢隨之就來！」

說著看了我一眼道：「小鬼頭站在我身後，念動護身咒語，不管看到什麼景象都不能分心。知道嗎？」我使勁兒點了點頭。

色仁欽向火場方向看了一眼，就地坐了下來。面朝著火場，嘴裏念念有詞，手上蓋了一塊黃色手帕，手帕下打著祕密法印。我仔細地觀察著色仁欽，就見他端坐在地上，少頃，身體周圍騰起了一層蒸汽一樣的霧氣，薄薄的霧氣籠罩著他的身體。

隨之一道道白光從他的全身射出，向外發射著。他肩頭立著的碩大無比的白鷹，忽的一下騰空而起！在色仁欽頭頂急速地盤旋著，仰頭一聲長鳴，身子一震，就像變戲法一樣，忽的變化出了幾十頭白鷹滿天飛舞，煞是壯觀。

張金鳳給我的感覺一直都是眉眼含笑的，可這時我看她盯著飛奔而來的大片黑影，收起了笑臉，冷面寒霜，也盤腿坐在地上，就見她靜靜的坐著，也沒念什麼咒語，也沒打什麼手印，只是不斷的打著哈欠。一會兒，就覺得身邊出現了很多的動物，還排著隊形呢。狐、黃、獅、虎、豹、龜、蟒、蛇、豬、狼……，旌旗招展、秩序井然。排在了張堂主的周圍。

孟銀富則跪在地上，雙手舉向天空，在虔誠的喃喃自語著。就見一道銀光閃過，一位手拿巨錘，銀盔銀甲的高大壯漢，自天而降，立在孟銀富身旁。孟銀富逐漸進入一種恍惚空無的狀態，這位巨神見狀向上一躍，一下子就進入孟銀富的體內，和他合一了。這時的孟銀富一下子就從地上站了起來，開始大幅度的跳起了薩滿舞。

　　而我回頭再看慶花婆婆，慶花婆婆沒有席地而坐，而是一上來就跳起了薩滿舞，邊跳邊喃喃自語，不知是在念咒還是在呼喚神靈。不一會，就見一條大蟒蛇從空中游來，身後還跟著不少的狼蟲虎豹之類的靈體。大蟒蛇一來就直接進入了慶花婆婆的身體，慶花婆婆這時身體一陣陣顫抖著。

　　只有我身前的牧爾叔叔沒什麼動靜，只是筆直的靜靜的站在那裏，默默地注視著前方成群的黑影。

　　跑在前頭的那些武士這時已經衝過了隔離帶，離我們越來越近。感覺上好像面目都看的很清楚了，有的猙獰扭曲，有的殘腿斷臂，有的滿臉流血，有的半邊頭顱，有的肚腸外露……

　　我那時還小，哪見過這種場面呀。嚇得我趕緊收了天眼，不敢再看了。

　　這時明顯的感覺到陣陣熱風從火海方向吹了過來。我心裏也開始納悶了，難道真的是這些陰兵聚到哪裏，風和火就跟到哪裏？他們真的是火魔的開路先鋒？

　　這時戰士們已經快撤退到後面的山頭上了，而小楊參謀和兩位年輕的司機戰士沒有撤退，跟我們站在一起。看到大家各種怪異的舉動，又大敵當前，嚴陣以待的樣子，都很迷惑的看著他們。

　　此時就見對面大量的陰兵武士已經到了我們眼前這條隔離帶的邊緣，猙獰恐怖的樣子看的更清楚。

只聽得耳旁，色仁欽急速的念咒聲，雙手法印向前一指，幾十頭碩大白鷹一起長鳴著俯衝過去，與那些陰兵武士鬥在一起。

張金鳳閉著眼睛坐地不動，她的隊伍中一位化身成人形的黃仙率領著狐黃蛇虎豹等仙家衝了過去。在她的身邊還留守著兩位仙家，一位是年邁弓背的老爺爺，一位是黃盔黃甲，手握寶劍的黃仙女將，威風凜凜、殺氣騰騰。

這時的慶花婆婆已經與大蟒蛇合二為一了，就見她蛇頭一立，蛇信三吞三吐，發出了刺耳的噓噓聲。噓聲一停，巨蟒身後的狼蟲虎豹一起衝了上去！

對面的隊伍中，陰兵武士首當其衝，隨後一批黑色的毒蛇和很多黑褐色的毒蠍子加入了戰局。我們這一方，地上跑著狼蟲虎豹、狐黃長蟒等動物修煉來的仙家，天上飛舞著草原白鷹。兩隊人馬廝殺在一起，喊殺聲震天，場面十分混亂！

這麼大的廝殺場面我還是頭一次看到，覺得太恐怖、太血腥了。我不敢細看這種慘烈的廝殺場面，抬頭望向了火海的上空，就見火犀牛正蹲伏在那裏，頭朝著我們這方向，正在大口大口的噴火，一道道烈焰從犀牛口中噴出，推著火海向前移動著。

而高空中的黑斗篷更是加大了力度，拼命的煽著風，配合著火犀牛推動著火海向前移動著。大火這時已經燒到了第一道防火帶的邊緣。

突然眼前人影一晃，餘光中就看到一條人影站到雲端。仔細一看，原來是牧爾叔叔的元神出竅了，一襲黑衣，長髮披肩，腰杆挺直的站在滾滾升騰的濃烟之中，與火犀牛對峙著！

火犀牛見狀，看見有人擋在它面前，立刻低頭弓背，四蹄刨地，一聲悶哼，向著牧爾叔叔撞了過來！

就見牧爾叔叔等到犀牛撞到眼前，身子向右一側閃開，豁然間左手紫光大盛，一條深紫色的光杖出現在左手中。這時火犀牛已經衝到了近前，牧爾叔叔掄起寶杖向著火犀牛的背部打去！

就聽得「砰」的一聲大響，火犀牛背部吃痛，四肢向下一趴，旋即停住衝勢，回過頭來，一股烈焰從口中噴出，直奔牧爾叔叔而去！牧爾叔叔見狀，縱身向上一躍，躲過了火焰，跳到了火犀牛的背上。

我在遠處看著真的替牧爾叔叔捏了一把汗，驚心動魄呀！牧爾叔叔踏在火犀牛的背上，雙手高高舉起了通靈寶杖，就要向火犀牛的頭上砸去！

這時我看到黑斗篷卻無聲無息的來到了牧爾叔叔身後，心裏一驚：「牧爾叔叔危險了！」

看到牧爾叔叔面臨危險，我當時想也沒想，心裏一急就衝了上去，我也元神出竅來到了濃烟之上。看來今天是真的急了，一下子元神就出來。這要擱在平時，要調出元神哪裏會那麼容易？坐在那裏老半天都靜不下來的。

牧爾叔叔的通靈寶杖打在火犀牛的頭上，火犀牛雖然痛得來回狂奔亂跑，可由於火犀牛厚厚的牛皮相當結實，並未受到致命的重創。而此時黑斗篷卻在旁邊盯著牧爾叔叔，尋找著機會，準備一擊必中，置牧爾叔叔於死地。

此時的牧爾叔叔眼中只有火犀牛，既然已經占了上風，他必然要乘機制服火犀牛，不能再給火犀牛回手的機會的。所以顧不了背後的危險。

我這時就悄悄的站在黑斗篷的後面。黑斗篷此時正全神貫注的盯著牧爾叔叔和火犀牛的戰鬥，尋找牧爾叔叔的致命弱點伺機下重手呢。所以，也沒有發現自己的身後居然有人！

其實有沒有我根本是無所謂的。因為那時的我練功還只是處於築基階段，根本沒有學練大悲法門呢。當時只是會護身咒，危機時能把自己保護起來就不錯了，說不上運用咒語和法印的力量攻擊敵人。

　　所以，雖然悄悄的站到了黑斗篷的身後，可我並不知道應該怎麼做，應該怎樣向黑斗篷發起攻擊，只是傻傻的站在那裏乾著急。

　　黑斗篷找到機會了，這時牧爾叔叔正高舉通靈寶杖，扎向火犀牛的後脖頸處。而此時的火犀牛正奔到了黑斗篷面前，牧爾叔叔又是背對著黑斗篷。

　　黑斗篷一躍而起，兩邊斗篷忽的張開，向著牧爾叔叔奮力一搧！兩個斗篷相合之際，一股大風吹向了牧爾叔叔，同時一條火鞭像條火蛇一樣從斗篷中竄出，一下子重重的砸在了牧爾叔叔後背上！牧爾叔叔被這大力一砸，又被狂風一吹，斜向裏飛了出去！

　　牧爾叔叔飛出之時，右手一揚，一道銀色電光射向了火犀牛。而此時黑斗篷的火鞭又追著牧爾叔叔再次揮了出去，牧爾叔叔危矣！

　　我此時見到牧爾叔叔受傷危急，心中大急，就覺得腦袋嗡的一聲，腦中一片空白。突然，一句咒語脫口而出，雙手自然結成法印，向黑斗篷打了出去！

　　一道熾烈的白光從我的法印中發出，重重的擊在了黑斗篷身上！黑斗篷一聲刺耳的尖叫，身子一斜，收回了擊向牧爾叔叔的火鞭。

　　我心念一動，馬上奔向了牧爾叔叔。牧爾叔叔回頭看到我，伸出手一把拉住我，叫了聲「快走！」同時把我向上一提，扔了出去。我被甩到了空中，餘光中看到原來火犀牛已經發瘋一樣追到了我的身後！

　　這時耳旁聽到牧爾叔叔叫道：「快回體！」聽到這話，我立即元

神歸竅，回到了肉身。定了一下神，看看周圍的形勢。這一看不要緊，心中又是一驚，我們已經被陰兵武士包圍了！

再看牧爾叔叔，發現他靠在張金鳳的身上，張金鳳蹲在地上，正在呼喚著牧爾叔叔。

陰兵武士夾雜著黑蛇、黑蠍子層層的圍了上來。大家已經被壓縮在一個小圈子裏了。

表面看孟銀富瘋狂的跳著薩滿舞，其實是銀將軍揮舞巨錘抵擋著陰兵。就聽得一聲大叫，孟銀富跌倒在地，原來一條毒蛇咬在了孟銀富的左腳踝處。銀將軍一錘砸死了毒蛇，可孟銀富只能坐在地上，站不起來了。

張金鳳身邊的黃甲女將揮舞著寶劍奮力砍殺著圍上來的陰兵、毒蛇。慶花婆婆一個狂蟒掃尾，掃倒了一大片陰兵，又一個怪蟒翻身，把巨大的蟒身壓向了陰兵。

這時，大火已經越過了隔火帶，離大家不到 50 米遠了。灼熱的氣浪已經烤的大家臉上滾燙，周身熱血沸騰。

山林中的動物，無論是天上飛的還是地上跑的，哪有不怕火的呢。色仁欽的白鷹，張金鳳和慶花婆婆的眾仙家，在火海面前紛紛退了下來。

牧爾叔叔已經回過了神來。看了看四周的形勢，命令道：「馬上撤退！」

牧爾叔叔掙扎著站了起來，張金鳳馬上又上前扶住了牧爾叔叔的胳膊，關切的看著他的臉。牧爾叔叔看了一下孟銀富的情況，對張金鳳說道：「馬上用一條紅繩綁在孟薩滿的左大腿上。」

楊參謀上前扶起了孟銀富，張金鳳在孟銀富腿傷處綁好了紅繩。

大家迅速的上了吉普車，撤到遠處的山頭。這時大火已經越過防火帶，席捲了剛才大家站立的地方。

　　吉普車來到了山頭，我們與戰士們會合了。王連長看著山下越過了防火帶的大火，狠狠的說道：「哎！這兩條防火帶又白打了！」

　　楊參謀看著王連長道：「王連長，下一步你們怎麼打算？」

　　「今晚我們就住在山裏了，繼續打防火帶。火進人進，火退人退！」王連長大聲地答道。

　　「好的，我馬上通知後勤的同志給你們送帳篷和必需品。但是你們一定要注意安全，晚上必須留人放哨，觀察火情。千萬不要大意了！」楊參謀關切的叮囑著王連長。

　　楊參謀回過頭看著牧爾叔叔道：「杜大師，你們有什麼打算呢？」

　　牧爾叔叔正坐在吉普車上閉目養神呢，聽到問話，睜開了眼睛道：「回塔河縣城，休整一下，再研究對策吧。」

　　告別了戰士們，吉普車在夜色中向著塔河縣城奔馳而去。在車上，我看牧爾叔叔精神好了一些，就關切的問道：「牧爾叔叔，你受傷了，嚴重不？」

　　「沒什麼的，皮外傷而已。」牧爾叔叔答道。

　　我叫牧爾叔叔轉過了身子，掀起了他的外衣，看到他的背上一道紫黑色的斜斜鞭痕。這時坐在旁邊的張金鳳叫道：「這是怎麼搞的呀！怎麼傷得這麼厲害！還說沒什麼呢，這要是再重點兒，都得把脊椎骨打斷了！」

　　我從側面看到，張金鳳已經眼含淚花了。心裏想：「這張堂主也太感情用事了。這接觸才一天時間就哭好幾回了。怪不得有人說，女人是水做的呢。」

我又問牧爾叔叔道：「牧爾叔叔，黑斗篷那一鞭是打在你的靈體上啊，為什麼在你的肉體上也會有鞭痕呢。」

「靈肉本就一體嘛，只要肉體不滅，那就會靈肉相連，陰陽相輔。」牧爾叔叔答道。

我聽的似懂非懂，又問道：「那孟銀富薩滿被毒蛇咬傷，也會在肉體上有所反應了？那會不會中毒身亡呢？」

「當然會影響到肉體了，他受的傷比我重多了。所以我要大家馬上回到塔河縣城，就是要找個安靜的環境，儘快給孟薩滿做法事清除靈體中的蛇毒。否則，他的性命很危險的。」牧爾叔叔靠在坐背上說道。

這時張金鳳在旁邊關切的提醒牧爾叔叔道：「你別就想著別人了，你的傷勢也不輕了。別說那麼多話了，還是好好的閉目養神吧！」

回到賓館，大家圍坐在牧爾叔叔的房間。牧爾叔叔經過吉普車上的閉目養神精神已經恢復的差不多了。孟銀富臉色蒼白，精神萎靡，左腿麻木失去了知覺，可在外表上卻看不出異狀。大家扶著孟銀富躺在了床上。

楊參謀看到孟銀富這種狀況，對牧爾叔叔說道：「杜大師，我看孟薩滿傷勢有些嚴重，是否需要馬上送縣醫院治療？或者請縣醫院的醫生來賓館看下病情？」

牧爾叔叔回道：「小楊，孟薩滿是傷在靈體上，現代醫院是治不好的，送他到醫院只會耽擱時間。孟薩滿的事你不用擔心，等一下我親自給他治療。」

色仁欽在旁邊叫道：「牧爾薩滿，聽說你也受傷了？是混戰中被毒蛇咬了還是被陰兵武士砍傷的？嚴重不？」

「既不是毒蛇咬的，也不是陰兵武士砍的。是我戰火魔時被黑風妖用烈火鞭打在了背上。要不是我這小師兄打傷了黑風妖，我今天可能就交待在那火海裏了。」牧爾叔叔看著我說道。

大家一起轉過頭來盯著我看，一副半信半疑的神情。

「這位小弟是你的師兄？他打傷了黑風妖救了你？這小弟師承何人，小小年紀就有這等功力？」色仁欽詫異地問道。

牧爾叔叔笑著說：「可別小看了這小老弟呀。千年前我於聖山學法時，他可是我的授業大師兄呢。

我師兄弟失散千年，今生機緣成熟方得相聚。我於今生先歷盡磨難、破了頂門封印，恢復前世的功力和記憶，而我這大師兄尚在磨難期，並未恢復法力。

剛才救我那一擊，實在是小師兄於危急時刻潛意識中發自本能的一種應急的反應啊。」

張金鳳看著我笑道：「哦，原來真正的高人藏在這裏呢。」

我被大家看得滿臉通紅，不好意思的說道：「哪裏是什麼高人了，自己也不知道是怎麼回事呢。當時心裏一著急，誤打誤撞的就打了黑斗篷一下。」

這時楊參謀忍不住在旁邊問道：「各位大師，剛才到底是怎麼個情況？你們說的話我都聽不懂啊。我只是見到當時從火場那邊刮了很多道旋風過來，然後大火就燒了過來。孟薩滿怎麼受的傷我都不知道，能給我講講嗎，到底怎麼回事？」

牧爾薩滿看了一眼張金鳳道：「那就有勞張堂主了，給楊參謀講講吧。」

張金鳳本就口齒伶俐，這一番當然講的是繪聲繪色的。楊參謀直

聽得是目瞪口呆，張大了嘴合不上，這對他在觀念上的衝擊簡直是太大了。

他們這代人所受的教育都是無神論的唯物主義，一切的牛鬼蛇神都是無中生有的封建迷信和四舊的範疇。楊參謀徹底暈了。

可是他的上級長官對這批人卻又非常的尊重和重視，一再交待自己要全力配合這幾位大師的行動。難道他們說的這些事情都是真的？

楊參謀還是半信半疑著。在短時間內要讓小楊徹底的轉變自己原有的觀念確實有點兒難。看著小楊目瞪口呆的愣在那裏的神情，張金鳳捂著嘴笑了起來，嬌聲道：「楊參謀，你是不是對我講的這些不相信呀？你愣在那裏想什麼啊？」

楊參謀回過神來，吃吃地道：「這確實太令人震驚了，我一時間確實沒法接受。關鍵是你們看見的我看不見呀。」

張金鳳靜靜地看了小楊一會兒，閉了一下眼睛，打了幾個哈欠。隨後睜開眼看著小楊道：「楊參謀，你家五代單傳，父親去年剛入冬患肺癌去世。你五歲時就應水難殉命，是你的姐姐換了你一命。」

「啊？！」楊參謀張大了嘴，瞪大了眼睛死死地盯著張金鳳，同時眼中充滿了淚水。

他迷惑不解，他不敢相信這是事實，但卻又不得不信。這些他藏在心底的隱祕就連他最要好的戰友、朋友都不知道的，她是怎麼知道的？

尤其自己五歲時那次落水，九歲的姐姐為了救自己被河水沖走，自己活了姐姐卻永遠地離開了。這麼多年來，這一直是深藏在他心中的深深的痛。這件事只有他的直系親屬知曉，可今天卻被張金鳳一語叫破！他能不震驚嗎？

剛才，張金鳳繪聲繪色講的大戰火魔及陰兵毒蛇等都是自己看不見的，並且沒有涉及到自己的，所以沒有覺得那麼震撼。可這幾句話卻句句都重重的打在自己的心裏，不容自己再不相信了！

　　楊參謀的觀念被張金鳳的幾句話徹底改變了，他又以新的眼光重新審視起眼前這幾位異人。看到楊參謀的神情，大家都笑了。

　　色仁欽大聲笑道：「楊參謀，跟我們這些怪人在一起，讓你吃驚的事兒還多著呢，要有個心裏準備才好呀！」

　　說到這，色仁欽又回頭面向牧爾叔叔問道：「牧爾薩滿，今天這一仗咱們是大敗而歸呀！下一步咱們怎麼辦呢？」

　　牧爾叔叔沉思了一下道：「也不能說今天就是徹底失敗了，畢竟小師兄那一掌肯定把黑風妖打傷了。至於傷到什麼程度現在還不能確定。

　　可是我覺得非常奇怪的的是，本來我被打飛時射向火犀牛那一劍，應該重傷火犀牛才對。可是當飛劍快刺到火犀牛時卻被某種力量擋住了。所以，我們面對的敵人不僅僅是火犀牛和黑風妖，在他們後面應該還有更大的靠山，今後再交手時大家要更加小心才好。」

　　小楊聽了這話，有些憂心忡忡的問道：「杜大師，聽您的意思，我們現在沒有把握對付火犀牛和黑風妖。那是不是就意味著大火還得繼續燒向塔河這裏呢？現在大火離塔河縣城已經不遠了，我們能否保住塔河縣呢？這裏可是居住有接近十萬人呀。」

　　牧爾叔叔看了一眼小楊道：「火勢向前推進的動力是風。之所以我說今天這場戰鬥我們沒有全敗，就因為小師兄打傷了黑風妖。如果黑風妖傷勢嚴重的話，就根本刮不起大風，只要沒有大風，火海就推進不過來。所以這點倒不用太擔心。」

聽了這些話，大家都明顯的舒了一口氣。

張金鳳皺著眉自問自道：「這火魔和黑風妖到底是什麼來歷呢？還有那些陰靈武士，都不像是大小興安嶺的山神惡煞呀？」

「它們不是中土的神靈，是櫻花國來的惡神！」躺在床上閉目養神的孟銀富突然發言道。

大家一起回過頭，詫異地盯著孟銀富。一時間都沒回過味兒來。

孟銀富接著說道：「當年櫻花國侵略我們中土，戰敗回國後的那幾年間，在我們鄂倫春和鄂溫克族領地內經常發生類似瘟疫的症狀，一家一家的人死去。

後來我和鄂溫克的女薩滿酋長一起做法事，祈請「白那查」山神落位祛邪，才發現原來是櫻花國戰死在中土的陰靈武士在作祟。

櫻花國的軍隊雖然戰敗回國了，可那些戰死在中土的士兵化作陰靈武士，卻仍在中土繼續害人。我和薩滿女酋長做了多場請神法事，才使我們這塊領地暫時安寧了。

可是，不知為什麼，從今年開始又陸續發現幾起類似當年的瘟疫症狀的病例。我當時就在想，是不是櫻花國的陰靈武士又回來了？但是那時我不敢確定。

可今天我完全能確定了，同樣的陰靈武士，就是它們又捲土重來了，只是這次的陣勢比當年大多了。」

聽到這裏，牧爾叔叔點了點頭，沒有說話。而張金鳳在那裏深深的嘆了口氣，恨恨的道：「又是櫻花國！真是陰魂不散呢。」

色仁欽也點著頭道：「孟薩滿說的有道理呀，我看那些武士的打扮很像櫻花國的人。可是他們跑到大興安嶺放火到底是為了什麼呢？他們能得到什麼呢？」

張金鳳恨恨的道：「櫻花國的人極其陰毒狡詐，一直以來就不自量力想以小吞大吞併中土，誰知道這次又在打什麼壞主意呢？」

牧爾叔叔看了一眼時間，對大家說道：「各位，今天大家勞累了一天，都很辛苦了，還是各自回房間休息吧。我今晚還要為孟薩滿清除蛇毒。明天我們繼續研究對策，今天就到這裏吧。」大家聞言，各自回房休息了。

房間裏只有牧爾叔叔，孟銀富和我三人。牧爾叔叔打開孟銀富的左腿褲子，只見他的左腿內側，從腳踝處到大腿根部的紅繩處兩條手指粗的紅線很是顯眼，並且整條腿都已經紅腫起來。

我看著很是奇怪，就問牧爾叔叔：「這兩條紅線是怎麼回事？為什麼到了紅繩那裏就停了呢？」

牧爾叔叔一邊觀察著孟銀富的腿一邊說道：「靈體受傷在身體上是會有相應的症狀的。這條紅線代表毒氣沿著靜脈從受傷的腳踝處上升，如果這條紅線到達了心臟，那就是毒氣攻心了，人就沒救了。

但是如果在毒氣的前進方向上繫條紅繩的話就會截住毒氣的前行，這也是一種結界。」

看我在那裏不住地點著頭，牧爾叔叔又接著提醒我道：「小鬼頭，你要記住，這是一個基本的常識。即使是平時，如果手腳等處受傷出血的情況下，除了正常的消炎止血之外，不要忘了在傷口的上面繫上一條紅繩。

這樣做是為了防止一旦傷到靈體，毒氣炎症沿著經脈運行至心臟而發生生命危險。這在醫學上也有解釋叫靜脈炎，一旦炎症到達心臟，這人在醫學上也是沒救的了，但是提前在傷口上方繫一條紅繩就可以截住炎症了。」

牧爾叔叔伸手按了按孟薩滿的大腿，自言自語道：「毒氣太烈了，必須得馬上行法清毒了，不然孟薩滿這條腿就得廢了。」

孟薩滿此時已經處於一種昏昏沉沉的狀態，臉上通紅發燙，身上也發著高燒。

牧爾叔叔準備做法事，他讓我盤坐在對面的床上，靜靜的觀察體悟。隨後牧爾叔叔盤腿坐在孟銀富的對面，我也漸漸進入狀態，打開天眼靜靜的觀察著。

先是朦朧中看到孟銀富的身上一團黑氣來回衝撞，再一凝神細看，就見孟銀富的左腿處一條黑蛇上下遊弋，張牙舞爪的衝擊著紅繩結界的地方，而且看樣子馬上就要破界而出了。

牧爾叔叔此時已經進入狀態，嘴唇微動，輕輕的念著咒語，身上白光發射，騰騰霧氣籠罩。

牧爾叔叔不斷催動咒語，白色毫光更盛，濃濃霧氣如蒸籠一樣把牧爾叔叔圍了起來。

少頃，牧爾叔叔法印一變，改成「招引神靈」印。就見虛空中一位白衣飄飄，鬚髮皆白的仙風道骨的長老飄然而至。牧爾叔叔法印又一變，打出了「請神加身」印，白衣長老見狀微微一笑，飄身就與牧爾叔叔合身為一。

牧爾叔叔伸出左手，掌心中紫光大盛，祭起了「通靈寶杖」。就見這通靈寶杖遍體通透，晶瑩如玉，一層層紫光一圈圈擴散。

牧爾叔叔握住寶杖高高舉起，一聲咒語脫口而出，通靈寶杖紫光暴現，一下子打在黑蛇的七寸之上。黑蛇一下子形神俱散，化作了一團黑氣彌漫在孟銀富的左腿內外。

白衣長老伸出雙手，向空中一召，左右手中憑空多出了三隻金針。

左手三針扎在孟銀富左腿根處，三針一下，就見黑氣迅速向腳下退去。眼見得這股黑氣在腳心處聚成了一團，隨之右手三針扎在了孟銀富左腳腳心處。聚在腳心的黑氣，順著三隻金針一下子瀉到了體外，彌漫在空中並不消散。

這時牧爾叔叔拿著通靈寶杖，口中念念有詞，向那團黑氣一揮，一下子就把彌漫著的黑氣吸進了通靈寶杖之中，寶杖立馬變成了黑紫色。

牧爾叔叔左手拿著通靈寶杖向房間外走去，白衣長老附在他身上。我也好奇的跟著牧爾叔叔走出房間，牧爾叔叔一直走到賓館的院子外面，來回尋找著，最後停在一株松樹下。就見他口中念念有詞，左手打著法印，右手高舉通靈寶杖向著松樹打去！就聽得「啪」的一聲，寶杖打在了松樹幹上。那團黑氣咻地進入樹幹，消失不見了。通靈寶杖馬上又恢復了晶瑩剔透的樣子。

牧爾叔叔回到房間，又盤腿坐在孟銀富對面，這時孟銀富已經沉沉的睡去。白衣長老還附在牧爾叔叔身上，此時白衣長老一伸手，孟銀富腿上的六隻金針紛紛飛出，一下子沒入白衣長老的手心之中。

白衣長老雙臂一舉，身形一飄，離開了牧爾叔叔身體，站到了他的對面。

牧爾叔叔念起了送神咒，並且恭恭敬敬的跪拜禮謝，白衣長老一揮手飄然而去沒入虛空。

我看牧爾叔叔起身查看孟銀富的腿傷，好奇的問道：「牧爾叔叔，剛才那位白衣白鬚的神仙是誰呀？」

牧爾叔叔回頭看了我一眼道：「他叫陸通丈人，是一位古代的神仙。常居天山古洞，平時不問世事。我當年隻身深入天山祕境尋找通靈寶杖時，曾經救過我並幫助過我。此上神道法高深莫測，尤以醫術

見長。」

牧爾叔叔看到我充滿了嚮往的神態，又接著說道：「小鬼頭，你真的對他一點兒印象都沒有了嗎？」

我頗感詫異的望著牧爾叔叔，道：「難道我見過陸通丈人？我真的一點兒印象都沒有啊。」

牧爾叔叔搖了一下頭道：「也是呀，你當時那麼小，哪會留有印象呢？」

我著急的搖著牧爾叔叔的胳膊叫道：「牧爾叔叔，快給我講講到底是怎麼回事？」

牧爾叔叔看著我笑了一下，「看把你急得，你小時候在黑瞎子嶺遇難那次，不就是陸通丈人救的你嗎？」

黑瞎子嶺？我對黑瞎子嶺當然印象深刻了，可是在黑瞎子嶺那件恐怖的事件中居然是陸通丈人救了我，這我可是一點兒記憶都沒有啊。

我迷惑的望著牧爾叔叔，道：「我只知道是你救的我呀，我並沒有看到陸通丈人。」

牧爾叔叔摸了我的頭一下，問道：「那小鬼頭，你說這孟薩滿是我救的還是陸通丈人救的呢？」

「是你和陸通丈人一起救的。」我抬起臉來說道。

牧爾叔叔笑了一下：「也可以這麼說吧。」

過了一會兒，床上的孟銀富臉上的紅潮正在消散，並且身上、頭上開始出汗，高燒漸漸退去。左腿上的紅腫也已經平復了很多。看著這神奇的效果，我的心裏癢癢的。

我誠懇的望著牧爾叔叔道：「牧爾叔叔你也太厲害了！什麼時候

能把這些神奇的功法教給我呀？」

牧爾叔叔看著我，很認真的道：「這點兒法術就叫厲害了？你現在太小還沒有恢復以前的法力呢。如果你恢復了法力那可比我厲害多了。我的這些功夫還是當年你教給我的呢。別著急，該來的終究會來的，機緣到了自然有人來教你更高深的功夫。我只能教你一些基礎的功法，教不了你更高的東西。」

牧爾叔叔把雙手搭在我的肩上，說道：「小鬼頭，現在的任務就是睡覺！你好好睡覺吧，明天一早我叫你。」

牧爾叔叔上床前，左手祭出了通靈寶杖，一邊嘴裏念著咒語一邊向四周揮舞著，一會兒就在房間的四周結出一張紫色的光網，把我們護了起來。

我好奇的看著牧爾叔叔，在自己的潛意識中好像對這張光網非常熟悉，可就是想不出來到底在那裏見過。牧爾叔叔什麼都沒說，盤腿坐在床上。

感覺剛剛睡著沒多久，就被一陣聲音吵醒了。朦朧中睜開眼睛，恍惚中見到牧爾叔叔還是盤腿坐在床上。只是面朝窗外，左手祭起通靈寶杖，紫光大盛。一看牧爾叔叔就是嚴陣以待的樣子。

我的耳旁隱約的聽到一片狼哭鬼嚎的聲音。我心裏一驚，一個骨碌坐了起來，此時已經完全清醒了。忙靜下心來，盤腿坐好，閉目內視玄關，漸漸的打開天眼。

就見一層紫色的光網燦燦然罩在了房間周圍。光網外，一群陰兵武士正嚎叫著向光網衝擊著。陰兵武士後面，一堆堆一片片的黑色、花色的毒蛇高揚著蛇頭，絲絲的吞吐著蛇信，毒霧彌漫。

牧爾叔叔就這樣靜靜的坐著，輕輕的念著咒語，手中通靈寶杖的

紫光越來越盛，光圈越來越大。紫光所到之處群陰退避，那些陰兵武士和毒蛇好像很怕碰觸到紫光一樣。

陰兵武士中，一個高大壯碩黑面獠牙的巨漢，督促著陰兵向著光網發起一輪一輪的猛攻。可是只要陰兵一接近紫光，就像被火燒傷一樣嚎叫著退去。

此時看著這些光圈外的陰兵武士已經沒有恐懼的感覺，看到牧爾叔叔應付這些陰兵武士很是輕鬆，我也就放下心來，盤腿坐在床上專心的念起護身咒語。

就這樣僵持了大半天，陰兵武士一直攻不進護身網內。忽聽遠處一聲號角響起，就見黑面獠牙的巨人向天一聲嚎叫，陰兵武士和黑蛇潮水般退了回去。

陰兵撤退了，牧爾叔叔收起了通靈寶杖。我看著牧爾叔叔問道：「牧爾叔叔，你這護身的光網很厲害呀，那麼多的陰兵都衝不進來。能教我也結這種光網嗎？」

牧爾叔叔笑了一下道：「這個護身網叫寶杖混元護身網。必須要有通靈寶杖才能結得出這個護身網的。你學不來的。」

說完，牧爾叔叔又沉思了一下，慢慢的自言自語道：「這些陰兵武士的進攻看似猛烈，可給我的感覺卻是圍而不攻。他們到底要幹什麼呢？」

那個年齡的我很是貪睡。陰兵撤退沒一會兒我就又迷迷糊糊的睡著了。牧爾叔叔就那樣坐在床上一邊練功一邊守護著我。

我是被一陣急促的敲門聲驚醒的，睜開眼一看，天已經亮了，牧爾叔叔敏捷地跳下床去開了門。

張金鳳站在門外，焦急的說：「牧爾，快來看看孟銀富吧，我感

覺他不太對勁。」我一聽這話，也從床上蹦了起來，叫道：「我也去！」

昨天我和牧爾叔叔離開孟薩滿的房間時已經很晚，孟銀富當時腿傷已經沒問題，睡得也很安穩。

「會出什麼問題呢？」我心裏也充滿了疑慮，緊跟著牧爾叔叔來到了孟銀富的房間。

孟銀富靜靜的躺在床上安靜的睡著。牧爾叔叔疑惑地看了張金鳳一眼，意思是，孟銀富好好的在睡覺啊，幹嘛這樣大驚小怪的呀？

張金鳳著急的說道：「我早晨起來上廁所，路過孟薩滿的房間。我看到他的房門半開著，一隻手伸出到了走廊裏。我過來一看，原來孟薩滿正躺在地上，胳膊向前伸著。我就大聲地叫他，他什麼反應都沒有，我就把他抬到了床上。我覺得孟薩滿有點兒不對勁。不應該叫不醒的呀？」

這時色仁欽和慶花婆婆也聞聲來到了孟銀富的床前。牧爾叔叔神情凝重地望著孟薩滿，把昨晚治療腿傷的經過講給大家聽了。

慶花婆婆靜靜的看了孟銀富一會兒，對大家說道：「孟銀富的魂魄被勾走了。」

牧爾叔叔上前拿起了孟銀富的左手，把了一下脈，點點頭道：「是的，確實魂魄被勾走了。不把魂魄找回來，孟薩滿醒不了的，時間長了還有生命危險。」

這時色仁欽大聲叫道：「奶奶的，這些該死的陰兵！折騰的老子一夜沒睡！這事兒一定是它們幹的！」

「是呀，我也是差不多一夜沒睡，它們人太多了。原來你們也被進攻了？」張金鳳叫道。

我疑惑的望著牧爾叔叔問道：「那這些陰兵是怎麼找到我們的

呢？」

色仁欽接過話來大聲答道：「孟銀富不是讓黑蛇咬了一口嗎？陰氣就留在他體內，它們順著陰氣就找到我們了唄。」

牧爾叔叔也點了點頭道：「是的，其實陰兵找到我們是很容易的。我就是擔心大火會隨之燒過來。」

慶花婆婆道：「看來我們必須得抓緊行動了。現在這形勢對我們太不利了。」

張金鳳看著牧爾叔叔道：「牧爾，現在我們怎麼辦呢？」

大家都一起把目光望向牧爾叔叔，牧爾叔叔皺著眉頭沉思著。

過了一會兒，牧爾叔叔沉聲說道：「等一下臨近中午時，我帶著小師兄去火場前線看一下情況，再探一下陰兵的虛實，看能不能救出孟薩滿的魂魄。你們幾人留在這裏，看好孟銀富的身體。我們晚上要在這裏做一場召喚神靈的法事，看看我們到底能調動多少神靈來幫助我們一起抗擊陰兵。現在來看，我們的力量太單薄了。」

話音剛落，張金鳳掩飾不住擔心的望著牧爾叔叔說道：「牧爾，你只帶小師兄去救孟薩滿？那太危險了吧？不然還是我陪你去救孟薩滿吧，就別讓小師兄身處險地了，他還是個孩子呢。」

我一聽這話，馬上大聲的對張金鳳叫道：「張教主，我不怕它們！就讓我去吧！」

色仁欽笑著過來摸著我的頭：「這小夥子還真有勇氣啊！你知道這可不是鬧著玩兒的。看到孟薩滿沒有？如果他的魂魄救不回來，他就一直這樣沉睡不醒。如果他的魂魄被陰兵用邪法控制住了，那孟薩滿就更是生不如死了。你不怕嗎？」

我還沒來得及說話，張金鳳拉著我的手走到了窗前。指著下面的

那棵松樹對我說道：「小老弟，色仁欽薩滿的話不是嚇唬你的。不要說你的魂魄被陰兵儸走，就是被那些毒蛇咬上一口都不得了。你看看那棵松樹，就知道那毒氣有多厲害了。」

我順著張金鳳的手指方向望去，只見一棵高大挺拔的松樹，樹腰處黑了一圈，樹冠上半邊樹葉已經枯黃了。

從這棵松樹的位置來看，就是昨晚牧爾叔叔用通靈寶杖擊打的那棵松樹。牧爾叔叔當時用法力將孟薩滿身上的毒氣轉移到那棵松樹上，沒想到那毒氣這麼厲害。

我對著張金鳳大聲說道：「我知道它們厲害，可是我不怕！」

牧爾叔叔這時看著張金鳳道：「張教主，小師兄不經歷險境哪能得到歷練？他這一生不可能平平順順的，註定要經歷大磨大難的，不然如何能肩負起重任呢？張教主，你就不要跟我們一起去了吧，我是擔心陰兵乘虛來犯。」

這時砰砰砰的敲門聲響了起來。色仁欽打開了門，楊參謀急匆匆的走了進來，對牧爾叔叔說道：「杜大師，有個情況我要跟你們說一下。有個櫻花國的商業代表團四個人，來塔河林業局談林業合作事宜，已經在這裏呆兩個星期了。今天早晨突然要求搬到這個賓館來住。本來他們住在其他賓館的。」

楊參謀走得很急，一口氣說了這麼多話，直喘氣。張金鳳倒了杯水遞到楊參謀面前，柔聲道：「小楊，喝口水，坐下慢慢說，別著急。」

楊參謀一口喝光了杯中的水，向張金鳳道了聲謝，又看著牧爾叔叔說道：「本來這是很正常的商業活動，現在全國各地都在搞這種招商引資的合作項目。這兩年有不少外國人來這裏談合作事宜。只是我昨晚聽你們說這次森林大火與櫻花國的陰靈有關，所以我特別留意這方面的訊息。只是不知道這個訊息對你們有用沒有？」

牧爾叔叔聽到這裏，神色一凝，眼睛一亮。對楊參謀道：「小楊，這一帶經常有櫻花國的人來嗎？」

楊參謀答道：「以前基本沒有，從去年開始來的商業代表團就多了。只是以前來的代表團呆的時間短，談個三五天最多一周左右就走了。這次這四個人呆的時間最長了。」

牧爾叔叔繼續問道：「那他們來這裏有沒有進山去查看？」

楊參謀道：「每次來的代表團都很少住在縣城裏的，因為是談林業合作項目，所以都是在山上的林場考察。只是這四個人沒有進山，前一段時間在漠河縣城呆了幾天，前幾天才到塔河來的。」

牧爾叔叔聽到這裏眉毛一揚，向楊參謀問道：「也就是說，5月6號漠河古蓮林場起火和5月7號漠河縣城大火時，他們四個人就在漠河縣城裏？」

「是的，他們那時就在漠河縣城。而且四個人都安全躲過了那場大火。前幾天出現在這裏，聯繫了當地政府，說是逃過了火災從漠河一路走到塔河來的。」楊參謀肯定的答道。

稍微停頓，楊參謀又想起了什麼，說道：「對了，在來塔河的路上，他們當中有一個人受了很重的傷，說是晚上看不清路，一腳踩空掉下山崖摔傷了。可是只是在縣醫院包紮了一下，說什麼都不住在醫院裏。現在就住在這間賓館裏呢。」

牧爾叔叔聽後，面色凝重，點了點頭。對楊參謀說道：「小楊，你反映的這些情況很重要。請你派人對這四個人嚴密布控，監視他們的一舉一動，有什麼情況請隨時跟我們溝通。」

楊參謀一個立正，向牧爾叔叔敬了個軍禮，大聲答道：「是！請杜大師放心，小楊一定完成任務！」

牧爾叔叔拍了楊參謀肩頭一下，說道：「注意保密，千萬不要打草驚蛇！」

楊參謀又一個立正，「是。」轉身要出去安排任務。

牧爾叔叔叫住了他：「小楊，等一下請安排一輛車，我要到火場前線看一下。」

楊參謀道：「好的，您稍候，我安排完任務與您一起去火場。」

看著楊參謀走出了房間，牧爾叔叔轉身對慶花婆婆道：「慶花薩滿，今天晚上召喚神靈的法事就請你來做吧，色仁欽和張金鳳來做護法。我和小師兄也爭取儘快趕回來。」

慶花婆婆點了點頭道：「這個沒問題，我們有一白天的時間來做準備呢。你們去火場可一定要小心了。」

牧爾叔叔走到了床前，左手伸出，祭起了通靈寶杖，在孟銀富的身上幾處大穴點了下去。又揮舞著通靈寶杖結了一張寶杖混元護身網，一張紫光網把孟銀富籠罩了。

這時楊參謀敲門走進來，說道：「杜大師，我們可以走了。」

吉普車一路顛簸，又把我們送到了火場前線。還是昨天那個地方，還是王連長這支部隊堅守在這裏。

昨天與火魔激戰的地方，如今已經淹沒在一片火海中了，可火海並沒有向前推進多遠，只是比昨天向前推進了一個山頭而已。

此時，王連長已經帶領戰士們在火海面前打出三條防火帶了。看到我們前來，王連長高興得很，大叫著向我們跑了過來。

對著楊參謀打了個立正，敬了軍禮：「多謝楊參謀送來的軍需物品！真是太及時了。我們連夜打了三條防火帶，這裏的火勢基本被控

制住了！」王連長興奮的大聲彙報道。

牧爾叔叔問道：「王連長，昨天晚上我們走了以後就一直沒有起大風嗎？」

王連長答道：「沒有起風。所以我們打的防火帶基本控制了火勢的繼續推進。」

牧爾叔叔自言自語道：「看來我的猜想沒錯，黑風妖傷勢不輕啊。」

隨後向王連長說道：「王連長，請你準備一頂帳篷，我們現在就要。」

王連長大聲道：「好的，杜大師請隨我來吧！」

王連長帶我們來到了一頂軍用帳篷前，一貓腰鑽了進去。我緊跟在牧爾叔叔身後進了帳篷。

進入了帳篷發現裏面還挺寬敞的。帳篷裏成品字形擺了三張行軍床。在中間的行軍床上躺著一個戰士，身上蓋著軍被。小戰士看到我們進來，掙扎著要坐起來。牧爾叔叔上前扶住了他，看他滿臉通紅，摸了摸他的頭，額頭滾燙。

王連長忙說道：「這是小張。這兩天可能是勞累過度了，從昨天晚上就一直做噩夢，胡言亂語，大喊大叫的，說是一大群鬼追殺他。搞得大家都沒睡好覺。今天早上開始發燒。要送他回後方他又不幹，一定要堅持留在前線。中午剛吃了退燒藥。」

牧爾叔叔靜靜的看著小張，隨後回過頭來對楊參謀說道：「小楊，現在必須馬上把這個小夥子送回後方！他留在這裏很危險。」說著，看似不經意間向小張揮了一下手。

這看似不經意間的舉動，別人看了不覺得有什麼異樣，可我就看

319

出不同尋常。就在牧爾叔叔一伸手時，在他的掌中已經祭起通靈寶杖，一揮手間，一道紫光射向了躺在床上的小張。

就見一團黑氣從小張體內衝出，消散在了空中。

楊參謀向司機戰士吩咐道：「你現在馬上把小張送到塔河縣醫院就診，然後再回來接我們。」王連長和司機把小張扶出了帳篷。

牧爾叔叔對楊參謀說道：「小楊，我們等下在帳篷裏作法的時候任何人都不要進來打擾。」

楊參謀道：「杜大師就請放心作法吧。我派個戰士在門前給你們站崗，不許任何人進來。但是杜大師要注意安全啊。」說著向牧爾叔叔敬了個軍禮，轉身走出了帳篷，放下了帳篷的門簾。

帳篷裏只剩下我和牧爾叔叔，我看著牧爾叔叔問道：「牧爾叔叔，那個小戰士是怎麼回事呀？他是不是看到那些陰兵了？」

牧爾叔叔點了點頭道：「是的，他感受到了陰兵，並且受到了陰兵的攻擊。」

我有好奇地問道：「那也就是說，這位小戰士和我一樣從小就能看到靈界那些東西？」

牧爾叔叔搖了搖頭道：「他和你的情況可不一樣。他是體虛且身多空竅，雖然能感應到靈界的東西，卻只能感應到鬼魂和陰邪類的東西，感應不到陽氣陽神。他屬於那種對陰氣比較敏感類型的人，這種人比較容易被邪靈附體侵襲，他其實已經被這裏的陰靈纏上了，如果不馬上送走他，他會非常危險的。」

我不解的問道：「那會有什麼危險呢？會像孟薩滿那樣中毒嗎？」

牧爾叔叔答道：「不會像孟薩滿那樣中毒，更有可能會被陰兵控制了大腦衝進火海燒死。」

我有問牧爾叔叔道：「我也能感應到那些陰靈，那為什麼叔叔說我與他不同呢？」

牧爾叔叔拍著我的肩膀道：「小鬼頭，他是體虛且身多空竅，自身陰氣較重，所以只能感應到陰邪之氣，那是同類相應的道理。而你就不同了，你的身體至陽至正，竅實而無孔，陰靈邪物見到你都會自動退避三舍，不是巨邪天魔根本近不了你的身。你之所以也能看到它們，那是因為你前世修成天眼，今世也就自帶天眼功能。你不僅能看到陰靈邪物，也能看到正神陽神。你說你和他的區別大不大？」

我似懂非懂的點了點頭。

「好吧，我們現在開始作法吧。等一下我真身出竅去敵營查找孟薩滿的魂魄，你在這裏守好我的肉身不被驚擾即可，千萬不要像上次那樣出竅來找我。這次只有我們兩個人在這裏，一旦你真身出竅時，肉身被陰靈侵占那就麻煩了，因為你現在還沒有掌握出竅、回竅及奪竅的技巧。上次是因為我們的身邊有張教主、孟薩滿、慶花婆婆和色仁欽做護法，你才能安然無恙的回竅，這次可千萬不要再出竅了。不僅不能出竅，而且連天眼功能都不要運用。」

我疑惑的望著他問道：「牧爾叔叔，為什麼不能用天眼功能？」

「因為你一旦運用天眼功能，必然體內陽氣激盪，玄關竅能量激增，就很容易被火魔或陰兵察覺到我們的存在。如果這時它們對我倆發動進攻那就太危險了。」牧爾叔叔答道。

牧爾叔叔又追問道：「小鬼頭，我說的這些話你聽明白沒有？」

我搖了搖頭，接著又點了點頭道：「反正我就知道，什麼都不做就行了。但是如果你再遇到像上次那樣的危險怎麼辦？」

牧爾叔叔摸著我的頭道：「放心吧，叔叔應付得了，別忘了叔叔

是『薩滿王』啊。」

我點了點頭，道：「那你自己注意安全，我一定守好你的肉身。」

牧爾叔叔盤腿坐在行軍床上，伸出左手，在掌心中祭起通靈寶杖，頓時室內紫光環繞。牧爾叔叔對著寶杖輕聲念動著咒語，然後把手向天上一揮，口中喝了一聲，「疾！」通靈寶杖立刻騰空而去，消失在空中。牧爾叔叔雙眼微合，口中念念有詞，身體周圍紅光隱現，看樣子是在不斷的加強能量，催動著通靈寶杖。

我不敢打擾牧爾叔叔，只能靜靜的坐在他的對面，默默地看著這一切。

就這樣過了半天，半空中紫光忽現，通靈寶杖霍然回到牧爾叔叔手中，牧爾叔叔左手掌心一握收起寶杖。這時就聽空中一聲大聲的呼喝聲傳入耳中，轟轟然中三個巨型的壯漢從天而降！把牧爾叔叔圍在中間。

這三位壯漢，身形如山，巨目獠牙，面目猙獰醜陋，凶惡無比！三人之中，兩位手握長柄狼牙棒，一位握著一柄開山巨斧。

這三個惡人冷不防的從天而降真是嚇得我不輕，我本能地站起身來，做出一種防衛的姿勢。

牧爾叔叔一看我這樣子就知道肯定是嚇到我了，忙從床上站了起來，手指著三個壯漢說道：「小鬼頭，不要害怕，這三位是我在天山奪取通靈寶杖時收服的三位山神，叫做『三山大王』。他們早已經改惡向善了。這次我是專門請他們來給我們做護法的。」

「哦，原來是這樣啊。」我懸著的心放了下來。

接著，牧爾叔叔向三山大王介紹了我，並且向他們交代了任務。

原來牧爾叔叔請三山大王來就是讓他們來守護我來著，牧爾叔叔

是怕我身處險境有個閃失什麼的。我的心裏不覺一暖，牧爾叔叔表面看似粗人，可實際上他是一個心細而思維縝密的人。

手握開山巨斧的壯漢粗聲問道：「薩滿王，我跟你一起去吧！這裏有他們兩個在就行了。」

牧爾叔叔搖了搖頭，道：「不行，你們三個一起在這裏看好小師兄並且守護好我的肉體，這是非常重要的！」

「好吧，那你自己去要小心一點兒，這裏你就放心吧，有我們三個在不會有問題的！」巨斧大聲答道。

牧爾叔叔一作揖，道：「那就有勞三位山神了。」

隨後，牧爾叔叔又盤腿坐在床上，閉目出竅而去。

三山大王見牧爾叔叔真身去遠了，也把身形隱了起來，隱入空中消失在我的眼前。

帳篷中就剩我一個人了，雖然我知道三山大王就在我身邊的空間裏，我還是覺得好像突然天地間一下子就靜了下來。我時而坐坐，時而走走，感覺上過了好長時間。

「牧爾叔叔怎麼還不回來？不會有什麼危險吧？」我開始擔心起牧爾叔叔了。

此時身處大興安嶺的深山老林之中，看著對面像雕像般靜默不動的牧爾叔叔，耳中聽到的是帳篷外陣陣的松濤聲，和遠處傳來的烈火焚燒樹木的劈劈啪啪的聲音。

百無聊賴中我也盤腿坐在行軍床上，輕輕合上眼睛，靜靜的感受著大自然的氣息與寂靜，靜靜地體會著與大自然合為一體、天人合一的感覺。

漸漸的、漸漸的我進入一種空靈的狀態，漸漸的我已經感受不到自己的身體，聽不到外界的聲音，沒有了時間的概念。只覺得自己身處一片光明之中。

　　此時的我，雖然不知道自己身處何地，可頭腦卻異常清醒，雖然感受不到自己身體的存在，可自己的感覺卻又非常的靈敏，任何細小的聲音或能量場的變化都會被我感知到。

　　輕靈、解脫、充滿了能量。就這樣，在這種狀態中不知過了多長時間。靜靜的、靜靜的……

　　忽然，遠處隱隱的傳來一陣清脆的劈啪聲，我心念一動，意識不自覺的順著聲音跟了過去。

　　「哦，原來是火燒松林的聲音啊。」我心裏想著。

　　一股熱浪撲面而來，我心裏一驚，一下子從恍惚狀態中回過神來，發現自己正站在火海上方！見到自己的周圍烈焰騰空、熱浪騰騰，不遠處那頭口吐烈焰的火犀牛正瞪著銅鈴般的大眼睛看著我！

　　自己竟然在不自覺中元神出了竅，來到火海之上。而且被火犀牛看到了。

　　這時我已經完全清醒了，也想起了牧爾叔叔臨走前吩咐我的話。再看火犀牛已經兩眼通紅、頭向下低、雙蹄刨地，作勢就要衝過來了！心裏一激靈，馬上回身就走，意念一動，元神回到了肉體。

　　可是火犀牛已經發現了我，雖然順利的靈肉合一，可自己心裏還是揣揣不安的。

　　就這樣楞楞地在床上坐了一會兒，沒發現有什麼動靜，我這才漸漸的放下心來。對面床上的牧爾叔叔仍像雕像一樣一動不動。我搓熱兩手，揉了揉眼睛，擦了幾把臉，又定了定神清醒了一下，從床上下

了地，走了幾步活動活動手腳。

這時卻忽然覺得背後一陣冰涼，身上一下子打了一個冷顫。我驚覺的回頭一看，一個雙眼血紅的黑色蛇頭就立在我的身後，就見這條諾大的劇毒黑蛇的蛇身已經盤起後縮，尖利的毒牙清晰可見，蛇信激吐。就在我剛看到黑蛇稍微一楞間，黑色的蛇頭已經像箭一樣向我的脖頸處咬來！

我本能的向左一躲，蛇身擦頸而過，險險地躲過了一擊！這時就聽的空中幾聲暴喝，一把開山巨斧從天而至，一斧下去砍斷了蛇頭。蛇頭一斷，蛇形消散，一團黑氣彌漫在空中。

好在山神及時出現了，否則這下我可慘了。雖然危機解除，卻把我驚出了一身的冷汗。

三位山神神情緊張的守在我和牧爾叔叔身旁。我覺得周圍的空氣越來越陰冷了，竟有一種寒入骨髓的感覺了。

我馬上靜下心來，閉目暗視玄關打開了天眼向四周觀看。

這一看，心裏又是一驚！就見無數的毒蛇、毒蠍子黑壓壓一片把帳篷團團圍住，後面緊跟著那些邪靈陰兵吶喊著向這邊衝來。

遠處的火犀牛口吐火焰，雙蹄刨地奮力的向這邊衝來。可是由於沒有風力的推動，火海前行的速度很慢。

雖然火勢推動的速度慢，可畢竟距離不遠呀，只要推過三道防火線就燒到帳篷了。牧爾叔叔還不回來，我真是有些著急了！

這時三山大王已經和那些毒蛇、毒蠍打了起來。兩隻碩大的狼牙棒和一把開山巨斧上下翻飛，砸得毒蛇毒蠍粉身碎骨。可它們太多了，一層層的向帳篷裏湧動著。

急得我直蹦腳也沒用啊，我那時還使不出法力來發出攻擊呀。只

能拼命的念著護身咒語，儘量的把護身火念得旺旺的，把我和牧爾叔叔的肉身團團圍住，擋住毒蛇毒蠍的進攻。

情況真的是驚險萬分呀。三山大王雖然力大勇猛，有力敵千軍之能，可畢竟人數太少了。總是有擋不住的毒蛇、毒蠍鑽進來向我的防護罩發動襲擊。

「牧爾叔叔怎麼還不回來呀？真是急死我了！」

火犀牛的攻勢越來越猛了，離我們的距離越來越近了，已經能感覺到自己被一波波的熱浪包圍了，越來越熱了。看這架勢，火海應該已經燒過了第一道防火帶了。

眼見得毒蛇毒蠍久攻不見效，後面的邪靈陰兵不耐煩了，在幾個長相異常高大凶惡的邪魔的帶領下，嚎叫著舉著長長的戰刀，從那些毒蛇毒蠍子後面衝了過來。

很快，幾個邪魔與三山大王對打了起來。毒蛇趁機加強對我和牧爾叔叔的攻勢。我見此情景著急害怕也沒用啊，乾脆把心一橫，眼睛一閉，大聲的專心的念起護身咒語。

奇怪的是，我竟然漸漸的在這危急萬分的時刻靜了下來，此時的我也沒有其他的辦法，也幫不上三山大王的忙，就是毒蛇毒蠍子咬到我身上我也不能丟下牧爾叔叔自己跑啊。把生死拋到腦後，聽天由命吧，反而心無旁鶩靜了下來，耳旁的廝殺聲漸漸的小了，漸漸的離我遠去，我進入那種恍恍惚惚的狀態中。只聽到護身咒語的聲音在我的腦中轟鳴著，咒語的聲波在我的體內振盪著。

忽然全身一震！一股強烈的能量從小腹部奔湧而出，從全身的毛孔中像紅色激光一樣射向了體外！咒聲隆隆，紅光迸發。紅光所到之處，蛇蠍如遭烈火焚燒，蛇蠍陰兵紛紛後撤。只可惜由於我法力有限，護身紅光輻射範圍較小，僅僅能把我和牧爾叔叔籠罩在紅光之中。

三山大王繼續奮戰著，雖然三山大王只有三位，與眾多的蛇蠍陰

兵對戰顯得勢單力孤，可由於三山大王勇猛異常卻也沒有落入下風。雙方就這樣僵持著。

感覺上好像就這樣堅持了很長時間，周圍越來越熱，新的危機又出現了。火犀牛離我們越來越近，火海已經燒到了最後一道防火帶了，陣陣熱浪已經把臉上的皮膚灼燒的開始痛了起來。

這時就聽的帳篷外一陣陣的吶喊聲，那一定是楊參謀和王連長帶領戰士們在與烈火搏鬥著。可是在這熊熊烈火面前，人的力量太渺小了。所謂的搏鬥也僅僅是打出防火帶和拍打餘火而已，火頭一來就得趕緊撤離。

帳篷裏，激戰繼續進行著，我和三山大王漸漸的支撐不住了。剛開始時我由於專心誠念護身咒語迸發而出的紅光，隨著我法力的不支而漸漸的削弱了。三山大王那裏被太多的陰兵、蛇蠍團團圍住，他們用的又都是重兵器，時間一長也是有些體力不支了。

此時就聽帳篷外傳來了一陣急促的腳步聲，帳篷門簾一掀，王連長和楊參謀灰頭土臉的急匆匆的跑了進來。

王連長大聲的叫道：「趕快離開帳篷！大火馬上燒過來了！快！快！」

心醫

山人隨記

　　其實我在平時的諮詢過程並不是都會涉及鬼鬼神神的，總的來說還是現實中的事件引起的抑鬱、焦慮、恐懼或者強迫的症狀要多些。

　　即使涉及那些鬼鬼神神的事，也是以「心魔」要多一些。所謂的心魔，是由於自己的思維、認知、欲望、行為等等扭曲，而在自己的心裏化生出的妖魔鬼怪，這種心魔只能影響自己，不能對別人產生影響。這種心魔的產生多和自己的早年經歷有關。

　　也有一些心理和軀體的疾病是與前世的業力有關，但這畢竟是較少數的情況。真正因為外界的妖魔鬼怪來擾亂人間，附在人身吸取精氣或控制人類的情況就更少了。

　　那些外界有些道行的妖魔鬼怪多是隱跡於山水之間，藉著天精地氣來修行，一般不會輕易附上人身的，因為它們的能量，普通人的身體根本承受不了，它們的起心動念也會影響所在地區的氣候和人心。

　　其實它們也是自然界的生靈，自有它們的生存空間和方式。我們之所以稱呼它們為「妖魔鬼怪」，是因為這些生靈不在自己的生存空間按照大自然安排好的方式去生活，進入人類的領域，控制或影響人類的生活。這是自然規律所不允許的，這種行為叫做「擾亂人間」。

　　所以對應著這些犯規的妖魔鬼怪，為了保護人類的正常生活空間和秩序，才會有天雷霹靂的現象；才會在每個時期會出現一批具有異能的靈異人士，配合大自然來保衛人類的精神世界。

　　所以，普通的人不必太介意或者恐懼被邪靈附體控制這種情況，

卻應該認真對待我們的現實生活中的起心動念與人際關係的互動。尤其是身為父母的人們更要注意保護自己孩子的心理健康。孩子在長大後的幾乎所有心理、身體、人際關係等等的問題，都是早年階段父母帶給孩子的。

心理學中有個非常重要的結論：對孩子長大後的發展和幸福起關鍵作用的因素，即孩子的智商、情商、人格特質、思維方式、價值觀等都是在孩子六歲前成型的。也就是說：當孩子七歲時，他這一生基本上已經註定了！

這個結論，也是我接觸大量的臨床個案後得出的結果。所以我平時會拿出大量的業餘時間給家長做兒童教育、親子關係方面的講座。

我會不定時的踏遍千山萬水去驅妖逐魔，更多的時間是坐在道場裏面，對人間萬象治病拔苦；業餘時間會面對家長，諄諄教誨育兒之道。

這就是我的生活，介於陰陽兩界、人間冷暖之間。

大悲咒之家

由於特殊機緣，19歲上大學期間在峨眉山某寺廟看門老僧處學得大悲咒，後於北京法源寺親見千手千眼觀音菩薩顯靈，於當晚感得千手千眼觀音座下的白龍護法現身護持，並傳授我失傳已久的「實相大悲法門」。

三十餘年來，親見大悲神咒之威力，親歷無數靈驗感應。在白龍護法護持之下，運用大悲咒神威之力，斬妖除魔，踏遍了全國山川大河。

我之前多年居住深圳，為方便海內外華人學習聖人智慧，現居住新加坡，開設「新加坡中華玄學總會」，發願向世界弘揚中華優秀傳統文化。

原本利用閒餘時間在中國「天涯」網站開始寫大悲咒的靈驗故事，其中融入修行道理，專為與大悲咒有緣之修行人能從中悟出修行真諦，不至於誤入歧途，所以才開設「大悲咒之家」貼吧網站繼續講修行故事。

之所以將吧名叫做「大悲咒之家」，就是要將此吧建成一個大悲咒的公共平臺，聚集所有大悲咒的資料；聚集所有喜歡、信奉大悲咒的有緣人；大家共同組建一個大悲咒的大家庭，共同群策群力，弘揚正法，以千手千眼觀音菩薩的誓願為己願，使眾生安樂，拔眾生之苦。

現在的人喜歡以「修行人」自居，世面上也流傳著各種修行的「法門」，一干人喜歡「找師父」，一干人喜歡「做上師」，兩廂倒是「一拍即合」，卻平添了許多「人間鬧劇」。

殊不知，修行以發真心為始，以清淨心為本，清淨心是「法門相應」的基本前提。得不到清靜心有多方面的因素：可能是前世因果業障現前，也可能是早年的心靈創傷沒有癒合，或者受到非人的干擾，或者承載了家族的恩怨，以及祖墳被侵蝕而血脈失衡，陽宅居凶煞之地而靈體不安等等……

　　本人總結了一套方法叫「心醫」：是從天、地、人、神等各方面立體的解決身心靈的問題，在心醫中既包含了佛法的超度、輪迴、解脫等理論與技術，又包含了奇門遁甲、八卦能量陣、陰陽生克等傳統文化的理論與技術。從另一個角度來講，做諮詢的同時也是走上了心靈成長之路、解脫輪迴之路，可以說是修行之路。

聖山五子到心醫

話說聖山五子歷經萬千磨難重新聚首，千年後的再次相逢自是百感交集。聖山五子各自在這離散的千年間歷經種種劫難，忘卻自己本來面目，隨波逐流，甚至沉淪墮落，墜入生死輪迴。

難能可貴的是，大家都沒有忘記當初的誓言，在約定的時間重拾人身，恢復記憶，並且在各自的修行道路更上一層樓。這些都是當年種在阿賴耶識中的修行種子發芽的結果。

長話短說，大家應我的要求齊聚四川成都。為什麼要在成都相聚？因為，我們聖山五子的目標當然是聖山神湖了，而以聖山為中心的整個青藏高原界內，處處設防，道道關口。這些關口並不是世間的哨卡關隘，而是在靈界設置的層層護法邪靈。青藏高原靈界的入口處就在成都的一處，這是我經過多年的明察暗訪才發現的祕密。

靈界的事情其實與世間不同，在世間你人可以隨便進出青藏高原，甚至隨便到聖山神湖去遊玩，但你只能是肉身去遊玩，你的靈體或護法卻進入不了。

五子聚首成都後，破昭覺血戰二郎山，攻入青藏高原……

用了三年時間才進入聖山腹地，終於在聖山金蓮顯現前的一天降服黑蓮護法和楞嚴魔，並於當夜子時大破「蛇祖」奪回聖山！

是呀，現在悠閑地坐在電腦前，用短短幾句話寥寥數語就交代了這件發生在靈界的驚天動地的大事。可當時戰鬥的慘烈情景卻時時浮現在我的眼前，占據著我的腦海揮之不去！

我怎能忘記那些呢？

曾經的教主胡翠花率十萬狐兵隨我入藏，大巫山歸順的「大巫鬼王」帶領巫山鬼眾血染折多山⋯⋯

十萬狐兵和巫山鬼眾等等就這樣在青藏高原上神銷魂滅了⋯⋯

哎，太多的神靈護法，說不盡的奇聞異事⋯⋯

不管怎麼說，不管經歷了什麼，總之結局是好的，至少我現在還坐在這裏悠閑地給大家講講故事。

大家只是知道有中醫、西醫，有的還聽說有巫醫、薩滿。可是現在極少有人知道其實還有一種醫術叫「心醫」，即「以心治心」的醫術。一直在修行界隱祕的傳承著，從未間斷。

當金蓮的聖光普照寰宇的時候，每個生靈都會受其影響，尤其是人；每天早晨當你迎著清晨的陽光睜開眼睛的時候，其實你已經在改變，只是這種改變是在不知不覺中，是在潛移默化之間罷了。

其實我在世間就是普通人一個，沒有人知道所謂的靈界發生的那些事，也沒有人想知道那裏到底發生了什麼，畢竟離現實世界太遙遠。當然，我更不可能主動跟身邊的人講發生在靈界的那些事兒，如果那樣，我就是在把自己往精神病院送。誰會相信呢？話又說回來，相信又能怎麼樣呢？所以，知道我真實身分的人非常少，僅僅局限於小小的圈子。

現實生活中的我，有自己的家庭，也有自己的工作，處理靈界的事情也不是天天在做。

我是一位「資深」的心醫師，也是一位心理學的講師，這就是我正常的工作。所以我在陰陽兩界做的都是與「心靈」有關的工作。當然，這份工作還有一個好處就是自由。也可以說，我是一位自由工作

者，在自己的道場，自己安排時間。既沒有上司約束，也沒有下屬需要管理；沒有複雜的人際關係，沒有惱人的應酬作陪，樂得清閑自在。

能找到我的來訪者基本上都是朋友介紹的，都是慕名而來。不用費心的去打廣告，也不用發傳單去推廣，所謂「酒香不怕巷子深」。

原本大悲法門除了斬妖除魔的功能外，還有一項最基本的功能就是：拔眾生之苦，療癒世間八萬四千種病。

所以說，在沒有靈界的任務時，我的工作就是每天坐在我的道場裏治病救人，排憂解難。

下面要給大家講的故事就是這些年，發生在我的道場中的那些人的那些事……

王女士與孩子們

　　王女士坐在我的茶桌對面，講述著令她深感恐懼的事。我看著她憔悴的面孔，驚恐的眼睛。是的，她所經歷的事足以讓一個普通人嚇個半死。這是一位被厲鬼纏身的女人。她自己不敢到黑暗的地方，一到暗處就會感覺到有雙眼睛在盯著她，會令她毛骨悚然，全身發冷。

　　尤其一個人睡覺時會在半夜突然驚醒過來，就在那似醒非醒的朦朧間，不只一次的看到一個黑影站在床前！在她的感覺中那是一個長著獠牙的厲鬼，她的老公經常半夜睡得正熟時，被她的尖叫聲驚醒……

　　陪她一起來略胖的李女士探過頭來，壓低聲音神祕的向我問道：「范老師，你們心醫師信鬼神嗎？」

　　我說：「我們心醫領域不排斥鬼神，我們認為那是心理世界的現實存在。」

　　「哦，那你們相信因果嗎？」

　　「李女士，聽你這樣說，我感覺你是一位信佛的人吧？」

　　「是的是的，我是一位在家修行的居士，皈依好多年了。這位王姐遇到的事情就是我剛才說的被鬼神纏身了，前世的冤親債主找上門來了。」

　　「哦，既然李女士修行多年，跟王女士又是朋友，那一定想了不少辦法幫助王女士解除痛苦吧？」我笑著說道。

　　旁邊的王女士馬上說道：「哎，是的，這幾年李師妹為了我的事情沒少費心，也帶我在廟裏皈依了。還費心找了好幾位高僧和法師為

我做法事，並且為我超度前世的冤親債主。而且我也每天發心的念佛誦經，每個月也放生做功德供養。可是呢，我這種狀況沒見好轉反而越來越嚴重了。

前一陣子我們公司的小孫一直在鬧離婚，在您這裏才諮詢兩個療程就和老公和好如初，我們是看著小孫的變化的。小孫可崇拜您了，她一直跟我們說，如果不是您幫她找到並解決心理問題，那她一定和老公離婚，她的後半生就真的不知道會過成什麼樣子了。所以她一再勸我到您這裏來諮詢一下，看看心醫能不能解決我的問題。」

其實，從她們一進門我就已經看出她們有問題了。這位略瘦的王女士身上怨氣極重，哪是一個厲鬼呀，是三個！而那位稍胖的李女士，一條青黑色的毒蛇緊緊地勒在她的脖子上。其實，她的問題比那個王女士還嚴重，只是她沒意識到而已。

我把王女士請進了諮詢室，讓李女士自己在接待室喝茶看書。其實王女士的情況我心裏已經有數，看著她欲言又止的樣子，開導她道：「王女士，你以前對心醫師的工作性質是否有一定的瞭解？」

王女士看著我搖了搖頭。

「那好，我就簡單的向你介紹兩個最基本的心醫師諮詢的原則：

第一是『保密原則』，你在諮詢期間向我講的任何關於你的私密訊息，我都無權向任何人透露（除非涉及司法採證）。這點請你絕對放心，保密原則可是我們的生存之本。

第二個原則是『無條件接納原則』，就是不管你的想法和行為多麼的怪異、變態，或者多麼的不符合主流的倫理道德的規範，作為心醫師來講都能無條件的接納，而且不會帶著是非道德的眼光來做任何倫理道德上的評判。我們只會根據你的症狀表現來幫助你分析行為背後的動機，及動機背後的心理根源。

我們是心醫師，不是法官，不是道德先生。只要你覺得自己的行為是怪異的、不合常理的、自己無法控制的，只要你心理覺得有衝突、糾結和痛苦，那我就可以運用我的專業知識來幫助你找到根源，疏導情緒、化解矛盾，從而帶你走出困惑，解除痛苦。

所以，王女士你要清楚，我是真心實意的要給你幫助，幫你走出困境。那麼，為了達到這個目的，我也需要王女士能對我開誠布公並坦誠相告才行。

我看得出來，你心裏還有疑惑和困擾想告訴我，可你剛才好像還沒做好準備。那麼你現在做好準備要全部告訴我了嗎？」

王女士低著頭，眼睛不敢看我，怯怯的低聲說道：「范老師，剛才在外面我都沒跟李師妹說，其實，這些年我不僅經常見到厲鬼，而且和老公感覺也越來越疏遠，經常為了一點兒不值得的小事吵得不可開交，到現在分居已經快一年了，也不吵架一直處於冷戰狀態。看這樣子，再過一段，離婚是必然的結果。這也是讓我非常痛苦糾結的，你說，范老師，像我這個年齡的女人，一旦離了婚，我這輩子不就完了嗎？我到現在連個自己的孩子都沒有，這我老了可怎麼辦呀？范老師，您一定要幫幫我呀！」

「哦，你到現在還沒有孩子？」說話間，我喵了一眼王女士。

「你是否經常感覺胸口間憋悶、氣短？小腹偏上部位時常有下墜的感覺？月經不調，經常『附件炎』等婦科疾病發作，到醫院又檢查不出什麼結果，最後的結論應該是『氣血不調』或者應該是『疑似宮寒』？」

王女士聽罷，瞪大眼睛看著我：「范老師，您可真是神人！我身上這點毛病被您一眼都看出來了。范老師，既然您看出了我的症狀，您就一定有辦法幫上我！求您救救我吧，我太痛苦了，甚至有時我都

不想活了……」

「哦，那我知道了。你來我這裏諮詢的目的，第一是想解決厲鬼纏身的症狀；第二是你的婚姻即將破裂，看我能否有挽救的方法；第三是你已經年近四十歲了，可膝下無子，想到我這裏試一下能否用心醫的技術幫助你？」

王女士看著我點了點頭。

「我的諮詢手法和一般的心理諮詢有些不同。既不會用藥物來緩解患者的症狀，也不會給患者講一些大道理來試圖說服患者。

我認為，世間所有的人精神與身體上的痛苦，以及現實生活中面臨的各種困擾與不幸，其實都因為每個人背後有一股強大的力量在驅動著，這是一種扭曲變形的力量，我們稱之為『負向心理能量』，這種心理能量的形成必有其原因與根源。

所有精神和身體上的痛苦，及現實中的不幸與各種異常、甚至變態的行為，其實只是這種負向心理能量所表現出來的各種症狀而已。僅僅緩解症狀是沒有用處的，如果這種負向心理能量還在的話，就會以其他的症狀方式表現出來。

我諮詢的原理就是找出這個驅動力的形成根源，再從源頭處轉化和化解這種負面的心理能量，從根源上解決它。這才是一勞永逸、徹底的解決問題的方法。

王女士，你也是信佛的人，應該對佛教的一些基本理論有所瞭解吧？我說的這種導致疾病與不幸的負向心理能量，與佛家講的『業力』是不是有相似之處？患病的根本原因與佛家講的『因果報應』是不是很接近？

雖然，我是一名心醫師，我不僅僅只是在醫治患者的心理疾病，

同時也在化解患者現實中的困擾與不幸，我運用的雖然看似於現代的西方心理學的技術或手段，可整個的諮詢過程以及最後的結果，往往驗證了佛教與道教的那些基本的理論的正確性。

我這樣說，王女士你能理解嗎？」

她沉思了一下，緩緩的說道：「我知道因果報應也知道業力導致現在的痛苦與不幸。可是我不知道我曾經做錯了什麼？曾經做過什麼？我一點兒都不知道啊，我也想能化解業力可我沒有辦法呀！」

「你只要明白這個道理就行，我會讓你清楚的知道是什麼業力導致了你現在的痛苦與不幸的。」

「哦，范老師，那是不是就像社會上那些神婆、神漢或者像廟裏那些有神通的和尚那樣，您也有神通，可以幫我查我的前世的業力？」

「不是的，不是的，我可沒有什麼神通。我不能去查你的業力，但是我能引導你看到自己的業力，也許是前世的，也許是今生的。當看到自己做過的事情時，你自己懺不懺悔或者想不想改過那是你自己的事情，只能你自己發自內心的去做，別人無法代替你去做的。」

「但是請你記住一點，只要你想，我就可以幫助你。」

「我想請您幫我，我當然想了！這幾年我真的是太痛苦了！現在就請范老師幫助我，我要知道我過往的業力，我一定要發心懺悔，也請范老師幫我消解業障。」王女士很著急的說道。

「其實在每一個人的內心深處都知道自己的過往業力，只是我們的執著與妄想，就像厚厚的烏雲一樣把自己這顆清明的心遮蓋了，使我們迷失在無明之中，忘記以往自己曾經做過的事情。但是，雖然我們的記憶好像沒有了，可是我們以往生生世世所做的點點滴滴的事情，卻都完整的記錄在我們的阿賴耶識之中。我們就是要調出阿賴耶識中

的業力種子，然後把你帶回到當時的情景當中，來化解業障，轉惡種子為善種子。只要『因』轉變了，那你在現實生活中的『果』也就自然的轉變了。」

「范老師，我雖然學佛法不久，但是我能聽出來，您剛才講的道理一定是正確的。而且給我的感覺是，這種道理雖然很容易講出來，可如果實際操作時，一定不是一般功力所能做到的，我相信范老師您既然能說出這番道理就一定能做到這點。

可我心裏又有一個疑問了，范老師您運用的治病手法好像已經超出一般的心理諮詢的範疇，甚至已經涉及到高深的佛法了。我的問題是，范先生是否是隱居民間的修習佛法的大德呢？」

「大德談不上，我只是一個普通的心醫師而已。可說到修習佛法，既然王女士你問到這裏，我也就不瞞你。我所修習的法門確實是佛門大法，叫做『實相大悲法門』，是千手千眼觀音菩薩傳下的，唐朝以後失傳了，如今又重新延續法脈傳承的法門。我剛才講給你聽的諮詢原理，其實就是實相大悲法門療癒眾生身心痛苦的對治方法。確實，這已經超出了心理諮詢的範疇。這涉及到佛家一直密傳以心治心的『心醫』領域。修行界一直傳說神祕而又神奇的心醫，其實就是從實相大悲法門傳出來的。

實相大悲法門的實修主題就是大悲咒。治病救人、斬妖除魔、消災免難、和合增益以及一切的功德妙用都是從大悲咒的神奇力量演化而來的。凡是學佛的人都知道大悲咒的無量功德和神奇的效驗，自古以來修持大悲咒的靈驗感應無數。尤其大悲咒在療癒眾生疾病和痛苦方面更是神奇無比、功德無量啊。本來嘛，『大悲』的意思就是『拔眾生之苦』呀。

王女士，因為你是學佛的人，所以我跟你說了這些關於佛法的一

些事情。換作別人我可不能講這些東西啊，會被那些不信佛法的人認為我是不務正業、唯心迷信甚至妖言惑眾的呀。」

「范老師，我非常的相信您所說的這些道理，大悲咒本來也是我每天的必修功課，大悲咒的功德妙用我當然知道的非常清楚了。只是，雖然我每天念大悲咒，可我不知道怎麼運用大悲咒來治病？我也知道大悲咒有斬妖除魔的威力，可當我面對厲鬼時我也不知道怎麼用大悲咒啊？」王女士滿臉的困惑。

「好吧，我們姑且放下這些困惑，因為有些事情不是很容易說明白的。我現在就幫你做諮詢，你自己體驗幾次就知道了。」我看著王女士說道。

「我將帶你直接面對那厲鬼，你將跟它當面對質。自己的因果業力必須自己來化解，別人是無法替你來做的。你現在做好準備了嗎？」

「范老師，您讓我直接面對厲鬼？那怎麼可以呢！我一想到它就嚇得不行了，我可不敢看它，您這樣一說我的腿都軟了，身上都發抖了！我在廟裏也請師父們做過法事，那都是和尚師父幫我去念經念咒的，也沒有讓我自己來做呀，范老師，求求您了，我實在不敢看它，求您幫我處理吧。」

我看著王女士因為懼怕而有些變形的臉：「你認為你花了錢讓那些和尚給你做法事，幫你念經念咒，你的業力就可以解除了嗎？是的，錢花了，法事也做了，可問題解決了嗎？你不是還生活在恐懼當中嗎？你想過這是為什麼嗎？」

王女士無助的搖搖頭。

「誰欠的債誰還錢，誰的業力誰自己背。這就是大自然的規律。真正的得道之士是不會替別人去背業力的，如果強行介入別人的因果中，不僅自己會受影響，也幫不上別人什麼，只是幫他把業力向後推

延時間而已。何況你請的那些和尚做的法事連推延時間的效果都沒有。雖然幫人擋災延難不可取，也是要很高深的道行才行的。

要治病哪有不痛的呢？況且還有我在呢，我當然會保護你的，不會讓你受到真正的傷害的。王女士，你相信我嗎？」我看著她的眼睛問道。

「范老師，我當然相信您了！我相信您的醫術和道行一定能幫上我的……」王女士又低著頭沉思了一會兒。

半晌，抬起頭來說道：「我想好了，無論如何我都得把這個問題解決掉，否則我會一輩子都處在這種恐懼當中，我的現實生活也不會幸福安寧的。既然早晚要面對，那不如現在就來面對他吧！我做好心裏準備了，請范老師幫我吧，我都聽您的！」

我把王女士帶進了精神世界，一片黑霧，暗無天日。

「范老師，我很害怕！我覺得非常的冷！」

「不管碰到什麼可怕的東西都不要逃避，有我陪著你呢。我會保護你的。」

「我現在好像在過一道橋，搖搖晃晃的，好像聽到了下面的流水聲。這是哪裏呀？怎麼這麼冷呢？」

「非常好，就這樣，繼續向前走，不要怕……」

「馬上就要過橋了，看不清橋那邊的情景，好像橋頭有個黑影看不清楚。啊！就是那個厲鬼！看到了！我看到他的眼睛了！厲鬼！」

「不要跑！轉過身去，面對著他！就這樣盯著他的眼睛看，不要動！」

「啊！不行了！他走過來了！太可怕了，我不敢看他。」

「有我在你身邊，我會保護你的，不要動！就這樣盯著他，看他到底要幹什麼！」

其實這時我已經用護身法保護王女士的靈體了，這個厲鬼是傷害不了她的。但我必須要讓王女士自己來面對這一切才行，否則她永遠得不到解脫。

「他要撲向我了，已經離我很近了，他要吃掉我！快救我呀！」

「你現在看著他，馬上大聲的向他喊一句話！馬上！不要去想，馬上喊出來！快！」我大聲的向王女士喊道。

「對不起你！是我害了你呀！對不起呀……」

王女士突然喊了出來，隨後嚎啕大哭起來，嘴裏不斷的喊著：「對不起你呀！孩子！是媽媽害了你呀，媽媽也不想那樣做呀！可媽媽沒辦法呀！媽媽知道你是誰了，媽媽知道你為什麼這麼恨我了，是我對不起你呀…………」

我在讓王女士喊一句話時，她的內心由於極度的恐懼所有的注意力都在厲鬼身上，當她想著要喊什麼話的時候，會一下子收回意識，在這一放一收之間王女士的大腦突然處於真空狀態。

這時，我口中默念大悲咒向厲鬼一指，厲鬼立馬顯出了原形。王女士突然間看到眼前的厲鬼變成了一個未成形的小胎兒的模樣，她一下子就想到了自己在十幾年前曾經墮胎的孩子，她一看到這個胎兒的樣子本能的知道，這就是那個被墮胎的孩子。一想到這裏，心中猛地一翻滾，一股壓在內心深處、壓抑了多年的情緒伴隨著一句話衝口而出：「對不起呀！…………」

小胎兒的形象一閃而過，隨後就見到胎兒的臉開始扭曲，睜大了眼睛，極其害怕的表情。好像在空中有一個大機器在切割、肢解他的

身體，漸漸的整個嬰兒的身體被絞碎了，只能看到地上的一灘血肉。

王女士看到這一切，心如刀絞，痛不欲生，她知道她看到的眼前這一切就是自己第一個孩子被墮胎時的真實情景啊！她嘶聲裂肺的尖叫著，這是壓在自己心裏最深處的懺悔，這是自己心中深深的痛，可當時的她是無助的、更是無奈的，她多麼想把這個孩子生下來呀！可她做不到！她大聲哭喊著向這已經被絞的不成形了的孩子述說著這一切，請求著他的原諒⋯⋯

這時，就見到這嬰兒的血肉之上升起了一股青烟，逐漸匯聚成一個清楚的人形，面部漸漸清晰，看著好像一位英俊的青年人，頭上戴著道巾，身著青袍，頗有一番仙風道骨的滋味。只是臉上極大的怒氣，惡狠狠的盯著王女士，恨不得一腳踢死她的樣子，恨不得立即把她吃了！幾次作勢就要撲向王女士，可一看到我站在那裏才沒有行動，可是還能看到他滿臉的淚水，怒火中燒。

王女士此時已經幾近崩潰，不斷的懺悔著，請求著他的原諒，不斷的述說著自己的無奈，述說著自己當時實在沒辦法生下他，自己是被強迫著墮胎的⋯⋯

看著王女士發自內心的懺悔，青年的臉色逐漸緩和了下來。可是臉上依然淚流不斷，仰天長嘆了數聲：「罷！罷！罷了！我認命了！」

青年低下頭來，對著王女士說道：「我何嘗不知道你的苦衷？我也知道你的無奈和不捨，你的本願是不想打掉我的。可我真是不甘心呀！我為了修行歷盡艱辛，為了趕上即將來臨的弘法機緣，我不惜命喪虎口自損性命，以爭取在這個時候投生成人。哪想到最後還是功虧一簣，終究沒躲過這場劫難！我不甘心啊！我真是恨死你了！恨死你了！」

說罷，青年人轉身面向我，雙手當胸抱拳道：「金差子您好，我

是常居終南山修行的一名隱士，我叫青寧子。多年前，我師父掐算出世間大劫難過後，必是大法復興之時。他告訴我，千手千眼觀音菩薩座下的護法白龍已經離座，將護持弘法使者下到世間弘揚千手觀音菩薩的大悲法門。佛法在沉迷千年之後即將復興，此乃千年不遇的機遇。

他還說，期間將有大量的修行者、隱士等爭相投胎成人，都想著要生逢盛世與佛家大法結緣。但同時，他們都將面臨一場巨大的劫難，到時還有多少修行人能避過劫難生而為人，又有多少修行人能不忘本願與大法結緣？那將是個未知數啊。

我師父幫我計算時間，安排因緣，然後我自行投身虎口犧牲天命從而投胎為人，終於順利的投胎她的腹中，哪知道真是人算不如天算，我還是沒有逃過劫難被墮胎了。功虧一簣呀！功虧一簣！我能不恨嗎？我真是恨意難消啊！我就一直跟著她，我就是要報復她！我就是要化成厲鬼跟著她！」

「青寧子，要我說呀，你枉為修行人，你知道自己為什麼終南山千年修行而終無所成嗎？你本來就是因為自己嗔恨心太重，一直無法化解才在修行路上止步不前。你難道不知道凡事自有因果嗎？你覺得你沒有避過這次劫難是王女士的罪過嗎？你知道這背後還有什麼因果關係嗎？」

面對我一連串的反問，青寧子一直迷惑的搖著頭。

我用手指在青寧子眼前一劃，口中默念了一句大悲咒，對著青寧子道：「青寧子，你隨我來！」就把青寧子帶到了前世的情景當中。

青寧子好像定在那裏，時而笑時而哭，時而頓足時而狂叫。最後清醒過來，抱著頭蹲在地上，嘴裏不斷的說著：「我真是混帳！我怎麼能做出這種事來呢？我太混帳了！……」

「青寧子，你自身的因果已經明白了吧？」青寧子滿臉垂淚的點

了點頭。

「剛才你發自內心的懺悔，她已經原諒你了，而且你已經受到了懲罰，這段因果就算已經化解了。那你現在心裏還恨王女士嗎？」

「哦，當然不恨了，我現在完全理解了。其實我所經歷的這些都是我自己因果報應的結果，而且她已經真心的認錯，她當時也是迫不得已的呀，我已經完全原諒她了。」

青寧子說到這裏，轉向王女士，向她深深鞠了一躬道：「我們應該有一段母子之緣，很可惜這個緣分無法繼續下去，我現在心裏已經放下對你的恨，以後也不會再化作厲鬼糾纏你了。唉，現在想來，當時那樣對你也真是不應該呀。」

王女士聞言看著青寧子垂淚道：「孩子，我現在也明白了一個道理，其實每一個受孕的孩子可能都有自己的一份使命。我們做母親的尤其應該珍惜每一個生命。不應該只顧著自己眼前的利益或困難，輕易放棄一個生命生存的機會。其實現在想想當時的情況，要生下你確實要面臨很大的困難，卻也不是一定克服不了的。

可我當時顧慮太多，沒有勇氣那樣做，這才是我現在最感覺後悔和自責的。雖然這裏有你的因果業力在其中牽扯，可如果我能排除萬難生下你，其實就是幫你度過一個劫難，也就不會像現在這樣孤魂野鬼的樣子，很可能這一生就能完成修行的心願呢。唉！不管怎麼說，都還是我的錯呀！」

青寧子看著王女士道：「你我之間的恩怨已經化解了，可你後面還有兩段孽緣沒有解開呢。你要有個心理準備才好啊。」

王女士聞言點了點頭，道：「我現在知道了，是的，是還有兩段孽緣要化解。」王女士轉頭面向我道：「范老師，不瞞您說，我不僅墮過這一個胎兒，其實還墮過兩次胎，一共墮了三個胎！」

青寧子道：「後面的那兩個嬰靈的怨氣也非常的大，一個是來向你報恩的，一個是要來到世上向別人討債報仇的，可是都被你墮胎了。一個嬰靈住在你的胸口，影響著你的情緒，你會經常的情緒失控、歇斯底里大發作，你和你老公的關係就是這股怨力在作怪；另一個嬰靈住在你的子宮裏，就是你的宮寒不受孕及婦科炎症久治不癒的根源所在。這股巨大的怨恨陰毒之氣一直纏結在那裏，哪有不生病的道理？」

王女士一聽這話才恍然大悟，明白自己久病不癒的原因以及和老公的關係即將破裂的根源。

我看青寧子和王女士之間的恩怨已經化解，而青寧子的陰身也不能久留，就對青寧子道：「青寧子，你和王女士的恩怨已經化解，心中的怨恨已經放下。雖然你沒有陽身不能向我學大悲法門，但你想投生何處或者有什麼願望，我還是能幫你的。」

青寧子向我躬身一拜道：「金差子，我聽師父說過，好像有一個蓮花世界是修行人非常嚮往的地方。我就是非常喜歡蓮花，我好像跟蓮花的緣分極深。如果問我有什麼心願，那我想要投生到那個蓮花世界裏。」

我笑了一下，左手豎在胸前，伸出右手成托物狀。口中念起了大悲咒，右手立馬上生成了一朵大大的蓮花。

「青寧子，坐到蓮花上來吧，它會送你到蓮花世界！」青寧子聞言，飄身而上，端坐在蓮花座上。

我又念起大悲咒，只見這朵蓮花騰空而起，劃出一道弧線向著宇宙深處飛去，漸漸不見踪影。王女士目睹這一切的發生，軟軟的坐在椅子裏沉思著，半晌沒有說話，好像她的神識也跟著蓮花飄向了宇宙深處……

「范老師，這次我那墮胎的孩子是不是真的被送走了？」

「是的，我可以肯定地告訴你，你以後不會再看到厲鬼了。」

「范老師，您剛才做的是不是就是超度嬰靈呢？可您的做法怎麼和廟裏的超度不同呢？他們會很多和尚一起念經念咒，大做法事來超度嬰靈。我也曾經為了超度我的三個墮胎的孩子在廟裏花了不少錢給他們做法事。可是我照樣被厲鬼糾纏，這樣看來，好像在廟裏做的沒用啊！為什麼是這種情況呢？」王女士迷惑不解的看著我。

「超度亡靈其實本來是佛法中很重要的一項功用。可是真正的超度法連同驅魔法、治病法、消災法等一樣，已經失傳很久了。現在廟裏所做的那些法事就連那些做法事的和尚都不知道有沒有效果，只是按照所謂的儀軌，念經誦咒，念完收錢了事。現在的廟裏所做的法事行為早就已經淪為廟裏增加收入的一種手段了。

當然，收費沒關係，畢竟是和尚付出了勞動嘛，但是你所做的法事，是否真的達到了超度亡靈或嬰靈的目的才是最重要的。如果那些和尚連自己都不知道念的那些經咒，是否真的能把亡靈超度就收人家的血汗錢，那就是欺，就是騙！這種行為嚴重地違背了佛法修行的原則，這些法事已經流於形式、陷入迷信之中了。其所能起到的作用不外乎讓事主安心而已。

而大悲法門的超度方法就與現在流行的做法事全然不同。一定要請出亡靈或嬰靈直接與事主建立心靈的連接，直接面對面的溝通。他們自己去化解雙方的恩怨，這是其他任何人替代不了的。

恩怨化解了以後，再根據亡靈的意願藉助大悲咒的威神之力送其往生淨土或重新投胎做人。這才是真正的超度方法。

你剛才所經歷的其實就是一套完整的大悲法門超度亡靈的過程。」

「范老師，我還有一點困惑，就是說廟裏的很多老和尚老修行念

了一輩子的大悲咒，為什麼還不能做到真正的**驅魔**、治病和超度呢？大悲咒的威力我們學佛的人都知道啊！」

「哦，這個問題呀。我打個比方吧，王女士，你說原子彈的威力大不大？」

「那當然大了！那是威力和殺傷力最大的武器了！」

「嗯，你說的很對，原子彈的威力和殺傷力無比巨大。可是現在給你一顆核彈頭，在你不知道如何釋放這顆原子彈的情況下，你天天抱著它、看著它，這顆原子彈能發揮出無與倫比的威力嗎？」

「您光給我一顆原子彈有什麼用啊？我都不知道怎麼用它，它即使再有威力一輩子也釋放不出來呀！」

「是的，其實修大悲咒也是一個道理，你天天只是會念大悲咒，而不會運用它的方法，那大悲咒的巨大威力也同樣發揮不出來呀。天天念大悲咒那只是基礎而已，你要想運用大悲咒那就必須掌握方法才行。」

其實王女士的問題說起來並不難處理，這些年對她來講最痛苦的幾件事好像都是由於墮胎孩子的怨氣造成的。當天，處理完青寧子的事情之後我就讓王女士二人回去了，一是治療時間結束了，我是按小時收費的，心理治療本來就在時間的設置方面是比較嚴格的；二是王女士哭的時間和情緒波動時間太長，身體受不了的。

後來王女士在我這裏治療了一個療程，總計 10 個小時，共 5 次。我幫她超度了其他兩個墮胎的嬰兒。確實，一個嬰兒的怨氣徘徊在胸部，另一個嬰兒的怨氣集中在子宮附近。堵在胸部的嬰兒本來是向王女士報恩來的，可是沒想到居然被王女士殘忍地打掉了！結果報恩變成了報仇，這個嬰兒的怨靈就堵在王女士的胸口，最見不得的就是王女士夫妻好合，一看到王女士夫妻恩愛，這嬰靈就受不了，他就會讓

王女士情緒失控，進而和老公大吵大鬧！這個怨恨著的嬰靈最盼望的就是拆散王女士夫妻來報仇。

在王女士來做第二次諮詢時，我就幫她把這個嬰靈超度了。這個嬰靈提出的要求是想投胎到一個富裕的、有愛心的家庭。結果大悲咒的青蓮花把他送到了好像北歐一處非常美的地方，投胎在一個非常幸福的家庭中。

王女士第三次來治療時，我運用大悲咒請出住在子宮中的嬰靈的怨靈，這個怨恨的嬰靈剛出現時滿臉的憤怒，也是呈現出凶神惡煞的樣子對王女士怒目而視！不管王女士怎麼懺悔道歉請求他的原諒都沒用，他就是要留在王女士的子宮占據著不走，他就是要讓王女士一輩子都別想再懷孩子，要讓她斷子絕孫！誰讓她不珍惜已經懷上孕的孩子呢！

本來這個孩子是要藉由王女士的母體出生在世上，為了向一個世間的仇人報仇來的。本以為這次投胎就能了結先前的恩怨，結果被王女士墮胎打掉了。

看現在這個樣子，這個充滿怨恨的嬰靈沒那麼容易放過王女士。這種情況下我又沒法對這個嬰靈來硬的。正在一籌莫展之間，忽聽的耳邊一聲輕笑：「他們前世的淵源頗深。」我一聽就知道這是白叔又來幫我了。

聽白叔這樣說，我心裏就有了主意。我對著正在痛哭中的王女士說道：「王女士，你看著我！」

王女士聞言一愣，轉頭望向我，就在她望向我的一瞬間，我舉起右手，口中念起咒語。王女士豁然間發現，我的手中多了一面頗大的鏡子，她下意識的向鏡中一看，就在她看鏡子的瞬間，我大喝一聲「進！」王女士就覺得腦袋一暈，眼前好像升起一團白霧，等她清醒

過來時已經來到某個前世的情景中了。而這一世也就是她和這個嬰靈有極大淵源的一世。

王女士看到前世的因果，心中的懊悔更不用提了。其實當年這個孩子是完全能留下來的，只是當時知道懷孕那幾天正因為一些小事和老公吵的正凶，一氣之下把這個孩子打掉了。當時心裏想的就是要同老公離婚，我才不給你家生孩子呢！唉，一想起當時自己的任性和不計後果，王女士哭得更厲害了。看著王女士痛徹心扉的懺悔和近似自殘一樣的內疚與自責，怨恨的嬰靈也在剛才的大悲寶鏡中看到前世與王女士的緣分，其實嬰靈早就知道他與王女士的前世淵源，只是一直被巨大的怨恨蒙蔽了雙眼，眼中所見、心中所想都是如何報復。這時心中一軟，流下了眼淚。

我在旁邊見到嬰靈已經不再怒氣衝天了，就向他說道：「其實這些年你把她折磨的也夠慘的了，心中的怨氣也該放下了。你應該知道，帶著這麼重的怨氣你自己也解脫不了，無法參與到正常的輪迴之中。趁著今天這個機會，有我和白龍護法在這裏，你可以把你的願望說出來，我們會幫上你的。」

我跟嬰靈說這番話的時候，王女士也停止哭泣，抬頭望著對面的嬰靈，等著他的回應。

嬰靈低頭沉吟半晌，抬起頭對我說道：「我沒有別的願望，我還是要和她在一起，只有這樣我才覺得安全，否則讓我自己到一個新的陌生的地方我會覺得害怕。我就想做她的孩子，我知道她以後一定會對我很好的。」

我望向了王女士：「你明白他的意思了嗎？他的願望是，還是要做你的孩子和你在一起。」

王女士點頭道：「范老師，我明白他的意思，可是我不知道該怎

樣做呀？」

「嗯，那我問你，如果你以後再懷孕的話，你還想讓這個孩子再次投胎做你的孩子嗎？」

「當然想了，如果他還願意再投一次胎回來做我的孩子，那我太高興了！我一定會好好愛他的！」王女士眼中充滿了熱切和期望。

「那麼好吧，我現在就幫你們實現這個願望吧。」

我又對嬰靈說道：「你這個願望是能實現的，但是你必須暫時離開王女士的身體一段時間，因為前期你的怨氣太重，已經導致王女士子宮陰寒了，短期內無法受孕，要休養一段時間才行。所以你必須要等一段時間。」

嬰靈看著我困惑地問道：「那我能上哪裏等著呢？我怕一個人，怕到陌生的地方啊！」

我聞言一指白叔向他說道：「你就跟這位叔叔去就行了，他會帶你到個很好玩的地方去的，那裏也有好多小朋友一起玩的，你不會害怕也不會寂寞的。等你媽媽這裏準備好了你就會回來做她的孩子，你不用擔心的。」

嬰靈聞言，看了看白叔，看到白叔非常和善的樣子，好像放下心，點了點頭。

我轉頭對王女士說道：「王女士，現在請你為這個孩子起個名字吧，等以後當你知道自己懷孕時，就呼喚這個名字，他就可以入胎了。當這個孩子出生以後，這個名字就要作為他的小名一直叫著。」王女士想了一下，給孩子取了個名字。

我看到這段因果業力已經化解，對王女士說道：「你現在以你自己的方式和孩子做個告別吧。」

王女士走向前去，緊緊的抱著孩子又痛哭了一頓，才依依不捨的鬆開手。這時白叔過來拉起嬰靈的小手，帶著他飄身而去……

　　經過三次諮詢，幫助王女士化解三個墮胎孩子嬰靈的怨氣，由於三個嬰靈的怨恨之氣很重，使王女士的身體臟腑不調、氣血不暢，呈現諸多陰寒之狀，還需要調養。處理完嬰靈之後，我又給王女士做了基本的心理測評，發現王女士還患有輕度的抑鬱症。

　　後來王女士又來了兩次，我運用大悲水滋養通順她的身體氣脈，又幫她解決了抑鬱症的問題。

　　這樣，前後進行了一個療程的諮詢，總共 5 次，基本上徹底解決了王女士的心理和身體的問題。尤其解決三個嬰靈之後，運用大悲水灌通滋養王女士周身時，王女士感覺到一股股暖流流經胸部並灌滿了小腹。全身氣脈通暢，以前一直以來的胸悶、氣短立即得到了緩解。

　　王女士的個案是去年做的，現在王女士已經懷孕了，上個月她和老公一起到我的諮詢室來向我道謝呢，不僅僅因為懷孕，還由於在我這裏諮詢過後王女士和老公的關係又恢復到從前的親密狀態，王女士的性情也恢復到以前的溫柔體貼。所以她老公一再的向我道謝。

　　其實，我給大家講王女士的案例，是因為王女士這個案例很有典型性。在我從醫的這些年當中，處理過好多類似的患者。大家最好不要輕易的墮胎，每一個生命能來到這個世上其實都很不容易，希望大家能珍惜。

　　同時，我也要說，並不是每一個被墮胎的嬰靈都有很大的怨恨之氣，並不是每一個被墮胎的嬰靈都會影響母親的身心。如果你曾經墮過胎，又沒有明顯的身心方面的症狀就不要往這方面想，也不必過分的擔心。

　　而且，從我這麼多年的經驗來看，嬰靈是否對母親產生影響，其

實和母親是否相信有嬰靈怨恨這件事沒有直接關係。也就是說，不管母親相不相信有嬰靈這件事，怨恨很大的嬰靈都會影響到母親。嬰靈報復這類事件不取決於母親，而是取決於嬰靈的怨恨程度。

眾所周知，在中國大陸這種墮胎的現象太普遍了，那不是說怨氣極大了？是的，從某種角度來講是這樣的。繁殖生育的能力強其實也是上天對一個人、一個家庭甚至一個民族極大的眷顧和恩賜，我們應該感恩而不是懼怕和顧慮。不要用普通人的思維來考慮問題。有些事情順其自然就好，不要人為的來干預。否則，你不知道會產生什麼樣的後果。

在國外出生率很低，那並不是外國人不想多要小孩，而是他們想要要不來。

就像西藏的藏獒現在基本上已經絕種了，那是因為青藏高原上的狼群已經被人類打光了。藏獒的繁殖力很低的，而且成活率也很低。但是，如果某一年青藏高原上狼群泛濫時，第二年藏獒的出生率和成活率就會很高，而且還會在這群新生的藏獒中產生威猛的獒王來帶領藏獒制約狼群。這都是大自然的調節。我們應該尊重和順應甚至應該感恩。

一隻鴨子

　　一天下午，一位六十多歲的阿姨來預約諮詢。這位老阿姨是自己一個人來的，我們姑且叫她馮阿姨吧。

　　由於我這個職業嚴格的保密原則所限，我不能把來訪者的真實姓名和稱謂向第三方透露，因此故事中的人名、工作單位等凡是涉及個人隱私的部分都是虛設的，但故事內容都是真實的。

　　這位馮阿姨一進門，還沒等我把茶給她倒上就開始敘述了。聽了半天，原來馮阿姨來這裏諮詢的目的很簡單，用她的話說就是：從小到大一直覺得憋屈。困擾了她幾十年的問題，就是不管在什麼人面前都不敢說話。

　　在她的記憶中，好像小時候上學時就是這樣，上初中時同學們都叫她「馮老蔫兒」，就是不說話！其實從馮阿姨的敘述中能聽出來，馮阿姨對自己的能力還是很有自信的。

　　當年在學校時，馮阿姨的學習成績一直都是名列前茅，如果不是那一年取消了高考，馮阿姨考上重點大學應該是沒問題的。就是工作以後也是這樣子，要說寫文章或者寫總結，那馮阿姨是一把好手。可就是不能講話，也不是不能講話，而是無法自由表達自己的想法，好像嗓子哪裏卡了一塊東西一樣。

　　尤其不能和上司說話，一和上司在一起就感覺非常的緊張，很怕說錯話，就更不敢說了。由於這個原因她都沒有被提拔的機會，最後以一個小職員的身分默默無聞的退休了。

這本來就是絕大多數人的道路，可馮阿姨心裏不服，她非要搞明白她自己到底是怎麼回事，到底是自己天生的性格就是這樣，還是後天環境因素造成的？由於馮阿姨聽過我關於兒童教育方面的大型講座，所以對一些基本的心醫理論還是懂一些，今天她就是要在我這裏來求證一下。這就叫做：花錢來找心安。

　　我把諮詢收費標準和注意事項跟馮阿姨講了。她很爽快地交了費用，看來她真的很著急要知道答案。

　　我把馮阿姨帶進諮詢室，讓她畫一幅畫。馮阿姨畫的是她一個人站在一座小山上，正望著山下的一些房子，這些房子正冒著炊烟。就是這麼簡單的一幅畫。她畫完就交給了我。

　　我仔細地端詳著這幅畫，雖然很簡單，可畫裏卻隱含著大量的訊息。我非常清楚的是，馮阿姨要找的答案就隱藏在這幅畫裏。

　　我微閉雙目，嘴裏默念著大悲咒，漸漸的進入到一種出神的狀態中，好像自己一下子就到了某個場景當中：我站在一所很老的房子前，這座房子有點像剛解放時的那種老紅磚房，這時房上的烟囪正冒著炊烟……

　　我向馮阿姨描述這座房子的樣子，問她知道這是哪裏的房子，馮阿姨一聽說道：「這是我小時候家裏住的房子呀！」

　　「哦，那好吧，我知道了。馮阿姨，請你輕輕閉上眼睛，聽我的指令，我會把你帶回過去，回到小時候的情景當中。請聽我的指令……」馮阿姨在我的大悲咒導引下很順利地回到了過去，找到曾經發生的一件事，而這件看似不大的事件卻影響馮阿姨的一生！

　　事情是這樣的。馮阿姨在大約 4 歲左右的時候，有一天傍晚剛吃完飯，她正在院子裏玩耍，見到隔壁的鄰居阿姨匆匆地跑了過來，看到小女孩就向她問道：「我家養的一隻鴨子不見了，你看到沒有？如

果看到了就告訴阿姨哦。」

小女孩正在自己玩的高興呢，聽到鄰家阿姨這樣問，就隨口答道：「被我媽媽煮來吃了，真香啊。」說著還舔了舔嘴。

鄰家阿姨一聽這話當即勃然大怒，把馮阿姨的媽媽叫出來，就跳著腳地罵了起來……

而馮阿姨的媽媽從來就是溫淑賢良的女人，哪受過這樣的委屈，知道事情的來龍去脈後，把女兒拖進屋裏一頓暴打。馮阿姨的媽媽從來就沒打過她，可這次媽媽真的是生氣了，不僅僅因為自己被鄰居冤枉，還因為女兒撒謊……

打過之後，媽媽讓女兒出去向鄰家阿姨解釋清楚，可鄰家阿姨還是不依不饒地繼續破口大罵……

馮阿姨回到了當時的情景中，當場控制不住地大聲哭喊著：「都是我的錯，是我讓媽媽受冤枉了，受委屈了！我以後再也不亂說話了，再也不撒謊了！」

4 歲的小女孩兒隨意的一句話竟釀成一場軒然大波，這樣的後果是這個孩子所承擔不起的，她把一切的責任都歸結到自己的身上。

在這場風波中小女孩的認知行為發生了巨大改變，這種變化其實是一種極大的扭曲。而她的父母也沒有及時發現並幫她調整。從此後，這個孩子就不敢說話了……

一隻鴨子，影響了一個孩子的一生。

這是一個真實的故事。它就發生在我們身邊，而且還正在不斷地發生著……

念佛修行者

　　我的小診所裏其實最能體現世態的炎涼和人間的萬象了，來我這裏的是各色人等和各種心態與所求。

　　有人可能會想，來做心醫諮詢的那一定是心理有問題有困惑的人了？其實，我這個道場接待的不僅僅是有心理問題的患者，經常來我這裏的還有一批「修行者」。

　　那天上午，我難得的清閑，因為每周這個時間來我這裏諮詢的患者有事出差了，我這天也沒有安排別人，就讓自己休息了一下。

　　時而看看書，時而念念靜心大悲咒，正在享受這種悠哉悠哉的感覺時，門鈴響了。起身開門，看到門外站著一位高瘦的中年男人，一縷山羊鬍子不合時宜的長在下巴上，眼睛倒是挺亮，只是眼神中不經意地透出一股孤傲、清高之氣。

　　「請問，可是范先生？」來人很客氣地向我當胸抱拳道。

　　我也抱拳回答：「我是姓范。」

　　「雲居山明曄師父把你的地址給我的，我是想和你探討一下修行方面的問題，可以嗎？」

　　「當然可以了，歡迎之至呀！」我招手把他讓進了接待室。

　　雲居山的明曄是虛雲老和尚的徒孫，也是這一代出家人中的佼佼者。

　　「明曄師父可是對你推崇備至呀，能讓明曄佩服的修行人可是不

多的。」剛剛坐下，他就捧了我一句。可他嘴上雖然捧我，眼睛卻略帶不屑地下意識瞟了我一下。我心中暗暗一笑。心想這又是一位帶著分別心的「修行人」啊？

「哪裏哪裏，那是明曄師父過獎了。他才是名師帶出的高徒呢。」我出於禮貌地應和著。

「聽說范先生是修大悲咒的？」他剛一落座就直入主題。

我笑了笑道：「是的，可以這麼說吧。」

「我是修淨土的，念阿彌陀佛求往生極樂世界。」隨後又問道：「我有點不明白，范先生你為什麼不念佛呢？你要知道，一句阿彌陀佛可是咒中之王啊！你那大悲咒能保證今生就能修成嗎？可是念佛就不一樣了，即使我這一生修無所成，只要我在臨終時念十句阿彌陀佛，我就能往生到極樂世界，以後就可以在極樂世界中一直修行直到我成佛為止，這該有多殊勝啊！而且對修行者來講是多麼穩妥的一條路啊！」

唉，這位先生也真是禮貌的可以了，居然一坐下連姓什麼都沒說就迫不及待的給我上課了。我心裏倒是覺得這人有點好笑，一看就知道平時該多自以為是了。當然，對我來講，這類人我見得多，已經不以為然，更不可能生他的氣，只是覺得有點兒好笑而已。

「哦，那麼想必您念佛的境界一定很高了吧？」

「很高倒不敢說，我念佛已經有二十年了，大略算一下的話，念佛號差不多得有一千多萬遍了吧。照我這樣修下去，臨命終時往生極樂世界那應該一點兒問題都沒有的。」

「哦，照您這意思說，念佛號越多就越有可能往生極樂世界？」

「那是當然了，我平時一心念佛，常年熏陶。臨命終時只要我能

念十句佛號，阿彌陀佛就一定來接引我。」

「佩服佩服，先生這種修行的毅力和信心。我祝你今生一定修有所成、早登極樂世界的蓮台！」

「就先別說我了，其實我今天來這裏是為了你而來的。」

「為我而來？請先生明說。」

「我聽到雲居山的明曄一直說起你，覺得你是一個修行中難得的人才。但是又聽他說你修的是大悲咒，我心裏覺得這太遺憾了，你既然要修為什麼不修個最高最快的法門呢？而且，你知道嗎？觀音菩薩還是阿彌陀佛的徒弟呢！你為什麼不直接修師父的法門而修徒弟的法門呢？」

我一聽這話真是有種哭笑不得的感覺，他把觀音菩薩和阿彌陀佛的關係比喻成人間的師徒關係，並且由此分出高低上下。

「請問先生，您是跟哪位高僧大德學佛的呢？」

「我沒有什麼師父的，只要一心念佛就行了，哪需要有什麼師父呀！如果必須有師父的話，那我的師父就是阿彌陀佛。如果非得在人間有個師父的話，那我的師父就是淨空法師，我一直聽他的磁帶在學佛的。」

聽到這裏我終於明白了，原來這位是自學成才，他以為淨土法門就是一心念佛呢。現在學佛的人很大一部分都是這樣的，看幾本佛書，聽幾堂講座，就叫學佛了。用自己的思維去分析佛經佛典，以自己理解的方法去修行，假以時日，就儼然以大師自居，自視甚高，又四處講佛說法，好像勸人向善，實是誤己誤人……

我最怕碰到這類修行人，由於他們目空一切，貢高我慢的樣子，根本不可能把別人放在眼裏，更別說接受別人的建議，只有他們能給

別人上課。

但是他既然來到我這裏了，我覺得這就是一個緣分吧。不管他能否接受，我還是要把話點給他才好。

「這位先生，非常感謝您專程來這裏點化我。那麼，我請問一下，您看過六祖惠能的《壇經》嗎？」

「當然看過了，但也只是看看而已。那是禪宗的東西，都不如淨土宗好。」

「既然您看過《壇經》了，那麼你一定知道六祖惠能是怎樣看待念佛往生極樂世界這個問題了。六祖惠能在《壇經》中有一段是專門為當時念佛欲求往生西方的弟子開示的問答。其中有一句話，您看怎麼理解的：『迷人念佛，求生於彼，悟人自淨其心。』」

「迷人念佛？誰是迷人？說我們淨土宗的修行者是『迷人』！他在放狗屁！」這位先生一聽我念出六祖惠能的這句話立馬就像打了雞血的好鬥大公雞一樣，臉紅脖子粗的罵了起來。

我一時間沒反應過來，這傢伙的反應是不是有點兒過激了？大家也不過是探討一下而已。

看著他還是怒氣未消氣鼓鼓的表情，我略一沉思，還是理解他了。畢竟他傾注了二十年的心血在念佛法門上，念佛往生西方極樂世界是他最大的願望，甚至這個願望已經成了他一生為之奮鬥的動力，他不允許任何人以任何形式來質疑或玷污。

但是從他的這種過激的表現來看，其實他的內心深處充滿了恐懼和不安。僅從這一點上就能看出來，他這二十年來基本上是白修了，也可以說他修行的路一定不如法。

其實不論是什麼修行法門，不管你是念佛、念咒還是打坐、觀想，

那些都是修行的形式而已，其本質都是修個清靜心；真正的大修行人不以修行的時間長短來界定的，而是以心的清淨程度來看的。

有人說他修了一輩子禪宗，能打坐三天不下座，你看到這種現象一定以為這個人必是有修有證的大德。其實不一定是這樣的。我就見過幾個這樣的大德，年齡很老，夜不倒單，打坐功夫甚是了得，可背後卻掩飾不住貢高我慢，哪個後輩對他表示出稍微不尊重，他就會火冒三丈、大發脾氣。

有一句話叫做「火燒功德林」，這幾十年所謂的修行就能被自己這怒火一把燒光，這種情況在修行人中並不少見。其實別看他打坐功夫好，修了幾十年都是白修，這就叫不得法。

等到大限一到，輪迴之際，業力現前時，瞬間就會被拉入畜生道或修羅道，很多修羅道的眾生都是曾經修煉功夫很高的人。

剛才這位先生一發怒，火燒功德林，他念佛得到的這一點兒清淨就被怒火燒沒了。按六祖惠能的說法，這一刻他的心被境界牽引了，就叫「心隨境轉」，心被境界所牽，就是被業力所牽了。心永遠隨境界所轉，你就永遠在輪迴中沉浮。

這位先生看我沒有說話，沒有反駁他的話，心情一點點平復了下來。一邊喝著茶，一邊叨念著：「什麼叫迷人念佛？什麼叫自淨其心？淨心是禪宗講究的東西，我們淨土宗根本就不講究這些。只要臨終十念，阿彌陀佛自然就會來接引了，還用那麼麻煩嗎？」

我沒有說什麼，心中暗暗嘆了一口氣，枉費了修行的這二十年，居然分別心還是這樣重。其實哪有什麼禪宗、淨土宗、顯宗還是密宗啊，都是在用不同的形式或工具在修同一個東西而已。

臨終十念即可往生極樂世界，是的，說的沒錯，只要你能做到在臨命終時念十聲阿彌陀佛，你就會感應到阿彌陀佛手捧蓮花來接迎

你去極樂世界，這個說法的確沒錯。可其中的問題在於，你如何能做到在臨近命終時還能保持意識的絕對清醒，還能念得出十聲阿彌陀佛呢？

你聽到我這樣說，可能會不屑的笑一下說：「別說十聲阿彌陀佛，就是一百聲一千聲阿彌陀佛我也能隨時念得出來！」

是的，你現在是能念的出來，那是因為你現在處於意識清醒的狀態下。可臨命終時你是處於意識喪失的狀態下，而且，那時藏識中的種子劇烈的翻湧現前，你的心如果定不下來，你早就被業力牽引著拖向輪迴了，那時的你能想的起來念佛號嗎？不要說十聲，一聲佛號你也想不起來呀！如果那時你真的能定下一顆心來，念一句阿彌陀佛，你就能立即到達極樂世界，哪用念十聲呀，一聲就夠了！不要說極樂世界了，任何佛國淨土你都可以隨願往生啊！可哪怕這一刻的清靜心我們都得不到啊！

其實六祖惠能說的就是這個意思。念佛求往生的人，你不要一味的等著自己臨命終時的那十聲佛號來救自己的命，如果你在意識清醒的時候修煉不到一心清靜的話，臨命終的願望那是指望不上的。那時巨大的業力如洪水猛獸般席捲而至，一瞬間即會吞噬銷毀一切！你那時所能想到的也就是「逃命」二字了，哪還會有機會念佛號呢？真正的修有所成的人平時就在做一件事：化煩惱為菩提、於烈火中取清蓮。

剛才這位先生自稱修行幾十年，念佛號近千萬遍，可一句「迷人念佛」就讓他火冒三丈忘了念佛號。其實如果他真的會念佛，當自己怒火沖天的念頭剛一升起時，一句阿彌陀佛就給化解，自己的心立馬就清淨。這就叫「化煩惱為菩提，於烈火中取清蓮。」這才是實修實證的功夫。當然，這個境界也只能是「身是菩提樹，心如明鏡台，時時勤拂拭，勿使惹塵埃」的狀態，離六祖惠能所說的「心淨則佛土淨」

的境界還差的好遠。

　　我看眼前這位修行人不僅怒火攻心而且貢高我慢、目空一切。當然，我不會看到這種表面現象就會對他心生厭惡或者排斥他。這種人一般都是自己內心中充滿了恐懼才導致這些症狀的發生。我要讓他看到自己的內心，看到那個心理世界最真實的自己，只有這樣，他才有可能走上那條修行的正路。

　　「這位先生，我打個不恰當的比喻，請你不要介意。」我看著他道。

　　「沒關係，你但說無妨。」

　　「好，那我就不用顧慮了。我們暫且不說你將來往生時是否能十念佛號而往生極樂世界。我們只說現在，打個不恰當的比方說，比如你現在知道你還有五分鐘可活，也就是說，你從現在起只有五分鐘的生命了，你能保證五分鐘後你一定能念佛往生淨土嗎？」

　　他一聽這話，一下子好像楞住了，眼神呆呆的，一看就知道這個話題他從來沒考慮過。

　　「我認為我至少還有三十年時間活在這個世界上吧，怎麼可能只有五分鐘呢？我沒想過這個問題。」他搖了搖頭。

　　「我這個問題其實非常簡單，也就是假設你現在馬上一個意外死去了，你能有把握不忘十念阿彌陀佛而往生淨土嗎？」

　　他有些憤怒地望著我：「我不可能馬上死去！你不要詛咒我好不好！」

　　「對不起，其實你知道我這並不是詛咒你。我們普通人生活在這個世界上，每天很規律的日出而作日落而息，這樣的日子久了，就會使我們的大腦產生一種假象，好像這樣的日子會永恆地過下去一樣。

當然，這只是一種假象而已。

　　實際上，不管願意與否，我們從出生那一天起，每天都會向死亡的終點走一步。即使這一生能順利地活到 100 歲，也只能走上三萬多步而已。再扣除吃喝拉撒睡等必須的生理需求時間，人能保持清醒地做事時間也就一萬多天而已。

　　這一萬多步將怎麼走，走向哪裏，則完全由自己決定。而這個世界上又有多少人能真正擁有這一萬多天呢？多少的意外在不知情下一瞬間奪去了生命！我經歷過汶川地震，對這種生命的瞬間消逝有太深刻的體會。我們學佛的人就應該打破這種生命會持續的假象，隨時隨地提醒自己：我並不是永恆的，我的生命隨時都有可能消逝，當我的生命消逝時我將帶著什麼進入下一個輪迴？」

　　我停頓了一下，看著眼前這位先生繼續說道：「你能回答一下這個問題嗎？當你生命消逝時，你將帶著什麼進入下一個輪迴？」

　　「我沒有下一個輪迴！我一定能在生命消逝的時候，念佛往生西方極樂淨土！」他看著我堅定地叫道。

　　「哦，有個概念我覺得很有必要澄清一下了，往生西方極樂淨土到底是修行人活著時發生的，還是修行人死後發生的事情？」

　　「當然是死後發生的，誰能活著的時候就去極樂世界呀？你這個問題問得真是有點兒怪！」他看著我嘲笑道。

　　我看著眼前這位先生，心裏暗暗地嘆了口氣：「像他這樣學佛，即使念一輩子佛號，念滿一億聲佛號也沒用啊，到時候還是該下地獄呀。」

　　其實這位先生不僅嗔恨心很重而且業障也很重呢……我看到他身上發出的不僅是毒火一樣的暗紅色霧狀氣體，而且他的身體更被一團

黑灰色的霧氣籠罩著。

其實我在他身上看到什麼或者感知到什麼並不重要，關鍵是讓他自己看到或者感知到這些才能從內心深處觸動他，他才會真正意識到問題的所在，才能發自內心地尋求改變。絕大多數時候，講道理是沒用的。

「好吧，我們先放下這個問題以後再探討，現在我們來做個小遊戲怎麼樣？」我看著他笑著問道。

「小遊戲？和修行有關係嗎？」他看著我困惑的問道。

「有關係，當然有關係了。」我笑著答道。

「那好吧，怎麼做呢？」

「……我現在什麼都看不到啊，好像在一大團濃濃的黑霧當中，好像在向下墜落，不斷的墜落，好可怕！」

「是的，你現在是在一團霧中，我已經把你帶到了一個房門前，這間房子裏有你要看到的東西，你現在伸出手來向前摸一下，感覺一下你摸到了什麼？」

「涼涼的，好像一道門，感覺是一道石門，很重！」

「好的，用力推開這道石門，你想要的答案就在這裏面。」

「推開了，一股寒氣撲面而來，好冷！陰冷陰冷的。」

「向裏面看一下，看到了什麼？有什麼感覺？」

「裏面很黑，什麼都看不到，就覺得陰森森的很恐怖的感覺！」

「好的，那你現在想進去看看嗎？」

「不！不想進去！這什麼鬼地方太可怕了！我可不想進去！」

「你不是要知道真相嗎？你不是一直說自己是修行人嗎？修行人首先要做到的就是勇於面對自己、勇於面對外界的一切！連這個小黑屋你都不敢進還談何修行！」我這是故意激他一下，他必須先學會面對才能知道真相。

「嗯，好的，那我進去看一下就出來……」

「好黑呀，陰冷陰冷的，總覺得黑暗中隨時會有東西衝出來一樣，全身的汗毛都豎起來了。」

「好的，你現在再仔細看一下，屋子的中間立著什麼？」

「……嗯，好像是一面好大的鏡子？是的，我感覺就是一面鏡子，圓圓的，表面好像在發光。」

「好的，走近這面鏡子，向裏面看一下，看看裏面有什麼！」

「……啊！怎麼這樣啊！太可怕了！這裏面有一具僵屍！黑黑的，身上還披著黑袍，眼睛直發光！是紅光！好像要撲出來吃掉我！我不能看了，你快帶我出來！」

他的臉上現出了恐怖的神情，面孔急劇地扭曲著，渾身發抖。我看到他這樣強烈的反應，知道他內心裏還沒有做好面對的準備，這樣的話就不能硬來，必須給他一個緩衝期，慢慢適應和面對自己的真面目。

我馬上向著空中打了個手印，一句咒語脫口而出，「＊＊＊＊＊＊！」

咒聲一停，他馬上睜開了眼睛：「一道光！一道刺眼的白光！一下子鏡子和僵屍就不見了，好像這道光一下子就把我拽了回來！」他驚魂未定地顫抖著說道。

「嗯，你看到鏡子裏的僵屍，第一感覺是什麼？」我看著他笑道。

「害怕，毛骨悚然的恐懼！而且這種感覺是我控制不了的，我控制不了自己全身的發抖。」

「哦，可是你念了二十多年的佛號，你也堅信一句佛號是萬咒之王，能當下化解前世業障，也能當下破除恐怖境界。你當時怎麼沒念佛號啊？」

「我一看到鏡子就感覺裏面的僵屍撲向我了，嚇得我一下子就六神無主了，哪裏還想得起來念佛號啊。」

「哦，那你現在見到鏡子裏的僵屍就嚇得忘了念佛號，當你臨終之時身體四大消散解體、業鏡現前的時候，你見到的恐怖景象是剛才的十倍、百倍，那時你如何能做到靜下心來念十句佛號呢？」

他聽到這話，低下了頭若有所思。

「那我剛才看到的那個鏡子和僵屍是怎麼回事？你剛才把我領到哪裏了？」他看著我困惑的道。

「你見到的鏡子叫大悲寶鏡，也叫顯形境。能照出人的善惡美醜，在鏡中會顯出人的真正面目。」

「你說什麼！你說那鏡子中的厲鬼僵屍就是我的真面目？那不可能！我誠心學佛二十幾年，平時慈悲為懷，念佛、放生、拜懺……那僵屍絕不可能是我！」

「好，你說那厲鬼僵屍不是你。那我現在問幾個問題請你如實回答我。你平時是否看到別人很多不如法的地方？」

「是呀，是有很多人言行不如法。看到這樣的人我就氣不打一處來，我看他們就是末法時期的魔子魔孫！」

「嗯，是的，你接觸到這些人你甚至會憤怒，有時會有言語上的攻擊。」

「對，我看不慣。」

「那麼在那些人眼裏，你是不是就像厲鬼一樣，見人就要撲上去⋯⋯我再問你，自從你修佛法之後，是否經常以修行者自居，以修行為名無心工作、無心打理家務？甚至為了靜心而刻意遠離那些你看不慣的親朋好友？」

「是的，我要修行嘛，就應該有一個安靜的環境。我不能把自己陷在紅塵的世俗裏呀，所以我有意的遠離工作、遠離是非。難道這樣不對嗎？」

「你以修行為名不努力工作，以致好多年閑置在家，只靠你老婆在外賺錢養家。你想一想，在你老婆的眼裏你是不是就像吸血僵屍一樣！身強力壯，卻靠別人供養，情感冷漠，遇人遇事又動則大怒、無情攻擊，你難道不是那個厲鬼僵屍嗎？」

他低下頭，半晌無語。

「你人在世上活著，靈體早就已經在地獄受煎熬了。告訴我，你已經失眠多久了？」

「嗯？你怎麼知道我失眠呢？快十五年了，睡不著覺，每天晚上輾轉反側備受煎熬。」

「你想知道這是怎麼回事嗎？」

「當然想知道啊，看了好多醫生都不管用，中醫、西醫都看過也不行。」

「好，現在我就讓你看到真相！閉上眼睛，跟著我走。」

我領他到了判官處，判官一見到他立馬大怒，後來還是讓他看到了他的靈體，就是那個厲鬼僵屍，正在那裏受著刑罰，熊熊烈火在下面燒他，僵屍的身體痛苦的扭曲著⋯⋯

回過神來，他徹底的無語了。眼中充滿太多的疑惑和不解，修行這麼多年，當看到真相時又是這樣的令人接受不了。太多的事情他想不明白。難道自己以前看的那些佛經和高僧大德的著作都是錯的？還是自己理解錯了？難道自己真的是盲修瞎練走上了歧途？可現在絕大多數人都是這樣在修行的呀？

「范先生，其實雖然念佛二十多年了，可對這件事我一直心裏存著疑惑，我這樣虔誠的念佛號，怎麼我的失眠症狀就一點兒都不見好轉呢？為什麼我還是每天生活在失眠、發怒、夫妻不合和人際關係不協調的痛苦當中呢？對於自己這種狀態百思不得其解。最後只能用這是自己修行過程中必經的考驗來安慰自己。您說的沒錯，其實我就是每天向所有接觸的人宣傳佛法，同時自己又在承受著內心的痛苦……」

「范先生，既然您看出了我的真實狀況，您就一定知道這是什麼原因，請您明示我好嗎？」直到這時我才從他的眼中感受到誠懇的神態。

「哈哈，到現在我還不知道你的尊姓大名呢？」我望著他笑著說道。

「哦，哦，太不好意思了，我忘了介紹自己了。我是姜某某，以前向別人介紹自己時都會加一句：我是一位修佛的人。可是經歷剛才的一切，我現在不敢這樣說了。我現在甚至好像掉進無底的深淵，已經不知道東南西北了，我都不知道從前的二十多年我自己在幹什麼了。請先生您一定幫我！」說著，站起來向我鞠了一躬。

「其實你這二十多年的學佛過程就是典型的沒有明師指點和加持，自己看書盲修瞎練的學佛過程。以清淨心念佛、持咒、打坐，是任何修行法門的基本前提。以清淨心修行則念念與佛心相應，以妄亂心修行則念念與魔相應。清靜心是念佛、持咒、打坐的前提，沒有清

靜心你修行一輩子也還沒入佛門，甚至搞不好修到魔道中去了。」

「可是先生，怎樣才能得到這個清靜心呢？我雖然念佛這麼多年，可現在念佛時還是覺得自己心煩氣躁，很少有安寧平靜的時候，尤其事事不順的時候。」

「得不到清靜心是多方面的因素造成的，可能是前世因果業障現前，也可能是早年的心靈創傷沒有癒合，也可能是受到非人的干擾，也可能承載了家族的恩怨，也可能祖墳被侵蝕而血脈失衡，也可能陽宅居凶煞之地而靈體不安⋯⋯諸多因素都會造成身心不安得不到清靜心。

那麼，如何排除上述的諸多干擾因素而得到清靜心呢？那就得靠師父的指點和加持了，憑自己的力量是很難達到這個目的的。自古以來，凡修行稍有成就者還沒聽說誰是自己看書自修的，必須得有師父把自己領進門，自修那一定是在修行入門了以後才開始的。可現在的人，沒有師父引領就自己憑著興趣和熱情在書中、在網上自己找喜歡的法門自己修行上了。殊不知，內心沒有被徹底清理乾淨，就帶著一腔的黑暗和扭曲在那裏念佛、持咒、打坐⋯⋯自認為是在修行，其實是在向著魔道上奔跑。

為什麼古代的師父收了徒弟之後，不會馬上教他們修行方法呀？為什麼都要先幹一段時間雜活才行啊？其實師父就是在這段時間幫助徒弟清理他的業障，指點他、加持他，幫他破除諸多業障使他得到清靜心，然後才能交給他修行的方法，這樣徒弟在修行過程中就不會走偏了。」

「哦，太好了！我現在明白了。可是現在上哪裏去找這樣的師父啊？一般都是拜了師以後，師父馬上叫自己念佛、念咒什麼的，也不能幫助自己清理業障啊，自己的痛苦不還得自己承受啊⋯⋯范老師，

那你的大悲法門收了徒弟以後怎麼做呢？你會幫助你的徒弟清理業障嗎？」

「大悲法門本來對形式上的東西就不怎麼看重，並沒有一個收徒弟的儀式什麼的。其實師徒的緣分很多都是有前緣的，在阿賴耶識中本就在那裏。由於我從事的這份工作的關係吧，非常有意思的現象就是，每天從全國各地趕到深圳來找我做諮詢的患者中，居然一大半都曾經是我前世的弟子。在諮詢過程當中，他們有的會看到這種緣分認出我是他前世的師父，有的就認不出來，但是，即使認不出來也會覺得跟我在一起非常的安全、溫暖。

其實，在我這裏做諮詢的過程就是一個徹底的清理身心靈的過程，如果在我這裏把諮詢做透了，自然而然的就會心地清靜。因為我這裏的諮詢不同於其他傳統意義上的西方心理諮詢，我這種方法叫『心醫』，是從天、地、人、神等各方面立體的解決身心靈的問題，在心醫中既包含了佛法中的超度、輪迴、解脫等理論與技術，又包含了奇門遁甲、八卦能量陣、陰陽生克等傳統文化的理論與技術。

從另一個角度來講，在我這裏做諮詢其實就是走上了心靈成長之路、解脫輪迴之路，也可以說是修行之路。」

「哦，那會不會我也跟您有緣分呢？不然我怎麼會坐在您這裏呢？」

「哈哈，有沒有緣分不是我說的，該讓你看到的時候你就自然能看到。」

後來，這個姜先生在我這裏做了兩個療程的諮詢，處理了他的前世業障和今世早年的心靈創傷，真的得到了清靜心。

他在現實生活中的改變那真是翻天覆地的，現在是積極工作，周圍的人際關係和諧融洽。令周圍的人吃驚的是，根本看不到他修行念

佛什麼的，也看不到他逢人就宣傳佛法，好像他已經不再信佛。其實這時的姜先生才是真正的走上修行之路。

他也看到了前世與我的緣分，還真的是我的徒弟。只是這個徒弟一直對大悲咒找不到感覺，就是喜歡念佛。即使看到了自己是大悲法門的弟子的現在，他還是在念佛呢，呵呵，我這師父也支持他隨緣。

其實，大悲法門從廣義上來講不能說就一定是念大悲咒的法門。它是一整套拔苦救難、解脫輪迴的理論與技術的集合。大悲咒只是一個非常好的工具而已。

大悲法門不排斥其他任何修行法門與方法，當然，也不會不加選擇地認同其他修行法門的一切。我們有我們的判斷標準和目標。

背後有鬼

　　那年我到雲南大理「出差」加遊玩。辦完「公事」後聯繫了當地一位一直要預約我諮詢的求助者。據她描述，她一直被厲鬼纏身，無法化解，非常痛苦。這些年來她四處尋訪高人，花了無數的冤枉錢也沒有解決問題，反而越來越嚴重了。

　　多方打聽知道了我，一年前電話裏向我求助。怎奈我時間緊張，預約的求助者也多，她有時間時我沒時間，我有時間時她又有事兒。就這樣陰差陽錯的拖了一年也沒見上面。

　　這次我接受「任務」來到了大理地界，正是個機會順便幫她把問題處理了。她知道我來當然非常高興，熱情的把我接到了她經營的客棧。這是一個坐落在大理景區內的非常別緻的四合院落，門前一條小河靜靜流過，進門一幅屏風孔雀開屏。轉過屏風，二層木樓雕欄精美。一派清幽淡雅、寧靜怡人的氛圍。

　　我打眼看了一圈，哪裏有什麼「鬼」的影子。

　　坐下喝茶，聊起了她的病情。一看她的臉色就知道她精神狀態非常不好。不到四十歲的年紀，本來應該青春靚麗的，可眼前的她黑黑的眼袋，蠟黃的臉，透出了滿臉的疲憊。這是長期失眠的典型狀態。

　　聽她的描述，從很小的時候她就生活在恐懼當中。一直有個鬼跟著她。我問她：「你一直覺得有個鬼跟著你，那麼你見到過這個鬼嗎？」

　　她一提到鬼就現出了驚恐的表情。

　　「當然見過，而且還不只一次！這個鬼一直跟在我的背後，天一

黑下來我就能感覺到，這絕對千真萬確。我經常能感覺到背後跟著這個鬼，有一次我壯著膽子一回頭，卻沒看見它，可我就是知道它一定跟著我！因為有兩次快半夜的時候我從鏡子裏看到了它！」

「哦？你從鏡子裏看到過鬼？你把當時的情景跟我描述一下。」這也勾起了我的好奇。

「有一次是我長大之後回老家，我出生的老屋是在大山裏的一座百年老房。本來就很破舊，白天在老屋裏都覺得陰森森的。有天晚上我獨自在家，那天家裏人都到縣城走親戚，下大雨路不通趕不回來。我一個人在家心裏慌慌的，背後一陣一陣涼颼颼的，那種背後有鬼的感覺又一次強烈的感應到了，我嚇得早早的就鑽進被窩。外面下著大雨，電閃雷鳴。雖然人在被窩裏，可一直沒睡著，被子很厚但身體一直發抖。可是，越是緊張就越來情況，到了大概半夜時分，我憋的難受想上廁所，壯著膽子上完廁所，飛快的向床上跑去。可是就在這個時候，當我經過衣櫃時，外面一個閃電照亮了衣櫃上的穿衣鏡，我的餘光一瞥，清清楚楚看到我的身後一個白衣披頭散髮的厲鬼正撲在我的身後！我當時一聲大叫就昏過去了，天亮了才醒過來。」

她一副驚魂未定的樣子講完這段見鬼的經歷。聽她的講述，這件事後她的恐懼更甚了。

之後她又講述了幾件見到那個女鬼的經歷。如果她到外地出差住賓館，一定要打開所有的燈才能睡覺。而且她從小睡覺就一直有個習慣，必須背對著牆才能睡得著。

總之，她表達的最強烈的意思就是「背後有鬼」！

這兩次見鬼都是在老屋，所以她一直認為跟在她後面的這個鬼一定與那個老家的老屋有關。甚至一提到老屋她都有種後背發冷的感覺。

「帶我到你臥室看一下吧」我看著她說道。

臥室是她的心房的投射，不管是她心裏有鬼還是外面真的有個女鬼跟著她，都會在她的臥室中有所呈現。

　　果然，一進她的臥室就感覺一股陰寒撲面而來，我順著寒氣傳來的方向望去，在她床頭櫃上，發現了一個舊舊的娃娃。床頭櫃有點兒高，這個舊洋娃娃好像躲在陰暗處，一看到她時感覺到她的眼睛在動，嘴角一咧，好像邪邪的一笑。陰邪、恐怖，大白天都有一種毛骨悚然的感覺。

　　我一看就心中有數，她身上的問題還真不簡單，不僅僅是心理問題呀。

　　「這個洋娃娃是哪裏來的？」我看著她問道。

　　「是我從老家帶過來的，我從小就很喜歡她，一直帶著她。」

　　我看一眼她睡覺的床，跟她說：「小孫，你現在馬上去找一個蚊帳來」

　　「蚊帳？」小孫看著我疑惑的說道：「我們這裏沒有蚊子的」

　　「小孫你就準備吧，不是為了擋蚊子的。」

　　小孫的客棧本來就有蚊帳的，只是她不習慣用而已。過了一會兒，小孫拿來了一頂圓形的蚊帳。

　　我在幫著小孫裝蚊帳時，用了金鐘罩護身法加在蚊帳上。

　　「小孫，你這間臥室太大了，你睡覺的這張床又太小。在這樣的臥室時間長了，你的身體就會越來越虛弱，陽氣日衰，會導致失眠、恐懼不安、魂不守舍。這是因為人夜晚在空曠的地方睡覺，自身的能量會向外發散，無法凝聚。你仔細觀察一下古人，他們建造房屋時，不會把臥室建的很寬大空曠，而是很緊湊，多用帶頂框的大木床，並且一定是有紗簾或蚊帳遮住睡覺的。其實就是這個道理。這叫『守魄』。」

「啊，睡覺還有這麼多講究？」

「那聽范老師這麼講，我晚上睡在這個蚊帳裏，就不會失眠、害怕了嗎？」

「你今晚試下就知道了。」

其實我心裏清楚的很，我已經把護體金鐘罩的能量加持在這個床和蚊帳上，小孫睡覺時自身能量開始團聚，不會向外發散。更重要的是，那個女鬼進不來小孫身邊，會被金鐘罩擋在外面的。

我幫小孫裝好了蚊帳，用餘光撇了一眼那個詭異的洋娃娃，恍惚間洋娃娃的眼光凌厲了起來，甚至我好像看到從洋娃娃的恐怖的雙眼中流下了兩行血淚....

這種感覺只是恍惚一現而已，但我知道這是一種有怨靈相附的徵兆。

大家看到這裏會聯想到恐怖電影裏的場景，而我也不是故意寫出來嚇人的，當時的感覺就是那樣的。只是這種類似的場景我見的多了，也沒什麼害怕的，我知道你越怕什麼就會越來什麼。

我向著舊娃娃定睛望去，放鬆身心感受著陣陣冷氣。在我腦海中浮現出了一座陰森森的墳墓，一團白影飄蕩，墳墓的後側偏右處有一株裂開的歪脖樹，看不出什麼樹種，只是有種說不出的詭異。

「你見過一座墳嗎，上面長著一株歪脖樹的？」我看著小孫問道。

「墳墓？我老家附近就有好多墳頭，長著樹的我倒沒有印象。」

「從這裏到你老家要多長時間？」

「嗯，自己開車的話大概兩個小時就到了。」

我看了下時間，現在出發的話，天黑前應該能到。看來這趟必須得去，我心裏基本上也大概清楚怎麼回事了。

過敏與情緒

說到過敏，來講個有意思的臨床案例吧。

小雯，28歲，女，銀行職員，性格非常溫和。來找我做心醫諮詢的主要目的是要解決失眠和過度疲勞的症狀。經過一個療程的諮詢找到了小雯失眠和過度疲勞的病根，原來小雯在家裏是老大，下面有個弟弟。家中爺爺奶奶觀念保守，重男輕女。小雯為了得到父母和長輩的歡心和關注，從小就養成了討好型性格特質。

本來，這種討好型人格，是小雯在童年期為了得到更多關心和愛護而形成的防禦機制。可是長大後，整個的環境和人物都已不同，她就應該卸下面具，做回自己。可是，小雯還是無法去除這種從小形成的過度防禦機制，來適應新的環境。她的長期失眠就是延續自己童年期的過度焦慮形成的。

小雯的這種討好型人格，使她會非常顧忌別人的感受，希望世上的每一個人都喜歡她、認同她。長此以往，心理壓力會越來越大，導致她總是覺得累、過度疲勞。透過帶領她禪觀體驗的觀察、調整和修復，前面的問題都已經解決了。能睡覺，也不覺得累了，身上有活力了。

有天小雯打電話給我：「范老師，快救救我！」

經詢問才知道，原來小雯從小就對貓貓、狗狗等動物毛有過敏反應，年齡越大這種反應越嚴重。看過西醫，吃抗過敏藥，也只能暫時緩解症狀。吃了不少中藥也未見好轉。前幾天到同學家玩，同學家裏養的小貓撲到了小雯的懷裏，小雯回到家裏身上就起反應了。這次反

應的很強烈，一夜之間身上、臉上起了好多紅包，看著挺嚇人的。吃了大量的抗過敏藥也不見好轉，這才想到了我。

小雯到了我的道場，我帶她做禪觀體驗，深入內心尋找根源。發現小雯內心深處充滿了巨大的憤怒！禪觀體驗中所呈現出來的場景都是童年時代，被家人冷落的、害怕的、蜷縮著的自己。童年的自己心中既恐懼又憤怒，可是這種憤怒又不敢表現出來。她看到自己從角落裏出來面對大人時卻是笑著的，她在討好著父母、爺爺奶奶，她怕如果她爆發的話，她將徹底被家人拋棄，她必須得忍下來，她必須要討家人的歡心。

所有這些情緒，在現在的記憶中早就不存在了。現在的她根本就不知道自己小的時候是這樣過來的，還有這麼不開心、這麼恐懼的一段經歷呢。

在禪觀體驗的場景中，我讓小雯把自己心中的憤怒、恨、怨氣、不滿都發洩了出來。小雯這個平時看著文文弱弱非常溫柔的女子，竟有如此大的爆發力！拼命的擊打沙發，用力的摔打坐墊。就這樣發洩了一個多小時，才逐漸平息下來。

當天晚上，小雯來電話說，身上和臉上的紅包逐漸的消退了！小雯在電話中放聲的笑著，好像她的性格經過這幾個小時也變得開朗起來。

第二天，小雯來到我這裏時，她身上的過敏症狀已經全部消失了。

「范老師，我實在想不明白，我童年的經歷和身體的過敏有什麼關係呢？而且，為什麼我自己童年的那些經歷怎麼一點兒都想不起來了？但是，當我回到那個場景中，我就知道當時的我真的就是那樣的情緒。」

我看著茫然的小雯解釋道：「其實我們的身體為了生存，對外在

的有害物質是有一套防衛系統的。當有害的物質（過敏原）入侵身體時，身體的免疫系統會形成抗體以對抗過敏原，產生身體的防衛反應。從身體的觀點來看，這是完全合理的而且必須的。可是有一部分內心壓抑了恐懼、憤怒或者攻擊性的人，會非常的敏感，就會形成過度防衛的問題。

其實，每個人在各個人生階段都會有攻擊性、憤怒、怨恨、恐懼等情緒，這是在人生的發展過程中非常正常的現象。可是有的人由於各種原因不敢把這種情緒適當的表現出來，而是把它們壓抑在自己的意識深處，也就是潛意識中。結果越壓越多，越壓反彈的力量越大，就會形成過度防衛以及過敏原泛化的問題。一些動物的毛、花粉、灰塵等也當作有害的過敏原加以攻擊防衛了。

現在你應該知道了，過敏其實是心裏壓抑的負面能量從心理轉入身體的結果。病人需要的是一個發洩的渠道，所以被選擇的過敏原可以是任何物質。

藉由小雯這個案例我們知道了，人的情緒是多方面組成的，有開心快樂的一面，同時也有憤怒悲傷的一面。我們不能把負面的情緒當成壞的，而去壓抑它、排斥它。如果一味的壓抑負面情緒，它積壓到一定程度就會以各種方式在身體上表現出來，小到發燒感冒，大到各種癌症都是這樣來的。

胎教的奧秘

　　心醫體系中非常重視兒童心理的評測與修復。心醫師們多年來療癒來訪者心靈創傷時發現，絕大多數的心靈創傷其根源都形成於童年。可以說童年是人生的基礎，而胎兒期又可以說是童年的基石。

　　為什麼有的人身體或心理上會呈現各種症狀呢？有些症狀是以身體疾病的形式出現，有些症狀是以心理疾病的形式出現，而有些症狀是以在現實中的創傷性、刺激性事件為誘發，使自己困惑、痛苦無以自拔的形式出現……

　　不管是以什麼形式出現，我們都把它稱之為症狀，而這些症狀的出現，唯一的目的就是警示我們的整體性出問題，整體失衡了。從某個角度來講，我們的身體本身是不會出現疾病的。

　　身體上出現的疾病可以說都是心理問題的呈現，心理的創傷與壓抑才是根源。透過心醫師大量的臨床觀察我們發現，哪怕是外傷也能找到其心理根源。換句話說：身心的疾病其實都是自己的心造的。

　　心醫的諮詢的過程其實也是不斷的在驗證著佛法的「一切唯心所造」的真實性的過程。大家要知道，佛法中講的「唯心」和西方的「唯心主義」的唯心可不是一個概念。

　　西方的唯心是指外面有一個全知全能的上帝，他掌控和主宰著所有人以及全宇宙。而佛法中的唯心指的是我所能感知到的自己及世界，是由我的心創造和主宰的。而現代的量子物理學已經在不斷的驗證著世界是虛幻的、不真實的，我所能感知到的一切都是我創造出來的假相。

那麼身心的疾病呢？是不是也是我所創造出來的假相呢？

是的，不可否認的一定是的。在這點上，心醫在臨床中得出的結論與現代量子物理學得出的結論可以說完全一致——「病唯心造」。

一切脫離心理或心靈的療癒都是不徹底、不本質的。把心理層面的創傷、失調、恐懼、壓抑處理好，身體層面的疾病以及現實層面的困惑與痛苦自會神奇的不藥自癒。

而如何透過症狀找到心理或心靈深處的創傷與壓抑呢？這就要藉由我們「禪觀體驗」的技術來實現。心醫師運用禪觀想的系列體驗，可以很快帶領求助者進入內心，回到創傷性事件的原發點，找到根源，從而修復心靈創傷。

當心醫師透過禪觀體驗，反觀內心尋找求助者的創傷根源時會發現，很多時候都把求助者帶回到了胎兒期。

這時的求助者會深切的體會到胎兒自己巨大的恐懼、焦慮不安、煩躁等情緒。這時再來觀察媽媽，會發現媽媽其實也正處於這種精神狀態中。如果媽媽對自己的到來是不歡迎的、顧慮的、恐懼的、焦慮的，那麼胎兒就會有強烈的恐懼感、不安全感、無價值感、冷漠感，如果長大後不進行專業修復性療癒，這些特質性情感會一直伴隨胎兒的一生，並形成了所謂的病態性格，這就是求助者長大後身心疾病與現實痛苦的心理根源所在，長大後的壓力反應只是誘發因素而已。

要知道，胎兒的身心與媽媽是完全融合為一體的。媽媽的心情就是胎兒的心情，媽媽的感受就是胎兒的感受。媽媽開心，胎兒就開心；媽媽恐懼，胎兒就不安；媽媽不想要胎兒，胎兒就會有強烈的不安全感、被拋棄感、無價值感，長大後遇到壓力反應就可能自殺。

所以說，真正的胎教是什麼？真正的胎教一定不是聽音樂、聽佛經、學國學、聽英語，而是媽媽的心理狀態以及媽媽是否真心歡迎胎

兒的到來！

　　要想你的孩子長大後心理是健康的、自信的、有安全感的、有愛心的，那麼你就做個開心的媽媽吧！

病唯心造

　　范明公先生研究及發展的「心醫」體系，就是把傳統文化儒、釋、道中的平衡、整合、全息、唯識等理論充分應用在身心健康養生等方面。

　　范明公先生創立的「心醫」以儒釋道理論為基礎，以禪觀體驗為技術手段，針對身心疾病及心理上的困惑痛苦提出了整合療法、自我療癒的主張。

　　所謂的「整合療法」是指面對身心的疾病與痛苦，我們應該抱持整體觀、立體觀、全息觀、因果觀、平衡觀等觀念，正確對待疾病的症狀。對症狀要做到不憎恨、不排斥、不抵觸、不消滅，找出症狀背後的心理根源，釋放、化解、轉化負面心理能量，然後再配合中西醫的醫療技術和方法手段使症狀得到徹底緩解並消失，使人體重新找回平衡和完整。

　　下面我們就來分析一下各種身心疾病背後的心理根源吧，以此作為拋磚引玉，讓大家看清真相。

身體裡的戰爭

　　感染是人體生命最常見、最基本的病症。過去大多數人都死於感染。而現代醫學在感染性疾病的治療上得到了極大成功，這其中也包括抗生素和疫苗的發明。

　　發炎的過程其實就是「身體裏的戰爭」。充滿敵意的強大病原、毒素、病毒、細菌等在身體內造成威脅，引發身體內防禦系統起而抗

拒。此時身體上呈現的症狀是紅、腫、熱、痛。這是內在衝突尋找疏解時的情緒反應。

意識的對立性是衝突的根源，這不僅是引發炎症的根源，也可以說是造成身心疾病導致身心失衡的總根源。意識的對立性在佛法中叫做「分別」，當我們認為一件事或一個觀念是「對」的時候，那就必然的在我們心裏同時出現一個錯的概念。我們就會強化這個「對」，而壓抑、排斥這個「錯」，衝突就這樣產生了。而這股被壓抑的能量就會被排斥在意識之外的潛意識深處，並且積聚凝滯在身體某個部位，形成所有病灶的基本能量。當積聚到一定程度就會引發各種症狀。

可是在現實中，大多數人都假定自己沒有那些未察覺的內在衝突。小孩子也是同樣天真地想像自己閉上眼睛，別人就會看不見他。可是衝突就是在那裏，不願意處理，慢慢解決的人，衝突就會在身體上出現，以發炎的方式成為可見。

在心醫來講，發炎是身體的衝突轉變到身體層面的結果。我們不應該膚淺地看待感染性疾病。我們要藉由炎症深入探究內心深處到底發生了什麼？我們要對自己徹底的誠實，我們要勇於面對自己的衝突。

我們知道，感染並不僅僅是病原如細菌、病毒、毒素等入侵的結果。更重要的是身體願意讓它們入侵，醫學把這種現象叫「免疫反應降低」，而免疫反應會受到心理影響早是個已知的事實。

所以要注意的是，不要一有炎症馬上想到的就是抗生素。

因為從另一個角度看，發炎不完全是壞事。發炎是在以激烈的方式清除問題，透過化膿排除身體的毒素。

如果一有炎症就大量的使用抗生素把炎症快速抵消掉，毒素就會堆積在體內，毒素長期破壞力會使癌症發生的機會變高。

這是一種「垃圾桶效應」，我們可以定期清除垃圾桶（感染），或是讓垃圾堆積成山（癌症）。抗生素是外來物質，並不是病人自己製造的，會剝奪病人從疾病中學習如何解決問題的機會。

心醫針對感染的態度是這樣的，當有炎症發生的時候，我們會運用禪觀體驗等方法反觀內心，與炎症對話、溝通，找出內在的心理衝突，釋放化解對立雙方，達到新的平衡與完整。這樣炎症就會神奇的快速徹底的消失。只有在心力不足、無法面對內心衝突時才會有限的使用抗生素。

疾病背後的心理根源

經過臨床觀察，我們確切的發現人的身體和心理是整體合一的，是不能分開來看待的。當我們身體上出現疾病的症狀時，人們首先想到的是遺傳因素、病菌感染、環境污染、不健康的生活方式，或其他常見的我們認為會導致疾病的觀念。

但是其實這些都是誘因，都是一些導致我們身體疾病的外在的、次要的因素。只有從疾病最根源的角度正確的看待疾病本身，才有可能徹底的根治療癒疾病。

一切的疾病都來自於心理的根源。身體只是心理外在投射與表現，身體的疾病意味著心理失去了和諧，或者原本平衡的心理狀態出現了問題。身體的疾病其實是一種警示，提示我們整體失衡了，內部出現問題了！

面對疾病我們真正要做的不是如何想辦法消滅疾病的症狀，而是應該找到導致整體不和諧、不平衡的根源，並使其重新和諧起來、完整合一起來。一旦把根源性的心理問題解決了，那表面的疾病症狀就會立即神奇的消失。

現代的西醫所有的研究成果無不是針對症狀、消滅疾病症狀的。這就好像拿掉了預警的警報器，而不去深究，為什麼會發出警報。其實這是一種全體人類共同逃避的行為表現。以為消除了症狀就是消除了疾病，人的身體就恢復了，就健康和諧了，這種觀點顯然大錯特錯。對真正病因，我們無法逃避，我們只能面對。

這也解釋了為什麼大多數的疾病會不斷的轉移。因為，你只是解除了這個部位的症狀，而身體沒有從根本上得到平衡和完整，就會不斷的發出預警。而這種預警的真正或者說唯一的目的就是迫使我們找到身體內部真正的問題。

真正的療癒是指，我們先要把目光從症狀本身轉移開來，檢視更深層的東西，才能瞭解症狀在指明什麼事情。

多年的臨床觀察證明了上述的結論，這些結論與現代西方的很多科學及心理學的實驗結果相吻合。可以這樣說，所有的疾病，不管是癌症也好，還是早發性癡呆症或自閉症也好，甚至只是輕微的著涼感冒發燒，都來自我們的心理失衡。

就像最近的研究結果顯示，孤獨寂寞與心臟病確實有著密切的關聯，一顆失去生機破碎的心，可能會引發冠狀動脈阻塞；過於嚴肅的個性，就要當心關節炎的發作；而胃病則是不接受身邊的人、事或者思想的結果；偏頭痛一般都是從小就學會壓抑自己的憤怒、悲傷等情緒的結果……而上訴這些所謂的疾病如果找到其心理根源，充分化解其中的衝突與不和之後，其生理上的症狀就會神奇的消失。找到疾病背後的心理根源並學會化解的方法和轉化技術，將是未來的醫學發展方向。

「心醫」體系就是源於上述的思想理念來的。是經過十幾年的不斷的觀察與臨床實驗，總結出來的「禪觀體驗」療法，是調整身心、

內外兼治的方法與手段。

當明白了「病唯心造」這個道理，並且不斷的透過身體的疾病症狀來反觀調整內心的心理狀態時，我們又發現，原來老祖宗早就明白了這個道理，並且留下了大量寶貴的經驗財富。其中「一切唯心所造」的觀念，以心印心、直指人心的禪修手段，處處反映出老祖宗的智慧。

「心醫」的心理療癒體系的「禪觀體驗」療法，就是不斷深入挖掘傳統文化的精華與精髓，與大量的臨床研究相結合，找出身心相互對應、相互影響的規律，從而從最根源處解除人類的痛苦，使人們都能處於一種身心平衡與和諧的完整合一的健康狀態。

大悲法門

大悲法門修行方法

修大悲法門下手就須功、德同修，大悲法門是入世修行的法門，以出世的心態入世修行。

修功

先背熟大悲咒，每天早晨靜心念五遍大悲咒咒水，念完後把杯子裏的水，一半灑向空中，回向給天地、祖宗及你想回向的人與事。剩下的一半自己喝，喝時心裏要有個願望。平時只要安靜下來隨時隨地都可以誦大悲咒，次數就隨意了。

這樣修一段時間以後，身體或精神方面就會有特殊的感應，或者護法神託夢、或者偶然發現能治病了、或者一念大悲咒被附體的人馬上就好了……總之，一定會有某方面的感應。然後再根據反應情況及自己的心願，選擇「息災、增益、敬愛、降伏」，四個法門之一開始專修。

修德

從發誓修大悲法門之日起，就要把自己當成千手千眼觀音菩薩的化身。先人後己，捨己為人，救人之急，解人危難……總之，遇人遇事之時先想想，千手觀音會怎麼去做？那我就怎麼去做！盡量放開心胸，坦蕩對人，切莫疑神疑鬼，患得患失。

初級階段

按以上方法勤修三年，基本上應該能達到功、德兼修並得的初級

階段了。達到這個階段的表現形式是：功的方面——治病救人、降妖驅邪、救人危急基本上能隨咒應驗；德的方面——你在周圍的親朋好友、同學同事的眼中，你就是現世的觀音菩薩。他們有困難的時候會先想到你，會喜歡親近你，在你的周圍會形成一祥和的人際圈子。當然當你有困難時，大家會一起幫你。這就是「我為人人，人人為我」的境界。這時你發現病會不治而癒、財會不求自得、官運會不求自來。而修到這個程度時，你的面相開始改善發生變化，身體開始轉換……

「大悲法門」一個最大特點：無德便無功，德高功更高。

以上是大悲法門初級階段的修法。希望大家能功德雙修！世上多一個修「大悲法門」的人，就多一位現世的千手觀音！

大悲法門的修行次第

　　至專、至誠、至信、至善的念誦大悲咒，是修行「實相大悲法門」的重要修行主題之一，也是最重要的基礎。

　　修行實相大悲法門又不僅僅只是一味的念誦大悲咒，實相大悲法門的修行也是有次第的，即有階段性的：

第一階段：心咒相應階段

　　首先要做到熟練的背誦大悲咒（以漢傳 84 句為準）。之後，無需任何形式的儀軌、供拜等，隨時隨地隨處，心存千手千眼大悲觀世音菩薩像，至誠、至信、至善的出聲念、金剛念或默念均可。

　　以念誦三萬遍為基礎數，多多益善。其實遍數也是形式，至誠、至信、至善才是修大悲咒的根本。

　　隨著誠心念誦大悲咒功夫的不斷積累，就會逐漸體會到心咒感應、心咒合一的感覺。進入一種念而非念、非念亦念，念念相應、感而遂通的狀態。

　　但凡久修大悲咒卻進入不了這種狀態的人不外乎兩種現象：

　　一是「不專」。不能一門深入，一咒深入；學得多，修的雜；心浮氣躁，樣樣想學。大家切記，雜修而不能一門深入實乃修行大忌！不僅大悲法門修不成，其他任何法門都別想修成。

　　二是「不信」。帶著懷疑的心態修習大悲咒，心存著念一念試試看到底有沒有效果的心態來修大悲咒，那就一定不會有感應的。這個

「不信」有四種，分別是：不信經、不信咒、不信師、不信己。

不信經，就是不信大悲心陀羅尼經中所言。不信咒，就是不斷的懷疑自己所念的大悲咒的版本是否正確？大悲咒的音譯是否有錯誤？大悲咒的念法是否不對？大悲咒的功德妙用是真的嗎？不信師，就是對傳法上師的諸多懷疑，或者時信時疑，或者一直以一種觀察的眼光來看傳法上師，或者常以自己的判斷標準來評價傳法上師。不信己，就是對自己能修成佛法毫無信心，總是自覺自己罪孽深重，對大悲咒能否拯救自己持懷疑態度。不相信自己透過大悲咒的修煉能發揮大悲咒的妙用幫助別人、拔眾生之苦……

行者如果在這個階段能做到「專一」、「堅信」、「至誠」、「至善」的修持大悲咒，那麼就能進入那種心咒相應的狀態。修到一定程度時，你的靈體自會呈現出千手千眼的形象，毫光四射！

這時的你還看不到甚至感覺不到自己靈體的變化，可開了天眼的修行人就會看到你的靈體上千手千眼的形象忽隱忽現，就能看到你靈體毫光的顏色和強度。一般來講，最先射出毫光的是兩眼之間額頭部位的天眼處，以後隨著修煉的不斷積累，天眼處的毫光會越練越強、越射越遠！

當修煉到靈體的千手千眼形象穩定，天眼處的毫光夠強，就代表著第一階段的修行可以告一段落，準備進入下一個階段的修行。

在第一個階段的修行過程中，行者基本上意識不到自己靈體的變化，始終處於一種迷惘不知的狀態，有的無法感受到大悲咒的神奇威力，有的很難真的體會到那種心咒合一的感覺。

有的人在修行大悲咒的過程當中，會不斷的感受到身體的神奇體驗；有的人會在現實生活中體會到轉危為安、心想事成的喜悅；有的人又會發現隨著大悲咒的不斷修習，反而身體出現病態，或者現實生

活中反而煩惱加劇、心煩意亂……

在這個階段的修行中，既可能出現好的現象又可能出現很糟糕的狀態，其實這都是很正常的情況。如果你因此開始懷疑、不信、恐懼、誹謗，那麼你就沒有經受住第一階段的考驗，無法接受「實相大悲法門」的繼續修煉，將又退回到修行前的狀態中繼續在世俗的惡性循環中輪迴打滾。

這個階段最重要的就是自己堅定的信心、專注和毅力。

第二階段：神通妙用階段

到了這個階段，將由傳法上師親自傳授如何運用大悲咒施展各種神通妙用的功能、功用。這時你將學會運用大悲咒，看到並親身體驗大悲咒的神奇妙用；將對大悲咒充滿信心，能體會到運用大悲咒救苦救難的那種發自內心深處的喜悅；將在直面妖魔鬼神時不斷的歷練自己的身心、不斷的提升自己的勇氣和大無畏的精神力量……這些都是你將來化解業力、解脫輪迴時所必須具備的條件。這些條件就是在這個階段一一練就。

這個階段最重要的就是傳法上師的傳授、帶領和指引。

第三階段：實相本我階段

這個階段將由傳法上師指引，勘破世間萬事萬物的實相，認清自我的本來面目，通曉業力輪迴的過程與真諦，運神通妙用於無形之中，彰顯威德於不知之間。

這個階段最重要的就是悟性與修心的功夫。

第四階段：圓滿涅槃階段

把握生死一瞬間，解脫業力諸相前；

天堂地獄憑我去，十方淨土任東西！

念大悲咒最簡單、最有效的修行儀軌

總結我三十幾年修行運用大悲咒的經驗來看，其實一切的所謂的修行儀軌都是形式上的東西。唯心與大悲咒相應才是最有效的。

大悲咒可以隨時隨地的念誦，可以百無禁忌的念誦，只要做到念誦大悲咒時心中能做到：至誠、至信、至善即可。「至誠、至信、至善」就是念誦大悲咒最簡單、最有效的修行儀軌！

大悲水的念法

供開水一杯（多少不拘）

千手千眼無礙大悲心陀羅尼（三聲），之後念《大悲咒》四十九遍

回向　發願

南無大悲觀世音菩薩（十聲）。

此大悲水仗佛威力能治一切大小疑難之症。服此水者必須素口先念「南無大悲觀世音菩薩」十聲（如小兒或病者無法念時，凡有關係之人均可同聲代念），然後服下，立刻見效。所求諸願皆悉圓滿，唯除不善與不至誠者。

如服此水者每月齋素幾日，尤見功效。至若潛修大德念大悲水時，水可無限而布施亦無限，此隨發心者功德如何而定。

回向　祈願　雙手合十（誦念或默念）

願以此功德，莊嚴佛淨土，

上報四重恩，下濟三途苦，

若有見聞者，悉發極樂國；

願以此功德，回向弟子歷代先祖，冤親債主離苦得樂。

或為

回向弟子眷屬合家吉祥安康；某某人疾病早日康復；某某人往生淨土離苦得樂；某某人世間，世間事業悉皆成就；某某人早開智慧，

學業進步；某某地方災障平息，吉祥平安。等等。

發願　禮拜

弟子某某與累世父母、師長歷劫冤親債主及法界一切眾生，從過去世乃至盡未來際；

眾生無邊誓願度，煩惱無邊誓願斷，

法門無量誓願學，佛道無上誓願成。

最後禮佛三拜，供養完畢，一切恭敬。

誦此陀羅尼者，當知是人：

1、即是佛身藏，九十九億恆河沙數諸佛所愛惜故；2、即是光明藏，一切如來光明照故；3、是慈悲藏，恆以陀羅尼救眾生故；4、是妙法藏，普攝一切陀羅尼門故；5、是禪定藏，百千三昧常現前故；6、是虛空藏，常以空慧觀眾生故；7、是無畏藏，龍天善神常護持故；8、是妙語藏，口中陀羅尼音無斷絕故；9、是常住藏，三災惡劫不能壞故；10、是解脫藏，天魔外道不能稽留故；11、是藥王藏，常以陀羅尼醫療眾生病故；12、是神通藏，遊諸佛土得自在故，可見此咒功德，讚不可盡。

誦此陀羅尼者，現生能得十大利益：

1、能得安樂；2、除一切病；3、延年益壽；4、常得富饒；5、滅一切惡業重罪；6、永離障難；7、增長一切白法諸功德；8、遠離一切諸怖畏；9、成就一切諸善根；10、臨命終時，任何佛土，隨願得生。

誦此陀羅尼者，得十五種善生：

1、所生之處，常逢善王；2、常生善國；3、常值好時；4、常逢善友；5、身根常得具足；6、道心純熟；7、不犯淨戒；8、所有眷屬，恩義

和順；9、資具財食，常得豐足；10、恆得他人恭敬護持；11、所有財寶，無他劫奪；12、意欲所求，皆悉稱遂；13、龍天善神，恆常護衛；14、所生之處，見佛聞法；15、所聞正法，悟甚深義。

誦此陀羅尼者，不受十五種惡死：

1、不為饑餓困苦死；2、不為枷系杖擊死；3、不為冤家仇對死；4、不為軍陣相殺死；5、不為虎狼惡獸殘害死；6、不為毒蛇蚖蠍所中死；7、不為水火焚漂死；8、不為毒藥所中死；9、不為蠱害死；10、不為狂亂失念死；11、不為山樹崖岸墜落死；12、不為惡人魔魅死；13、不為邪神惡鬼得便死；14、不為惡病纏身死；15、不為非分自害死。

誦此陀羅尼者，世間八萬四千種病，悉皆治之。若在山野誦經坐禪，如有山精魑魅鬼神惱亂，誦此咒一遍，諸鬼魔悉皆被縛。如法誦持者，觀音菩薩，一切善神，金剛密跡，常隨護衛，不離其側。

修持大悲咒的前提

　　千百年來，與中土眾生最有緣的修行方法不外乎一經一咒，一經即金剛經，一咒即大悲咒。無數中土眾生在修持這一經一咒中獲得了太多的靈驗與驗證。

　　這裏就講講如何正確修持大悲咒。

　　我 31 年前有緣遇到我的師傅，傳授我「禪密大悲咒」修法。30多年來運用大悲咒救人無數，深切體會到了大悲咒的實用價值與神奇。大悲咒不是迷信，而是我們祖先大智慧的結晶。

　　修持大悲咒是有方法的，而運用大悲咒息災祈福更需有密傳的。那是有一整套的理論體系與修行手段，要修好並運用大悲咒必須要先在理上通。

　　「禪密大悲咒」是上古伏羲絕學的一部分，是作用在精神領域中最圓滿的力量的存在。

　　本文提個問題，供有緣人參考。這個問題就是：修持和運用大悲咒的前提條件是什麼？

　　有人說，修大悲咒需要什麼前提條件嗎？只管念就行了。

　　這樣理解是錯誤的，修大悲咒可不是只管念或熟練背誦這麼簡單的。修持大悲咒是有一整套的理論體系與落地應用的方法的。如果只是簡單的念誦即可的話，那難道自己的孩子發高燒了，你只管對著孩子念大悲咒，孩子是否高燒就退了呢？如何有人夫妻不和，鬧離婚了，你為他們倆念大悲咒，他們就不離婚和好如初了嗎？有人事業有障礙，

你為他念念大悲咒，他事業上的障礙就消除化解了嗎？可能嗎？如果你認為是這樣的，那就是典型的迷信了。在理都不通的前提下盲目的相信，那就是迷信。

修持或運用大悲咒的前提條件是，修持者必須深刻的理解宇宙的真相，世界的構造及其運行的規律。必須明白佛經中所講的「四維上下」的含義。要知道的是，大悲咒的修持與運用絕不是直接作用於四維空間的（即物質世界）。那是作用於高維空間而呈現在四維空間的理。如果你連這個理都不通的話你就根本運用不了大悲咒。而這些理就是我們老祖宗所言的大道之理，是伏羲絕學的重要理論基礎，我們的華夏文明就是在這個基礎上建立起來的，也是我們的祖先對宇宙世界的根本認識。屬密傳的東西。

僅僅理通了還不行，還得掌握如何進入高維度空間的方法。高維度空間裏呈現的是事物的整體性、全息性，是四維空間即物質世界發生的一切事物的源頭。只有進入高維度空間，通曉高維度空間的運行規則並掌控和運用調整高維度空間的力量，你才能有效的預測並掌握四維空間發生的一切。而這股力量就是大悲咒所呈現出來的。

進入了高維度空間，也就能看透四維空間中一切事物的源起、發展趨勢以及最終的結果，就具備了傳說中的「天眼通」的能力。這個所謂的「天眼通」就是修持大悲咒的最基本功德「千眼照見」的功能。

所以說，「天眼通」這個「千眼照見」的功能是最最基本的功德，不掌握這個功能，一切都是妄想都是虛的。你的大悲咒背的再熟練都沒用，因為你根本就用不了，根本就不知道在哪裏用，怎麼用。

有了千眼照見的功能之後，才能行使「千手護持」的功能。所謂的千手護持即是大悲咒力量的運用顯現過程，也就是傳說中的治病救人、調心轉運的方法與手段。這裏就涉及到所謂的他心通、預測學、

調心術、轉運術、降伏術⋯⋯即大悲咒在息災、增益、合和、降伏、鈎召等各方面的運用了。

天眼通是修持大悲咒的基本條件，而天眼通的前提是理上通，天眼通不是修出來的，而是「悟」出來的。

天眼通的功能人人具備，不需要修，只需明師點化激活即有，這是一個悟的過程。在修行上有實證實修者一定明白我所說的含義。

有緣者得之！

願大慈大悲千手千眼觀士音菩薩加持所有炎黃子孫。

為國人立心，為往聖繼絕學，為萬世開太平！

大悲咒全文

　　南無・喝囉怛那・哆囉夜耶。南無・阿唎耶。婆盧羯帝・爍鉢囉耶。菩提薩埵婆耶。摩訶薩埵婆耶。摩訶迦盧尼迦耶。唵。薩皤囉罰曳。數怛那怛寫。南無悉吉利埵・伊蒙阿唎耶。婆盧吉帝・室佛囉楞馱婆。南無・那囉謹墀。醯唎摩訶皤哆沙咩。薩婆阿他・豆輸朋。阿逝孕。薩婆薩哆・那摩婆薩多・那摩婆伽。摩罰特豆。怛姪他。唵・阿婆盧醯。盧迦帝。迦羅帝。夷醯唎。摩訶菩提薩埵。薩婆薩婆。摩囉摩囉。摩醯摩醯・唎馱孕。俱盧俱盧・羯蒙。度盧度盧・罰闍耶帝。摩訶罰闍耶帝。陀囉陀囉。地唎尼。室佛囉耶。遮囉遮囉。麼麼・罰摩囉。穆帝隸。伊醯伊醯。室那室那。阿囉嘇・佛囉舍利。罰沙罰嘇。佛囉舍耶。呼盧呼盧摩囉。呼盧呼盧醯利。娑囉娑囉。悉唎悉唎。蘇嚧蘇嚧。菩提夜・菩提夜。菩馱夜・菩馱夜。彌帝利夜。那囉謹墀。地利瑟尼那。婆夜摩那。娑婆呵。悉陀夜。娑婆呵。摩訶悉陀夜。娑婆呵。悉陀喻藝。室皤囉耶。娑婆呵。那囉謹墀。娑婆呵。摩囉那囉。娑婆呵。悉囉僧・阿穆佉耶。娑婆呵。娑婆摩訶・阿悉陀夜。娑婆呵。者吉囉・阿悉陀夜。娑婆呵。波陀摩・羯悉陀夜。娑婆呵。那囉謹墀・皤伽囉耶。娑婆呵。摩婆利・勝羯囉夜。娑婆呵。南無・喝囉怛那・哆囉夜耶。南無阿利耶。婆嚧吉帝。爍皤囉夜。娑婆呵。唵・悉殿都。漫多囉。跋陀耶。娑婆呵。

明公啟示錄

隱修門談驅魔與靈界真相

作　　　者／范明公
出 版 贊 助／林鼎皓　蘇貞如

美 術 編 輯／申朗創意
責 任 編 輯／林孝蓁
企畫選書人／賈俊國

總　編　輯／賈俊國
副 總 編 輯／蘇士尹
編　　　輯／高懿萩
行 銷 企 畫／張莉滎・廖可筠・蕭羽猜

發　行　人／何飛鵬
法 律 顧 問／元禾法律事務所王子文律師
出　　　版／布克文化出版事業部
　　　　　　台北市中山區民生東路二段 141 號 8 樓
　　　　　　電話：(02)2500-7008　傳真：(02)2502-7676
　　　　　　Email：sbooker.service@cite.com.tw
發　　　行／英屬蓋曼群島商家庭傳媒股份有限公司城邦分公司
　　　　　　台北市中山區民生東路二段 141 號 2 樓
　　　　　　書虫客服服務專線：(02)2500-7718；2500-7719
　　　　　　24 小時傳真專線：(02)2500-1990；2500-1991
　　　　　　劃撥帳號：19863813；戶名：書虫股份有限公司
　　　　　　讀者服務信箱：service@readingclub.com.tw
香港發行所／城邦（香港）出版集團有限公司
　　　　　　香港灣仔駱克道 193 號東超商業中心 1 樓
　　　　　　電話：+852-2508-6231　　傳真：+852-2578-9337
　　　　　　Email：hkcite@biznetvigator.com
馬新發行所／城邦（馬新）出版集團 Cité (M) Sdn. Bhd.
　　　　　　41, Jalan Radin Anum, Bandar Baru Sri Petaling,
　　　　　　57000 Kuala Lumpur, Malaysia
　　　　　　電話：+603- 9057-8822　　傳真：+603- 9057-6622
　　　　　　Email：cite@cite.com.my
印　　　刷／卡樂彩色製版印刷有限公司
初　　　版／2020 年 7 月
售　　　價／560 元
I S B N／978-986-5405-90-8

城邦讀書花園　布克文化
www.cite.com.tw　www.sbooker.com.tw